Christian Graf
von Krockow

Über die Deutschen

Christian Graf
von Krockow

Über die Deutschen

List

Inhalt

Vorwort

Dieses Buch ist auf eine ungewöhnliche Weise entstanden, und seine Vorgeschichte sei hier knapp skizziert.

In Göttingen, genauer im Café »Cron und Lanz« – einer Institution, die mindestens so wichtig ist wie die Universität –, sprach mich eines Tages Kathrin an, eine zierliche junge Frau mit straff zurückgekämmtem Haar und beinahe strengem Gesicht. Aber es belebt sich im Reden und Zuhören; strahlend helle Augen schauen den Partner ausdrucksvoll an. Kathrin, so stellte sich heraus, ist Germanistikstudentin, und sie interessierte sich für den Schriftsteller, der von Pommern, der Mark Brandenburg, Ostpreußen und von preußischen Königen oder von Frauen und Männern im Untergang des deutschen Ostens erzählt hat.

Aus der ersten Begegnung wuchs eine Bekanntschaft; ich lud Kathrin zu Abendgesprächen am Kamin ein, und bald brachte sie ihren Mitstudenten und Freund Jan mit, einen Niederländer, hoch aufgeschossen und schlank, mit wehendem schwarzen Haar und auffällig dunklem Teint, einer indonesischen Urgroßmutter zuzuschreiben, aus der Zeit, als das Inselreich in Ostasien noch Niederländisch-Indien hieß. Ein sympathisches Paar, das den alten Mann zum Erzählen herausforderte und das er ein wenig ins Herz schloß.

Etwas später zog ich aus Göttingen fort und vergaß die Begegnung – bis ich von Kathrin einen verzweifelten Brief erhielt. Ihre Beziehung zu Jan drohte zu zerbrechen, war fast schon zerbrochen, doch nicht oder jedenfalls nicht nur an persönlichen Dingen, sondern auch an der Tatsache, daß sie eine Deutsche und er ein Niederländer war.

Gibt es denn das am Ende des 20., an der Schwelle des 21. Jahrhunderts? Ja, offenbar. Die Wege der Nationen, ihr Mit- und Gegeneinander, auch die Konflikte und die Narben, die davon zeugen, haben die neuere Geschichte bestimmt, und aus der Zukunft werden sie schwerlich verschwinden. Wir mögen Europäer und womöglich sogar Weltbürger werden, aber es kann uns einzig als Deutschen, Dänen, Polen, Niederländern, Franzosen, Italienern gelingen. Die Völker bleiben das Fundament, und wenn wir sie übergehen, wird wenig Bestand haben, was wir erstreben.

Die Frage ist freilich: Was eigentlich macht den Deutschen aus, und was unterscheidet ihn von anderen? Gibt es das »typisch« Deutsche? Und wodurch werden wir zur Nation, was verschafft ihr Profil? Von unserer »Identität« ist immerfort die Rede, wohl darum, weil niemand recht weiß, wie man sie bestimmen soll. Seit der Wiedervereinigung, seit dem Aufeinanderprallen von Ost- und Westdeutschen stellen sich zusätzlich dringende und offene Fragen, weil die Erwartungen, die man aneinander stellte, zum guten oder bösen Teil bisher unerfüllt geblieben sind. Aber schon sehen wir uns dazu aufgefordert, miteinander Verantwortung zu übernehmen für Frieden und Krieg.

Weil ich Kathrin und Jan mochte, habe ich so gut, so genau und so ausführlich geantwortet, wie ich konnte. Besser gesagt: Die jungen Leute haben mich zum neuen Nachdenken über alte Themen gedrängt. Nicht selten haben ihre Beobachtungen mich verblüfft. Oft haben sie auch ihren Widerspruch angemeldet und temperamentvoll eigene Vorstellungen eingebracht. Dafür habe ich ihnen zu danken. Ein glücklicher Umstand war es im übrigen, daß Jan die deutsche Selbstbetrachtung aus seiner niederländischen, vielfach kritischen Perspektive ergänzte.

Ein Buch in Briefform ist schließlich entstanden, mit dem

Einverständnis meiner Partner, bloß mit veränderten Namen. In dem, was Kathrin und Jan mir schrieben, wurden nur sprachliche Versehen beseitigt. Meine eigenen Beiträge habe ich für die Veröffentlichung noch einmal durchgesehen, überarbeitet, hier und dort ausgeweitet, ohne sie in ihrem Sinn zu verändern.

Das Persönliche ist mehr als ein Beiwerk. Aus ihm kam der Anstoß zum Briefeschreiben, und es bestimmte den Fortgang bis zum vorläufigen, für alle Wechselfälle noch offenen, aber durchaus hoffnungsvollen Ende.

Weil ich die Briefe nicht mit Fußnoten befrachten wollte, habe ich dieses Buch um ein Lesebuch in Kurzform erweitert, mit deutschen Prosatexten und Gedichten aus zwei Jahrhunderten. Bekanntes und Unbekanntes ist darunter, Schönes und Erschreckendes; Texte der Aufklärung streiten mit Texten der Verfinsterung. Aber alle, so hoffe ich, sprechen für sich, werfen Schlaglichter auf die Wege oder Irrwege der Deutschen durch ihre neuere Geschichte und erhellen die Gegenwart. Denn was heute ist und in die Zukunft führt, das versteht man schwerlich ohne den Rückblick.

Ein Anmerkungsapparat schließt sich an: Erläuterungen zu Namen und Begriffen, die in den Texten vorkommen, aber vielleicht nicht jedem geläufig sind. Für die Leser, die sich zu weiterer Beschäftigung mit Deutschland und den Deutschen angeregt fühlen, folgen dann noch Hinweise zur Literatur.

Im Sommer 1999.

Christian Graf von Krockow

Erstes Kapitel
Von ungleichen Nachbarn

Sehr verehrter Herr Professor Graf von Krockow,

bitte verzeihen Sie mir, wenn ich Sie mit einem Brief überfalle und dazu auch noch auf eine Antwort hoffe. Der Grund ist: Ich bin ganz durcheinander. Nein, schlimmer: Ich bin verzweifelt, und ich weiß nicht mehr aus noch ein.

Es geht um Jan und um mich; Sie kennen ihn ja von unseren Besuchen bei Ihnen, und ich hatte das Gefühl, daß Sie ihn ebenso mochten wie mich. Seit über einem Jahr sind – waren – wir zusammen. Wir lieben uns. Oder jedenfalls haben wir das geglaubt und es uns immer wieder gesagt. Wir haben sogar schon vom Heiraten gesprochen. Darum hat Jan mich in die Niederlande eingeladen, nach Utrecht, um mich seinen Eltern und Geschwistern, den Freunden vorzustellen.

Aber von Anfang an ging alles schief. Ich bekam Abwehr, Ablehnung zu spüren: »Muß der Junge uns denn ausgerechnet eine Deutsche ins Haus bringen? Nein, die wollen wir hier nicht haben.« Ganz so direkt wurde es nicht gesagt, aber ich begriff sehr bald, daß es darauf hinauslief.

Ich wehrte mich dagegen. Natürlich weiß ich, daß Schlimmes geschehen ist, damals im Krieg, als Hitler die friedlichen und neutralen Niederlande überfiel. Und damit sich so etwas nicht wiederholt, darf es niemals vergessen werden. Aber was nur hat Jan, was habe ich damit zu tun? Es liegt so lange zurück, es geschah in der Zeit unserer Groß- oder Urgroßeltern. Hört das denn überhaupt nicht mehr auf?

Leider habe ich mit meiner Abwehr alles bloß noch auswegloser gemacht: »So sind sie eben, diese Deutschen, sie ändern sich nicht.« Doch ich kann es nicht glauben, und ich verstehe die Welt nicht mehr. Welche Krankheit, offenbar ansteckend, schleppe ich heimlich oder unheimlich mit mir herum? Ich sah auch, wie Jan immer bedrückter und unsicherer wurde. Schließlich habe ich es nicht mehr ausgehalten und bin Hals über Kopf abgereist. Eine Trennung für immer? Ich weiß es nicht, aber es tut so weh.

Allerdings, um ganz ehrlich zu sein: Zwischen Jan und mir hat es auch vorher schon Reibereien gegeben. Wir haben uns oft gestritten. Ein Hin und Her: Man mag sich sehr und dann wieder überhaupt nicht. Sie werden wahrscheinlich den Kopf schütteln und sagen, daß wir doch wissen müssen, was wir wollen. Ach, wenn es nur so einfach wäre.

Also womöglich war das, was jetzt in Utrecht geschah, nur der berüchtigte Tropfen, der das Faß zum Überlaufen bringt.

Herr Graf von Krockow, ich bitte Sie nochmals um Verzeihung, wenn ich Sie mit Dingen belästige, mit denen ich selbst ins reine kommen muß. Aber vielleicht können Sie mir helfen, aus meiner Verwirrung herauszufinden, jedenfalls was die Deutschen und ihre Nachbarn betrifft. Kurz gesagt: Ich war und ich bin nicht darauf vorbereitet, »eine Deutsche« zu sein. Was ist das, was soll ich mir darunter vorstellen?

Ich wurde in Ratzeburg geboren und habe in Plön die Schule besucht; ich bin also in Holstein zu Hause. Das ist konkret, etwas zum Anfassen oder sogar zum Riechen. Hier kenne ich die Landschaft, die See und die Seen, die Wälder und die hügelauf, hügelab geschwungenen Felder mit ihren »Knicks«, den Wällen und dem Strauchwerk zum Windschutz. Ganz besonders kenne und mag ich die Leute. Sie reden hier auf ihre eigene und bedächtige Art, oft noch plattdeutsch, ganz anders als in Berlin oder in Bayern, in Hessen, Sachsen oder im Rheinland.

Aber was ist eine Deutsche? Und ist es überhaupt noch

wichtig, das zu wissen? Wie unterscheiden wir uns von den Niederländern, Franzosen oder den Dänen? Sind wir nicht miteinander unterwegs nach Europa?

Herr Graf von Krockow, wenn Sie mir auf solche Fragen antworten könnten, dann wäre das sehr wichtig für mich und ganz bestimmt schon eine Hilfe.

Mit meinen besten Grüßen bin ich

Ihre Kathrin

Liebe Kathrin!

Zuerst möchte ich Ihnen danken. Sie haben mir eine sehr persönliche Angelegenheit, Ihre Herzenssache anvertraut. Das ist viel, und darum versuche ich Ihnen zu helfen, so gut ich das kann.

Aber, falls Sie mir wieder einmal schreiben wollen: Tun Sie es bitte nicht mehr so förmlich! »Verehrter Herr Professor Graf von Krockow« – klingt das nicht schrecklich? Wie wäre es mit »Lieber Herr von Krockow«?

Ich weiß nun gar nicht, wo ich anfangen soll; »die Deutschen« sind wirklich ein weites Feld. Ich konzentriere mich darum aufs Naheliegende, auf die schwierige Nachbarschaft zwischen den Niederländern und uns.

Natürlich kommt für die Holländer erst einmal dieser Hitler ins Spiel und mit ihm der deutsche Überfall vom 10. Mai 1940, ein Schlag ohne Warnung, ohne Spannungen, die vorangingen, dafür im Bruch der Neutralität, die auch das Deutsche Reich garantiert hatte. Nicht einmal von einer strategischen Zwangslage läßt sich reden; der entscheidende Stoß gegen Frankreich wurde weiter südlich durch Belgien geführt, wie schon 1914.

Schlimmes schloß sich an. Bloß als Beispiel: Ein paar Wochen später, im Sommer 1940, also nach dem deutschen Sieg über Frankreich, schickte der ehemalige Kaiser Wilhelm II. aus seinem Asyl in Doorn an Hitler ein Glückwunschtelegramm:

»Welch eine Wendung durch Gottes Fügung!« Man stelle sich das vor: Im November 1918 hatte der Kaiser in den Niederlanden Zuflucht gefunden; die Königin und die Regierung in Den Haag haben es standhaft abgelehnt, ihn an die Alliierten auszuliefern, die ihn als Kriegsverbrecher vor Gericht stellen wollten. Im Bild ausgedrückt: Jemand, der aus seiner Heimat fliehen muß, weil über ihm die Not zusammenschlägt, findet Zuflucht beim Nachbarn und wird in seinem Haus aufgenommen. Als nun aber eine Räuberbande dieses Haus erstürmt und es ausplündert, verbrüdert sich der Mann mit den Eindringlingen statt mit dem Gastgeber …

Die Bitterkeit, die aus alledem nicht nur kurzfristig folgt, scheint mir verständlich zu sein. Zum Vergleich: Deutsche und Franzosen haben sich durch die Jahrhunderte hindurch immer wieder bekämpft, und mit wechselndem, das heißt kaum dauerhaftem Erfolg. Kriege oder jedenfalls das Revancheverlangen und die »Erbfeindschaft« waren sozusagen normal. Die Niederländer dagegen hatten es in ihrer Geschichte zwar mit Spaniern, Engländern und Franzosen zu tun bekommen, doch noch nie mit einem deutschen Reichsfürsten oder dem Deutschen Reich. Sie wurden wirklich aus heiterem Himmel getroffen.

Noch etwas kommt wohl hinzu, worüber man jenseits der Grenze weniger gern spricht. In der Besatzungszeit bis 1945 haben beileibe nicht alle Niederländer sich dem Widerstand angeschlossen. Die meisten hielten still und lavierten sich durch, so gut sie eben konnten. Und einige haben sich zu Handlangern gemacht und, unter anderem, Juden in ihrem Versteck verraten, statt sie zu schützen. Sogar das mag verständlich sein. Wo in der Geschichte hätte es keinen Verrat gegeben, sei es aus Überzeugung, um der Vorteile willen oder aus Angst? Das wirkt wie ein heimlicher Stachel im Fleisch, und um so größer ist dann das Bedürfnis, wenigstens im Rückblick einig und im richtigen Lager zu sein.

Um hier eine deutsche Erinnerung einzufügen: In der Studentenrevolte von 1968 zeigten die jungen Leute sich sehr eifrig und hochmütig in der Verurteilung der Nazi-Väter, die Hitler willig gefolgt waren; man hat von einem »nachholenden Widerstand« gesprochen – preiswert zu haben, doch psychologisch zumindest verständlich und wichtig zur Selbstbestätigung.

Genügt das, um zu erklären, was Sie, liebe Kathrin, jetzt verstört? Nein, wahrscheinlich nicht. Es geht auch um eine Nähe und Nachbarschaft, aus der es kein Entkommen gibt. Gott und die Geographie haben Niederländer und Deutsche dazu verurteilt, dicht beieinander zu leben, und diese Nähe wirkt in alle Bereiche hinein, von den Urlaubsreisen bis zur Wirtschaft. Was wäre zum Beispiel der Hafen von Rotterdam – der umschlagsstärkste Europas – ohne sein deutsches Hinterland?

Nähe ergibt unabwendbar eine Intensität, aber auch einen Zwiespalt der Beziehungen, aus der die gefühlsstarke Zuneigung, um nicht zu sagen die Liebe, ebenso entstehen kann wie der Haß. Bekanntlich wirkt kein Konflikt so bitter wie der aus der Nähe; wenn irgendwo ein Verbrechen geschieht, ein Mord oder eine Vergewaltigung, dann sucht der erfahrene Kriminalist erst einmal in der Familie, im Freundeskreis, in der Nachbarschaft nach dem Täter. Und zumeist findet er ihn dort.

Schwierig wird die Nähe besonders dann, wenn mit ihr die Ungleichheit verbunden ist, wie sie zwischen einem großen und einem wesentlich kleineren Land angelegt ist, sozusagen im Verhältnis zwischen einem mächtigen Gutsherrn und dem Bauern nebenan. Die großen Leute stellen sich oft taub, wenn es um das geht, was die kleinen bedrückt. Heute haben niederländische Rundfunk- und Fernsehanstalten oder die Zeitungen ganz selbstverständlich ihre Korrespondenten in Bonn oder Berlin, die genau beobachten, was bei uns geschieht. Deutsche Beobachter gibt es zwar in Paris und Rom, in London und Moskau. Aber in Den Haag oder Amsterdam? Er solle die Niederlande mit betreuen, wird dem Mann in Brüssel gesagt. Doch der hat mit der Europäischen Gemeinschaft und der NATO schon genug zu tun, und in der Regel schafft für ihn bereits die Sprache eine Barriere.

Ja, an der Sprache als Voraussetzung aller Beziehungen zeigt sich schon wieder die Ungleichheit. Hand aufs Herz: Sprechen Sie Niederländisch, außer vielleicht ein paar Brocken? Jan dagegen spricht ein vorzügliches Deutsch, und man muß schon genau hinhören, um an der einen oder anderen Wendung oder Betonung zu erkennen, woher er stammt.

Um eine eigene Geschichte zu erzählen: Im Jahre 1993 wurde ich zu einem Vortrag, der »Huizinga-Lesung«, nach Leiden eingeladen. Das war eine große Ehre; dieser Vortrag findet nur einmal im Jahr statt, und er wird abwechselnd an einen Einheimischen und einen Ausländer vergeben; nach Golo Mann war ich erst der zweite Deutsche, dem er anvertraut wurde. Ganz Holland hört da zu; eine große Zeitung druckt den Text ab, zum Heft gebunden wird er noch gesondert veröffentlicht. In einer riesigen ehemaligen Kirche von Leiden waren ungefähr 1500 Zuhörer versammelt. Selbstverständlich habe ich deutsch gesprochen und konnte doch sicher sein, verstanden zu werden. Der Niederländer dagegen, der zu einer entsprechenden Veranstaltung nach Göttingen oder Tübingen eingeladen würde, dürfte nicht holländisch reden, sonst stieße er auf verriegelte Ohren. Schon in Emden oder spätestens in Oldenburg bekäme er Probleme. Aber natürlich entgeht er ihnen, weil er sich auf deutsch ausdrücken kann.

Mit anderen Worten: Aus der ungleichen Nachbarschaft entsteht fast zwangsläufig die schwierige Nähe, die sich auf der einen Seite leicht zur Schwerhörigkeit, zu tölpelhafter Unkenntnis und schulterklopfender Überheblichkeit entwickelt, während man auf der anderen Seite das Kleinersein mit einem hochgestimmten Moralismus verbindet, in der wohltuenden Gewißheit, von Freiheit und Gleichheit oder der Toleranz mehr zu verstehen – um nicht zu sagen, darauf einen Monopolanspruch zu haben.

So ist es nicht immer gewesen. Liebe Kathrin, ich bitte Sie um etwas Geduld und um Nachsicht, wenn ich von der Geschichte rede. Aber sie ist wichtig; erst aus ihr verstehen wir wirklich, was es mit der Gegenwart auf sich hat.

Es gab einmal eine Zeit, in der die Niederlande als groß, reich und mächtig erschienen, als sie mit ihren Handels- und Kriegsschiffen die Meere beherrschten, und, so unermüdlich wie zielstrebig unterwegs, ein Kolonialreich gewannen, das von Amerika über Südafrika bis Ostasien reichte. (Noch heute gelten Holländer ja als die »Fuhrleute Europas«, denen kaum eine Konkurrenz gewachsen ist, und sogar im Hamburger Hafen sind ihre Schlepper schon aufgetaucht, zum Ärger der dort eingesessenen Kapitäne.) Deutschland dagegen war in Dutzende von meist armseligen Territorien zersplittert.

Eines dieser Territorien, und zwar ein besonders rückständiges und zerrissenes, war Brandenburg-Preußen, von dem sich zu Beginn des 17. Jahrhunderts gewiß niemand hätte vorstellen können, daß es dazu bestimmt war, dereinst das neue Deutsche Reich als eine Vormacht Europas zu gründen. Aber genau dort begann im Jahre 1613 eine besondere und für fast zwei Jahrhunderte wesentliche Beziehung zu den Niederlanden.

Auf den ersten Blick handelte es sich um eine Kuriosität. Zwei deutsche Fürsten stritten sich um Gebiete am Niederrhein in und um Kleve. Beide waren Lutheraner. Um sich die Unterstützung des Kaisers zu sichern, wurde der eine schleunigst katholisch. Im Gegenzug trat der andere, der Kurfürst von Brandenburg, zum Calvinismus über, um die Niederlande auf seine Seite zu bringen. In einer Epoche, in der das religiöse Bekenntnis fast wichtiger war als alles andere, entwickelte sich seitdem eine enge Verbindung zwischen den Häusern Oranien und Hohenzollern, denn sonst gab es ja kaum eine Möglichkeit, konfessionell einwandfrei zu heiraten.

Der Große Kurfürst zum Beispiel, der von 1640 bis 1688 fast ein halbes Jahrhundert regierte, hatte zuvor drei prägende Jugendjahre in den Niederlanden verlebt und brachte von dort seine Gemahlin mit. Für sie erbaute er das Schloß Oranienburg, und noch heute kann man vor diesem Schloß das Denkmal einer lieblichen jungen Frau sehen, samt der Inschrift am Sockel: »Der hohen Wiederbegründerin dieser Stadt LUISE HENRIETTE Churfürstin von Brandenburg geborene Prinzessin von Oranien zum dauernden Gedächtnis die dankbare Bürgerschaft Oranienburgs, 1858.« Nahe bei Oranienburg heißt ein Dorf schlicht »Holland«, und erstaunlich genug hat sogar eine wohltätige Luise-Henrietten-Stiftung die Zeit der kommunistischen Herrschaft überdauert.

Erst recht folgenreich war, was Friedrich Wilhelm I. (1713–1740), der kleinwüchsige »Soldatenkönig« und große Erzieher zum Preußentum, aus den Niederlanden mitbrachte, nämlich die Tugenden, die er seinen Untertanen einimpfte, notfalls mit dem Krückstock einprügelte und die wir seither als »typisch preußisch« ansehen: Fleiß und Leistungsbereitschaft, Sparsamkeit und Ordnungssinn. Aber im Ursprung handelte es sich um calvinistische Bürgertugenden, wie sie eben in Leiden und Utrecht, in Delft und in Amsterdam zu Hause waren.

Eine ganz praktische Beziehung hatte dann mit Entwässerungsproblemen zu tun. Brandenburg wurde »des Heiligen Römischen Reiches Streusandbüchse« genannt, das heißt: Seine eine Hälfte bestand aus Sandböden, die das Wasser nicht festhielten – und darum die andere aus Sumpf- oder Bruchland, durchweg bei minimalem Gefälle. Wollte man es fruchtbar machen, so brauchte man Wasserbaukünstler, und die konnte man nirgendwo finden außer in Holland. Willkommen waren auch Siedler, die mit den Deichen, Sielen und Grabensystemen umgehen konnten. Daher hieß bis 1945 eine kleine ostpreußische Stadt nahe am Weichseldelta mit der treffendsten aller Beziehungsformeln »Preußisch-Holland«. Und der Mann, der im Oderbruch, wie Friedrich der Große sagte, eine neue Provinz mitten im Frieden erschloß, hieß Van Haerlem. Übrigens gibt es bis heute in ganz Europa keine dichter von Kanälen durchzogenen Gebiete als die Niederlande und die Mark Brandenburg.

Als ironische Anmerkung: In den niederländischen Unruhen der Jahre zwischen 1774 und 1787 war der Erbstatthalter Wilhelm V. von Oranien fast schon vertrieben worden, aber zu seinem Glück hatte es wieder einmal eine Hochzeit mit den Hohenzollern gegeben, und dem König von Preußen mißfiel, was seinem Schwager und der Schwester geschah. Daher schickte er seine Truppen zur Hilfe. Womöglich muß man also sagen: Wenn das Haus Oranien bis heute regiert – im 20. Jahrhundert durchweg mit starken Frauen und deutschen Prinzgemahlen –, dann kommen unversehens die Preußen ins Spiel.

Preußens Leistungstüchtigkeit und Kriegsmacht gründeten indessen 1871 unter Bismarcks Führung triumphal das neue Deutsche Reich, und damit trat der entscheidende Wandel ein. Zuvor war Preußen, zu seinem und Europas Heil, nur eine kleine Großmacht gewesen und besonders für England sehr willkommen, um gegen die drohende Übermacht Frankreichs das Gleichgewicht der Kräfte zu wahren. Im Siebenjährigen Krieg (1756–1763) wurden die Straßen von London festlich beleuchtet, wenn die Zeitungen einen Sieg Friedrichs des Großen meldeten, und jedes zweite Gasthaus hieß »Frederick the Great« oder »King of Prussia«. 1815, in der Schlacht bei Waterloo, soll der Herzog von Wellington geseufzt haben: »Ich wollte, es wäre Nacht – oder die Preußen kämen.« Sie kamen gerade noch rechtzeitig. Danach ist kein ausländischer Feldherr in London so umjubelt worden wie Blücher, der preußische »Marschall Vorwärts« – bis auf Eisenhower 1945.

Ach, lange ist's her. Denn fast über Nacht änderten sich 1871 die Verhältnisse. Das Reich in der Mitte Europas rückte jetzt selbst zur Vormacht auf, das alle seine Nachbarn weit überragte. Und mit jedem Jahr, das verging, wuchs es nach seiner Bevölkerungszahl, nach seiner wirtschaftlichen Stärke, mit seinem Kraftgefühl höher empor.

Wie Deutschland, so die Deutschen. Unsere ganz alltägliche Erfahrung sagt uns: Wenn bisher einfache und ehrbare Leute plötzlich zu Neureichen werden, dann ändert sich zumeist ihr Verhalten oder sogar ihr Charakter – und in der Regel nicht zum Guten, sondern zum Schlechten. Die geheime Unsicherheit, die sie noch lange plagt, wird durch lautes und forsches Auftreten, durch Hemdsärmeligkeit kompensiert – und durchs Übelnehmen noch dazu, wenn man vor ihnen nicht springt und buckelt.

So ungefähr ist es auch den Deutschen seit der Reichsgründung ergangen, so den Nachbarn ringsum mit uns. Noch in der ersten Hälfte des 19. Jahrhunderts wurden die Deutschen als liebenswert wahrgenommen, als brav und bescheiden, fleißig, gedankenschwer und etwas verschlafen, zufrieden mit dem kleinen Glück im Winkel. Biedermeieridylle: Man schaue die Bilder von Ludwig Richter oder Carl Spitzweg an. Und niemand hat uns so freundlich geschildert wie der große französische Schriftsteller Honoré de Balzac (1799–1850). In der Rahmenhandlung seiner Geschichte *Das Rote Wirtshaus* führt er den Erzähler, den Freund eines Pariser Bankiers, mit den Worten ein:

»Dieser Freund, der Inhaber einer bedeutenden Nürnberger Firma, war ein biederer, dicker Deutscher. Er verfügte über Geschmack und Bildung und war ein leidenschaftlicher Pfeifenraucher; er hatte ein hübsches, breites Nürnberger Gesicht und eine viereckige offene Stirn, die von spärlichen, blonden Haaren umrahmt war. Er war der echte Sohn des edlen und reinen Germanien, das so fruchtbar ist an ehrenwerten Charakteren, deren friedfertige Sitten sich selbst nach sieben Invasionen nicht verleugnen. Der Fremde hatte ein argloses Lachen, hörte aufmerksam zu und trank sein gehöriges Quantum; dem Champagner schien er ebensoviel Geschmack abzugewinnen wie dem Johannisberger. Er hieß Hermann, wie fast alle Deutschen, die uns von den Schriftstellern geschildert werden. Als ein Mann, der nichts leichtzunehmen weiß, saß er behäbig am Tisch des Bankiers und speiste mit dem in Europa so berühmten altdeutschen Appetit, mit Bewußtsein die Vorschriften der Fastenzeit mißachtend.«

Welcher Franzose oder sonstige Nachbar einer späteren Generation hätte das wohl noch für die treffende Darstellung des typischen Deutschen gehalten? Aber der Wandel, der sich vollzog, kam eben nicht von ungefähr, sondern er begann mit dem Umsturz der Größen- und Machtverhältnisse, die die Reichsgründung markierten. Übrigens hat Bismarck geahnt und gefürchtet, was folgen könnte; er war noch Preuße und Europäer genug, um zu wissen, daß das neue Deutschland das Äußerste war, was man den Nachbarn und dem traditionellen Gleichgewicht der Kräfte zumuten durfte. Seine Nachfolger wußten es nicht mehr; mit dem forschen und taktlosen jungen Kaiser, Wilhelm II., vorweg, benahmen sie sich wirklich wie die Neureichen, die sie waren. Sie schwadronierten vom »Platz an der Sonne«, den man erobern müsse, und von der Weltmacht, die man werden wollte.

Man hat von der »ungeschickten Größe« des Deutschen Reiches gesprochen, ich denke mit Recht. Es war zu groß und zu leistungstüchtig, um der Versuchung zu widerstehen, sich in eine Herrschaftsrolle hineinzuträumen – und am Ende doch nicht groß und nicht mächtig genug, um sie wirklich zu erreichen.

Ich habe eine Vorliebe für alte, längst vergessene Gedichte, weil sie uns oft mehr erzählen als lange Abhandlungen. Heute schauen wir voraus ins kommende Jahrhundert oder Jahrtausend: Was soll und was wird es uns bringen? Aber so war es schon immer, weil wir Menschen offenbar dazu gemacht sind, daß die besonderen Zahlen uns magisch anziehen. Und an der Wende vom 19. zum 20. Jahrhundert, als Gruß voraus an die kommende Zeit, hat Adolf Wilbrandt bündig formuliert, was die Deutschen erhofften, erwarteten:

»Und haben wir viel geforscht, gedacht,
die allerschönste Musik gemacht,
tragisch und heiter die Welt besungen,
den Erbfeind dann in uns bezwungen,
als treu geeintes Volk in Waffen
ein ehrenfestes Reich geschaffen:
So laßt uns nun die Welt ergreifen,
den letzten Kleinmut von uns streifen,
ausstrahlen über die Erde hin
so deutsche Kraft wie deutschen Sinn,
mit gottdurchdrungnem Heldenwillen
das zwanzigste Jahrhundert füllen.«

Beinahe so ist es ja auch gekommen, jedenfalls in der ersten Jahrhunderthälfte; an unserem Willen, an der Leistungs- und Opferbereitschaft hat es wahrlich nicht gefehlt. Aber dem »Griff nach der Weltmacht« folgte der Sturz in den Abgrund. Dabei führte das erste Scheitern, die Niederlage von 1918, nicht zur Einsicht, sondern für eine wachsende Mehrheit der Deutschen zur Trotzreaktion: Jetzt erst recht! Nur radikaler, bedenkenloser, gewalttätiger mußte man es anfangen, um das Ziel zu erreichen. Das Ergebnis war Hitlers Herrschaft und dann das Trümmerfeld von 1945. Soll man nun vom Verhängnis reden, vom Fluch einer bösen Fee – oder vom Wahn und von der Schuld? Wahrscheinlich von beidem.

Verzeihung, liebe Kathrin, längst schon ist dieser Brief viel zu lang geworden. Aber alte Leute geraten ins Schwatzen, wenn man sie dazu herausfordert, und hören gar nicht mehr auf, bis sie die jungen ins Gähnen und in den Schlaf geredet haben. Was ich zeigen wollte, auch im Kontrast zu unserer früheren, vornationalen Geschichte, war die schwierige Nähe, die sich ergibt, wenn kleine und große Leute oder Völker so dicht beieinander leben – und wie das plötzliche Großwerden die Menschen und Nationen in Versuchung führt, indessen die Kleinen mit um so mehr Empfindsamkeit und Kratzbürstigkeit reagieren. Wenn es mir gelungen ist, das deutlich zu machen, dann verstehen Sie vielleicht, was Ihnen in den Niederlanden begegnet ist. Ähnliches hätte wohl auch bei den Polen, den Tschechen, den Dänen geschehen können; wir haben nun einmal so viele Nachbarn wie kaum ein anderes Volk, und zu allen befinden wir uns im Verhältnis der »ungeschickten Größe«.

Liebe Kathrin, ich wünsche Ihnen von Herzen, daß Sie Ihr Glück doch noch finden, und bleibe mit meinen besten Grüßen
Ihr

Christian Krockow

Zweites Kapitel

Vom Reichtum der Vielfalt und seiner Kehrseite

Lieber Herr von Krockow,

für Ihren Brief bedanke ich mich sehr herzlich. Und auch oder gerade dafür, daß er so lang geworden ist! Ich habe ihn immer wieder gelesen und mußte nicht ein einziges Mal gähnen. Ich verstehe jetzt besser, wie schwierig es für den kleinen Nachbarn sein muß, so dicht neben dem großen zu wohnen. Wenn alle es verstünden, würden wir vielleicht rücksichtsvoller miteinander umgehen.

Aber bitte verzeihen Sie: So wichtig das sein mag, für mich ist etwas anderes noch viel wichtiger und wirklich die Kernfrage: Was heißt es denn nun, eine Deutsche zu sein? Hängt es wirklich bloß von der Größe ab, wie unser Charakter aussieht? Ich kann es nicht glauben. Oder, noch schlimmer: Ich wehre mich dagegen, als Deutsche einen Charakter zu haben, mit einer Art Tätowierung abgestempelt zu werden, die unter die Haut geht und sich nicht abwaschen läßt. Woher zum Teufel stammt sie, und wie sieht sie aus? Ist da etwa ein Drache draufgemalt? Oder ein Adler? Wer verfügt, wer urteilt darüber?

Ich sagte schon in meinem ersten Brief, daß ich aus Holstein stamme. Damit kann ich etwas anfangen. Ich mag den Geruch der Ostsee oder den auf dem Plöner See. Und den in den Buchenwäldern. Ich liebe das leise Auf und Ab, das die Eiszeit mit ihren Endmoränen uns hinterließ. Ganz besonders mag ich den großen Himmel darüber. Ja, hier bin ich zu Hause, und wenn es nicht oft so falsch klänge, so süßlich und sentimental, würde ich sogar sagen: Hier ist meine Heimat.

Wenn wir Holsteiner unter uns sind, sprechen wir oft noch plattdeutsch. Oder zumindest verstehen wir es. Nebenan in Mecklenburg ist es ähnlich. Aber das Sächsische finden wir komisch und das Bayerische exotisch. Und wenn die Schwarzwälder ins Alemannische verfallen, verstehen wir gar nichts mehr. So überall. Es gibt die Hessen und die Pfälzer, die Rheinländer, die Westfalen. Alle wissen, was sie sind, und sie sind stolz darauf, es zu sein. Ich denke: mit Recht. Oder dann erst die Städter, die Berliner, Dresdener, Münchener! Selbst eingefleischte Frankfurter oder Stuttgarter soll es geben. Dabei fühlt sich jeder wie ein König oder wenigstens wie ein Zaunkönig. Was wäre ein Hamburger ohne das Gefühl, der einzig wahre Hanseat zu sein? Schon auf die Bremer schaut man vom »Michel« aus herab und möchte die Wesermündung am liebsten mit Sandsäcken zuschütten.

Aber welch ein Reichtum der Vielfalt! Womöglich sind wir durch und durch Heimatmenschen, und vielleicht ist das das Beste an uns. Wie gut verstehe ich darum den Schmerz der Ostpreußen oder der Schlesier, die ihre Heimat verloren!

Nicht nur weil ich Germanistik studiere, lese ich die niederdeutschen Gedichte von Klaus Groth und die mecklenburgischen Geschichten von Fritz Reuter, die mir eine Menge Spaß bereiten. Sie erzählen mir, und ich sehe und höre und rieche, was einmal war. Und so überall. Ich erkenne das althanseatische, das ehrwürdige und enge Lübeck mit seinen Senatoren und einfachen Leuten in den *Buddenbrooks* von Thomas Mann. Ich liebe die Mark Brandenburg, ich weiß etwas vom brandenburg-preußischen Adel durch Theodor Fontane. Aber das hört nicht auf, das geht immer weiter, Gott sei Dank! Was wäre Heinrich Böll ohne sein heiliges und unheiliges Köln? Was Siegfried Lenz ohne Masuren, was Uwe Johnson ohne die mecklenburgische Seenlandschaft? Was bliebe von Danzig ohne Günter Grass? Was geht über seine kaschubische Großmutter in ihren Röcken auf dem Kartoffelacker, auf den ersten Seiten der *Blechtrommel*?

Und Sie, Herr von Krockow, wie kämen Sie denn ohne Pommern und Preußen aus? Verzeihung, nun schweife ich ab. Vielleicht will ich nur meine Ratlosigkeit verbergen, weil ich nicht weiß, was es heißt, eine Deutsche zu sein. Steckt dahinter wirklich bloß diese ungeschickte Größe, die Sie mir erklärt haben, mit all dem Unheil, das daraus folgte? Und wenn es die Größe schon geben muß, zum Beispiel für die Wirtschaft in der Konkurrenz mit Amerika: Sollte sie nicht Europa heißen, in dem wir miteinander eine gute Nachbarschaft finden, die Niederländer und Franzosen mit den Deutschen und die mit den Polen und Tschechen?

Mit der Bitte um Nachsicht für meine Ungeduld grüße ich Sie herzlich,

Ihre Kathrin

PS: Ich hoffe auf Ihr Einverständnis, wenn ich meine und Ihre Briefe auch an Jan nach Utrecht weitergebe.

Sehr verehrter Herr Graf von Krockow!

Kathrin hat mir, wie sie es ankündigte, den Briefwechsel mit Ihnen weitergegeben. Auch ich möchte Ihnen schon im voraus für Ihre Geduld und Ihr Verständnis, Ihre Hilfe danken. Denn wie Kathrin liegt mir daran, daß wir einen Ausweg aus unserem Zwiespalt, unserer Verwirrung, unserer Ratlosigkeit finden.

Mit besonderem Interesse habe ich gelesen, was Sie über die Beziehungen zwischen den Niederlanden und Deutschland schreiben. Ja, es gibt dieses Mißverhältnis, das die Nähe und Nachbarschaft schwierig macht, diese »ungeschickte Größe«. Wenn wir, die Kleinen, so hartnäckig nachtragend sind, dann spielt wohl wirklich der Umstand eine Rolle, daß wir es noch immer als Zwerge mit dem Riesen, dem schon wirtschaftlich übermächtigen Nachbarn zu tun haben. Und mit Leuten, die unsere Sprache kaum sprechen, aber voraussetzen, daß wir sie verstehen.

Sogar damit bin ich einverstanden, daß wir Holländer uns im »nachträglichen Widerstand« einig sind, weil wir es zwischen 1940 und 1945 nur zögernd und zum Teil waren. Wenn ich mich richtig erinnere, war es Talleyrand, der gesagt hat, daß der Verrat eine Frage des Datums sei. Und so ist es mit der Einigkeit wahrscheinlich auch; sie wird und bleibt hinterher wichtig, eben weil es den Verrat und die Verräter damals gegeben hat.

Ich habe aus Ihrem Brief auch etwas gelernt über die langen und guten Beziehungen zwischen den Niederlanden und Brandenburg-Preußen. Das war mir neu; in unseren Schulbüchern kam es nicht vor. Wenn von den Preußen die Rede war, dann bloß von den schrecklichen Leuten unter der Pickelhaube, die alles niedertrampeln, was ihnen den Weg versperrt. Oder die die Hacken zusammenschlagen, strammstehen und »Sieg Heil!« und »Heil Hitler!« brüllen ... Übrigens bin ich nicht einmal sicher, ob unsere Königsfamilie weiß, daß sie es den Preußen verdankt, wenn sie noch auf dem Thron ist. Zuviel ist seitdem dazwischengekommen, zum Beispiel dieser Asylant und Hitler-Beglückwünscher in Doorn.

Aber jetzt zu unserem Problem! In ihren beiden Briefen an Sie hat Kathrin gesagt, daß sie nicht weiß, was es heißt, eine Deutsche zu sein, und besonders im zweiten hat sie vom »Reichtum der Vielfalt« gesprochen, der offenbar an seine Stelle treten soll, wie auf dem anderen Pol dann Europa.

Ja, so ungefähr hat meine Kathrin auch geredet, als sie hier in Utrecht war – und genau das hat meine Freunde abgestoßen und mich so sehr in Verlegenheit gebracht. Warum nur will man nicht selbstbewußt dazu stehen, ein Deutscher, eine Deutsche zu sein? Das ist doch kein Verbrechen, sondern ein Schicksal. Niemand kann etwas für den Ort und das Datum seiner Geburt. Doch wenn man einerseits von »Heimat« erzählt, andererseits ein guter Europäer sein möchte, aber dazwischen der Deutsche verschwindet, dann klingt das in unseren

Ohren wie Flucht und Vertuschung. Und ist es nicht vollkommen unpolitisch?

Was hilft es da noch, wenn man die Verbrechen der Hitlerzeit – im »nachholenden Widerstand« – kennt und verurteilt. Es klingt, als seien da irgendwelche wer weiß von wo hergelaufenen Finsterlinge am Werk gewesen, im Namen der Deutschen – aber nicht die Deutschen selbst, die es richtig verstanden hinter all den freundlichen Holsteinern und Hanseaten, den Hessen oder Bayern und Sachsen gar nicht gegeben hat oder jedenfalls heute nicht mehr gibt. Gottlob sind diese hergelaufenen Finsterlinge inzwischen ausgestorben, wohl eine späte Spielart von Neandertalern, die man im Geschichts- oder Heimatmuseum ausgestopft besichtigen kann.

Verzeihung, jetzt schreibe auch ich mich in den Eifer hinein. Aber wir Niederländer sind und bleiben mit Stolz und mit all unseren Fehlern eine Nation, auch auf dem Weg nach Europa. Und ich denke, bei den Franzosen und Briten, den Italienern und Spaniern, den Dänen und Schweden, den Tschechen und Polen ist es nicht anders. Sogar die Belgier, bei all den Schwierigkeiten, die sie als Flamen und Wallonen miteinander haben, wollten zur Nation werden und haben sich darum, 1830, in einer Revolution von uns geschieden.

Darf ich eine Geschichte erzählen? Die alten Leute, die sich noch an den Krieg und die Besatzungszeit erinnern, frage ich manchmal, wer denn die Männer waren, die zwischen 1940 und 1945 die Exilregierung in London bildeten. Dann kratzen diese Veteranen sich am Kopf, denken nach, geraten in Verlegenheit: Sie wissen es nicht mehr. Wie sollten sie auch? Eine Regierung, der nichts mehr zu regieren bleibt, besteht bloß aus Schattenfiguren. Doch jeder beschwört, daß er noch die Rundfunkansprachen der Königin Wilhelmina im Ohr habe, als seien sie gerade gestern gehalten worden. Denn die Königin verkörperte das Haus Oranien und das Haus Oranien den Ursprung der Nation im eigentlich hoffnungslosen Existenzkampf gegen die erdrückende Übermacht von Habsburg-Spanien. Und darum wurde eine alte und einfache Frau, diese Königin Wilhelmina, zum Symbol der Hoffnung auf die Wiederkehr der Freiheit.

Besser als mit dieser Geschichte kann ich eigentlich nicht erklären, was für mich, für uns die Nation bedeutet – eine von ihrem Ursprung her gewachsene Einheit, auf die wir nicht verzichten wollen, weil sie uns zu dem macht, was wir sind: die Niederländer. Warum kann es mit den Deutschen nicht auch so sein? Dann, denke ich, würden wir uns schon zusammenraufen, all den Größenunterschieden zum Trotz.

Es grüßt Sie, verehrter Graf von Krockow,

Ihr Jan

Liebe Kathrin, lieber Jan,

vielen Dank für Ihre beiden Briefe! Ich sehe daraus, wie sehr der Streit darüber, wer oder was die Deutschen eigentlich sind, Sie umtreibt und unglücklich macht. Darum will ich wieder versuchen, so gut und so genau zu antworten, wie ich das kann – und so ausführlich, wie es wohl nötig ist.

Zunächst zu Ihnen lieber Jan. Ich bin vollkommen einverstanden mit dem, was Sie über die Bedeutung und den Ursprung der Nationen sagen. Die neuere europäische Geschichte wird bestimmt von der Begründung der Nationalstaaten und der Durchsetzung ihres Nationalbewußtseins, spätestens seit der Französischen Revolution von 1789, als die Versammlung der Stände, vom dritten Stand des Bürgertums angeführt und mitgerissen, sich zur Nationalversammlung erklärte. Die Soldaten der Revolution und Napoleons Heere trugen dann die nationale Idee in ihrem Marschgepäck kreuz und quer durch Europa. Sie zündete überall – nicht zuletzt auch in der Gegenwehr gegen die Eroberer und fremden Herrscher, zum Beispiel in Deutschland gegen die Franzosen.

Und so ging es immer weiter; Italiener und Ungarn kämpften gegen die österreichische Herrschaft, die Polen erhoben sich gegen die Zarenherrschaft, die Iren gegen die Engländer. Ja, dieser Idee gehörte die Zukunft; vergeblich versuchten die konservativen Mächte, sie zu ersticken. In unserem Jahrhundert folgte der Aufstand der Kolonialvölker gegen die Kolonialherren: der Inder gegen die Briten, der Indonesier gegen die Holländer, der Vietnamesen gegen die Franzosen und die Amerikaner, um nur diese drei Beispiele zu nennen.

Inzwischen, so scheint es, haben sich die Vorzeichen verändert. Die Idee der Nation und der Nationalstaat gelten nicht mehr als revolutionär, sondern selbst als konservativ, womöglich sogar als überholt, zum Teil einfach deshalb, weil sie den unvermeidbaren Altersspeck angesetzt haben. Der wirtschaftliche Wettbewerb fordert größere Einheiten, wie der Gedanke der Menschenrechte seine universale Anerkennung und Durchsetzung.

Und hat der Nationalismus nicht genug Urteil angerichtet, Gemetzel verursacht, Entsetzen verbreitet, bis hin zur Massenvertreibung von Menschen aus ihrer angestammten Heimat? Ja, ganz gewiß. Oft lebten die Völker ja nicht in deutlicher Scheidung, sondern in Gemengelagen, die den Schrecken und die Gewalt vorprogrammierten, wenn man Nationalstaaten schaffen wollte. Dieses Unheil zieht sich durch die Geschichte bis heute – man denke an Nordirland. Oder an den Balkan, an die Kroaten, Albaner, Serben in all ihrem Durcheinander. Die stecken noch mittendrin im blutigen Versuch, Nationen zu werden – und wir geraten mit ihnen und mit uns selbst in Streit, weil wir nicht wissen, ob wir den Vernichtungen und Vertreibungen zuschauen oder eingreifen sollen, dann auch dazu verurteilt, Gewalt anzuwenden.

Aber zugleich beweist doch auch oder gerade die finstere Kehrseite, mit welch einer unwiderstehlichen Energie die nationale Idee sich durchsetzte. Sie sagte den Menschen: Wir gehören zusammen, wir sind nicht mehr die Untertanen irgendwelcher Herren, die nach Belieben über uns verfügen, uns erobern, forttauschen, in Heiratsprojekte Erbschaften einbringen, sondern wir sind die Bürger, die sich selbst bestimmen.

Oder, neuer und naheliegender, im Aufstehen gegen die selbsternannten Vormünder der DDR, beim deutschen Herbst 1989 in Leipzig, Magdeburg, Berlin, erst leise, dann immer lauter, unaufhaltbar: Wir sind *das Volk* und *ein Volk*!

Freiheit und Gleichheit, als Nation gefaßt und in die politische Praxis umgesetzt: Darin steckte und steckt noch immer die Sprengkraft, die von der Französischen Revolution ausging und die neuere Geschichte von der alteuropäischen unwiderruflich scheidet.

Sehr wichtig ist, daß die Nationen sich aus ihrem Ursprung begründen, sei es oft auch im Mythos, in romantischer Verklärung, in waghalsigen Konstruktionen, die mit der Wahrheit nur von ferne zu tun haben. Doch zumindest in Westeuropa zählt zu diesem Ursprung der Freiheitskampf gegen Fremdherrschaft oder gegen die eigenen Herrscher, die man vertreibt oder köpft. Es geht sozusagen um die dramatische Mündigkeitserklärung der Völker.

Mit Recht haben Sie, Jan, von der symbolträchtigen Bedeutung der Königin Wilhelmina berichtet, die zurückverweist auf den Freiheitskampf der Niederlande gegen Habsburg-Spanien. Oder man denke an die Tell- und Rütli-Saga der Eidgenossen, an die »große« und die »glorreiche« Revolution in England, an die Unabhängigkeitserklärung und den Unabhängigkeitskrieg der Vereinigten Staaten von Amerika, an die Jungfrau von Orléans und ganz besonders an den Bastillesturm in Frankreich. Noch heute wird er als Nationalfeiertag und Volksfest alljährlich ins Gedächtnis gerufen, obwohl es sich nüchtern betrachtet um eine höchst fragwürdige Aktion handelte. Man erstürmte ein längst leeres Gefängnis, und Unschuldige wurden umgebracht. Aber symbolträchtig fiel mit der Bastille die alte und überlebte Ordnung, das Ancien régime.

Lieber Jan, als Gegenstück zu Ihrer Oranier-Erinnerung will ich Ihnen auch eine Geschichte erzählen, genaugenommen eine Doppelgeschichte. Vor etwa 25 oder 30 Jahren wurde ich dazu eingeladen, vor jungen Offizieren der Bundeswehr einen Vortrag zu halten. Es ging, wieder einmal, um das tückische

Traditionsproblem, das wie das Ungeheuer von Loch Ness ab und zu auftaucht und wieder verschwindet. Jemand entdeckt, daß eine Kaserne falsch benannt, daß überhaupt Fragwürdiges mitgeschleppt oder wiederbelebt wird, und Aufregung entsteht, ein Sturm im Wasserglas. Natürlich, auf die preußischen Heeresreformer nach 1807, Scharnhorst, Gneisenau und Boyen, darf man sich getrost berufen. Doch wie steht es mit den Feldherrn des Ersten Weltkriegs, mit Hindenburg oder Mackensen? Wie erst mit Heerführern und Generälen aus der Hitlerzeit? Schließlich macht dann ein neuer Traditionserlaß des zuständigen Ministers der Debatte ein Ende – bis zum nächsten Mal. Jetzt also meine Geschichte:

Ich erzählte den Leutnants vom »Rütli-Rapport«. 1940, als nach dem deutschen Sieg über Frankreich das Schicksal der Schweiz auf des Messers Schneide zu stehen schien, versammelte der eidgenössische Oberbefehlshaber, General Guisan, seine Truppenkommandanten auf dem Rütli, um hier, am mythisch geheiligten Ort, miteinander die feierliche Verpflichtung einzugehen, im Falle des deutschen Einmarsches nicht zu kapitulieren, sondern die Alpenfestung bedingungslos zu verteidigen. Eine Zusammenkunft von geschichtsmächtiger, symbolträchtiger Bedeutung: Keinem Offizier oder Soldaten und keinem Zivilbürger der Schweiz mußte noch eigens gesagt werden, was mit der Ortswahl gemeint war.

So weit, so gut. Dann fragte ich meine Zuhörer: Angenommen, die Bundesrepublik Deutschland befände sich einmal in einer ähnlichen Situation wie die Schweiz 1940. Wo wohl sollten dann die deutschen Generäle sich versammeln? Schweigen und angestrengtes Nachdenken. Dann schlug jemand vor: im Teutoburger Wald. Als Reaktion folgte Gelächter, sehr verständlich. Denn aus den germanischen Urwaldnebeln, von der Varusschlacht im Jahre 9 und von Hermann dem Cherusker führt kein gerader Weg zum modernen Gemeinwesen. Dann, wieder nach langem Schweigen und Nachdenken, sagte ein anderer Leutnant: »Am Sarg Friedrichs des Großen.« – »Ja, aber wo befindet sich der?«

Das allerdings hätte ich besser nicht gefragt, denn darauf gab es keine Antwort mehr, jedenfalls keine zutreffende. Heute wäre es vielleicht einfacher, denn 1991 kehrten die großen preußischen Könige aus ihrem Exil (der Hohenzollernburg im württembergischen Hechingen) nach Potsdam heim, und der Besucher findet Friedrichs Grab auf der Schloßterrasse von Sanssouci, gleich neben seinen Hunden, wie er es sich immer und für 205 Jahre vergeblich gewünscht hatte. Doch wie wohl sollten die Bayern oder die Rheinländer sich durch einen Preußenkönig zur Vaterlandsverteidigung motiviert fühlen? Ach, und inzwischen sind noch die Sachsen hinzugekommen, die Friedrich zu Beginn des Siebenjährigen Krieges überfiel und danach rücksichtslos ausplünderte. (Die Bayern, immerhin, hat er zweimal vor dem Zugriff des österreichischen Kaisers, Josephs II., gerettet; leider haben sie ein zu kurzes Gedächtnis und wissen davon nichts mehr, wenn sie auf die Preußen schimpfen.)

Sie sehen, lieber Jan, wir haben es mit dem Ursprung und der Begründung unserer Nation nicht so einfach wie Sie oder die Eidgenossen. Immer läuft da etwas schief und verquer. Im Bismarckreich hat man es mit einem Rückgriff aufs Mittelalter versucht. Der neue Hohenzollernkaiser, der »Weißbart« Wilhelm I., sollte sozusagen der auferstandene Hohenstaufer und »Rotbart« Friedrich Barbarossa sein, so wie eine Sage erzählte und schon zu Anfang des 19. Jahrhunderts ein volkstümliches Gedicht von Friedrich Rückert es beschwor:

»Der alte Barbarossa,
der Kaiser Friedrich,
im unterird'schen Schlosse
hält er verzaubert sich.

Er ist niemals gestorben,
er lebt darin noch jetzt;
er hat im Schloß verborgen
zum Schlaf sich hingesetzt.

Er hat hinabgenommen
des Reiches Herrlichkeit
und wird einst wiederkommen
mit ihr, zu seiner Zeit.«

Jan, wenn *Sie* einst wieder nach Deutschland kommen – wie ich hoffe recht bald und nicht erst nach vielhundertjährigem Schlaf –, dann besuchen Sie doch das schöne Thüringen und dort, nahe bei Bad Frankenhausen, das Kyffhäuser-Denkmal. Vom hohen Berg aus hat man einen wunderbaren Ausblick ins Land, und das Denkmal faßt die Begründung des neuen Nationalstaates aus dem mittelalterlichen Kaisertum kurios oder denkwürdig in Stein. Fast nebenbei finden Sie dann auch noch, in einem Rundbau und ebenfalls auf einem Berg, die ausgemalte Begründung der DDR aus den Bauernkriegen des 16. Jahrhunderts. Geholfen hat weder das eine noch das andere, weil hier wie dort die Konstruktionen zu windschief waren, um im Sturmwind der Geschichte standzuhalten. Abschließend wäre dann eine Fahrt nach Goslar zu empfehlen, um dort den ehrwürdigen Kaisersaal zu bewundern. Da sieht man, wiederum ausgemalt, noch einmal die deutschen Mythen, die so wenig taugen.

Im Dritten Reich geriet das Mittelalter ein wenig aus der Mode, weil es viel zu christlich war; man schwärmte von den Germanen und produzierte den krassesten Unsinn. Denn die Germanen sollten zur Herrschaft bestimmt, die Slawen dagegen eine minderwertige Rasse sein, gerade noch gut genug dazu, den Herren zu dienen. Aber halb Deutschland ist slawischen Ursprungs. Noch westlich der Elbe, etwas südlich von Hamburg, erinnert das »Wendland« an die Wenden, die hier lebten, einen westslawischen Stamm. Meine Heimat in Hinterpommern gehörte zu einem slawischen Herzogtum, das sich über Jahrhunderte hin fast unmerklich eindeutschte. Gewiß, es gab seit der Christianisierung einen Zuzug von Mönchen, die Dörfer mit deutschen Siedlern anlegten. Ebenso gab es bei den Städtegründungen den Zuzug von Handwerkern und Kaufleuten. Doch der Kern der Bevölkerung war und blieb slawisch; mein eigener Name mit dem -ow am Ende zeugt davon. Die Eindeutschung erfolgte auch nicht durch Unterwerfung oder Vertreibung, sondern entscheidend im Gefolge der Reformation, in der Dreieinigkeit des Wortes von Lutherbibel, Gesangbuch und Predigt. Die Abgrenzung zu Polen hin wurde dadurch gezogen, denn Pommern ging mit der Reformation, Polen aber hielt am alten Glauben fest. Ähnlich ist es auch anderswo gewesen, zum Beispiel im ostpreußischen Masuren. Und was immer sonst noch eine Rolle gespielt haben mag, die Rasse war es gewiß nicht.

Was ich sagen wollte, ist zweierlei. Erstens, lieber Jan, es ist wirklich so, wie Sie und Ihre niederländischen Freunde es empfinden. Rings um uns her gibt es selbstbewußte Nationen, die davon nicht lassen wollen, es zu sein, weil ihre Geschichte davon bestimmt wird. Jede überwölbende Einheit muß darauf aufbauen, oder sie wird mißlingen. Wenn darum wir Deutschen uns ausschließen und so tun, als sei das nationale Zeitalter vorüber, etwas von gestern, das keine Zukunft mehr hat, dann machen wir uns nur verdächtig: Wollen diese verbohrten Leute in der Mitte Europas etwa schon wieder eine Sonderstellung einnehmen und ihre Nachbarn darüber belehren, was sein soll und was nicht?

Außerdem: Im Ursprung der nationalen Idee steckt etwas Großes, das nicht einmal durch den Mißbrauch verschüttet werden kann. Freiheit, Gleichheit und Brüderlichkeit, in die politische Praxis übersetzt! Wehe, wenn man hinter diese Errungenschaft von 1789 zurückfällt – Hitler ante portas! Denn genau darum handelte es sich beim Nationalsozialismus, wie er, »der Führer«, ihn verstand. Die Nation spielte im Grunde schon keine Rolle mehr oder war bloß noch ein Mittel zum Zweck beim Kampf um Herrschaft und Unterwerfung. Als wahre Einheit wurde die Rasse proklamiert: hier, von der »Vorsehung« oder der Natur eingesetzt, die germanische Herrenrasse, dort die anderen, die minderwertigen Rassen, zum Sklavendienst oder zur Vernichtung bestimmt. Als sich im

Zweiten Weltkrieg die deutsche Niederlage abzeichnete, hat Hitler denn auch folgerichtig erklärt, daß er dem deutschen Volk »keine Träne nachweinen« werde, wenn es im Existenzkampf versage.

Um den Sachverhalt in einem Vergleich anschaulich zu machen: Jeder junge Mensch muß sich einmal von der elterlichen Fürsorge losreißen, jede junge Generation der alten – und sei es noch so ungerecht – sozusagen den Krieg erklären oder jedenfalls den Gehorsam aufkündigen, um mündig zu werden, auf den eigenen Füßen zu stehen und zu sich selbst, zu ihrem Selbstbewußtsein zu finden, das sie durchs Leben trägt. So auch die Völker. Um politisch mündig zu werden, muß man einmal einen König geköpft oder im Freiheitskampf die Fremdherrschaft abgeschüttelt haben. Davon erzählen dann die Erinnerungen, die Geschichtsbücher und die Mythen, die das Selbstverständnis der Nationen begründen und ihnen helfen, in Krisen zu bestehen.

Ich breche hier ab und beende diesen Brief, weil ich fürchte, daß er sonst zu sehr in die Länge gerät. Aber, liebe Kathrin und lieber Jan, ich verspreche Ihnen, daß schon bald eine Fortsetzung folgt. Denn eigentlich erst die Hälfte von dem, was ich Ihnen sagen wollte, ist zu Papier gebracht.

Für heute grüßt Sie beide herzlich Ihr

Christian Krockow

Liebe Kathrin, lieber Jan,

in meinem vorigen Brief wollte ich zeigen, warum die Nation noch immer wichtig ist – nicht etwas, das wir wie ein altes, verrostetes Auto getrost verschrotten dürfen, um dann ein anderes Modell anzuschaffen. Sie stellt eine große geschichtliche Errungenschaft dar; wehe uns, wenn wir hinter sie zurückfallen! Wir mögen Neues und Größeres erbauen, doch nur auf ihrem Fundament.

Liebe Kathrin, natürlich setze ich Sie damit ins Unrecht, wenn Sie sagen, daß Sie nicht wissen, warum und wie Sie »eine Deutsche« sein sollen. Jetzt aber will ich zeigen, warum das so schwierig ist; vielleicht, lieber Jan, kann ich Sie damit zu mehr Verständnis für das Ihnen Anstößige verführen.

Vorweg eine eigene Geschichte. Im Jahre 1947 habe ich als damals Zwanzigjähriger mein Studium in Göttingen begonnen, und wir jungen Leute brachen begeistert zur Sternfahrt nach Straßburg auf: Fort mit den Zollschranken und überhaupt mit den Grenzen, her mit Europa! Gewiß kam da viel Idealismus ins Spiel, zum Beispiel unter der Parole: Nie wieder Krieg! Die »Erbfeindschaft« zwischen Franzosen und Deutschen sollte endlich begraben werden, und etwas später haben große alte Männer wie Jean Monnet und Konrad Adenauer dafür gesorgt, daß der Traum verwirklicht wurde.

Im Rückblick erkenne ich allerdings, daß unser Idealismus gewissermaßen den Zuckerguß über einem Kuchenteig bildete, der gehörig aus Opportunismus angerührt war. »Ich kenne keine Deutschen mehr, sondern nur noch Europäer« – um ein Wort Kaiser Wilhelms II. vom Kriegsbeginn 1914 abzuwandeln. Das war so verlockend wie bequem zu einer Zeit, in der das deutsche Ansehen seinen Tiefpunkt erreicht hatte. Das eigentlich Undenkbare kam ans Licht, die Verbrechen des Dritten Reiches lagen jetzt klar zutage, und die meisten Deutschen hatten Hitler willig oder begeistert gehorcht: »Führer befiehl, wir folgen!« Ja, damals war es wirklich verlockend, den alten, zerfetzten und verlausten Anzug wegzuwerfen, um einen neuen anzuprobieren. Und wahrscheinlich ist es das noch heute. Ein Geruch wie von verbrannten Büchern und Menschen hängt noch immer in den verschlissenen Kleidern und läßt sich nie mehr herauswaschen.

Aber das Problem der Deutschen mit ihrem Deutschsein stammt nicht erst aus der Zeit von 1933 bis 1945; was damals geschah, war eher Folge als Ursache. Nein, es kommt von weither. Am Anfang unserer neueren Geschichte steht die Katastrophe von 1618 bis 1648, der Dreißigjährige Krieg, von dem der

Historiker Michael Stürmer gesagt hat, er sei »die existentielle Katastrophe des neuzeitlichen Deutschland [gewesen], ohne deren Begreifen die ganze nachfolgende deutsche Geschichte keinen Sinn ergibt«.

Reichlich ein Drittel der Bevölkerung war erschlagen, verhungert, an Seuchen gestorben, das halbe Volksvermögen vernichtet. Viele hundert Dörfer und Abertausende von Bauernhöfen lagen wüst. In meiner pommerschen Heimat ist der Schrecken niemals vergessen worden. Davon zeugte der alte Singsang:

»Maikäfer, flieg,
dein Vater ist im Krieg,
deine Mutter ist in Pommerland,
Pommerland ist abgebrannt.«

Bei unseren Dörfern gab es abseits in Waldhügel gegrabene Kuhlen, Schwedenschanzen genannt. Dort versteckte man sich, wenn die blut- und beutegierige Soldateska umherzog, und wenig blieb dann mehr, als zu hoffen, daß man unentdeckt blieb:

»Bet, Kindlein, bet!
Morgen kommt der Schwed.
Morgen kommt der Ochsenstern,
Der wird die Kindlein beten lehr'n.«

(»Ochsenstern« leitete sich her von »Oxenstierna«, dem Mann, der nach dem Tode Königs Gustav Adolfs die schwedische Kriegspolitik leitete.)

In einst blühenden Städten wie Magdeburg und wahrlich nicht nur dort schlichen die Überlebenden zwischen Ruinen umher, und die Folgen der Vernichtung eines starken und selbstbewußten Bürgertums kann man sich kaum einschneidend genug vorstellen. Fortan gab es als beherrschende Macht nur noch die von Gott gesetzte Obrigkeit, die Fürsten und den

Adel. Keine Chance mehr, aus eigener Kraft Freiheit und Gleichheit zu erkämpfen, wie in Frankreich 1789! Noch die zum bösen Ende schmählich mißlungene Revolution von 1848 zeugt von dieser aus der Geschichte ererbten Schwäche; wenn es hart auf hart ging, erwies sich allemal der alte Obrigkeitsstaat als ungleich stärker.

Was der Frieden von Münster und Osnabrück 1648 festschrieb, war die deutsche Zerrissenheit, die Kleinstaaterei, ein kurioser Flickenteppich von Fürstenstaaten, Bistümern, Grafschaften, dazu ein paar Reichs- und Hansestädten wie Frankfurt am Main, Bremen, Hamburg, Lübeck. Gewiß, da könnten wir wieder auf den Reichtum der Vielfalt zu sprechen kommen, die positive Kehrseite gewissermaßen. Wo sonst gibt es all diese liebenswerten Residenzen wie Detmold, Coburg, Weimar, die so aussehen, als stammten sie aus einer Spielzeugschachtel? Wo, als schöne Konsequenz, überall die Schlösser und Schloßgärten, die Theater, Opernhäuser, Orchester, Museen und Sammlungen, inzwischen von sozial- oder christdemokratischen Stadträten so eifrig und eifersüchtig gehütet, als seien sie die direkten Nachkommen der einstigen Majestäten, Hoheiten und Eminenzen? Zum Vergleich: Frankreichs Könige haben den Zentralismus durchgesetzt, und die Revolution von 1789 hat ihn vollendet. Aber alle Kräfte, auch oder gerade die geistigen, wurden damit ins Zentrum gesogen; »Paris und die Wüste« heißt ein altes und leidiges Thema. Davon, gottlob, kann in Deutschland keine Rede sein; überall blühen die angestammten und mit Sorgfalt gepflegten Kleingärten samt ihren Gartenzwergen.

Doch davon abgesehen hinterließ der Dreißigjährige Krieg Krähwinkelei und, für die Masse der Menschen, bittere Armut. Allein am Rhein gab es zwischen der Schweiz und den Niederlanden 97 Herrschaftsgebilde. Alle rivalisierten miteinander, alle waren Wegelagerer und wollten vom Rheinverkehr ihren Anteil schneiden; man hat zwischen Basel und Rotterdam 62, nach anderer Berechnung sogar 71 Zollstationen gezählt. Wie sollte damit die wirtschaftliche Entwicklung vorangebracht werden? Und neues Unheil stellte sich ein; 1689 verwüsteten französische Truppen die Pfalz. Am anderen Ende Deutschlands, in Ostpreußen, vernichtete am Anfang des 18. Jahrhunderts ein später Zug der Pest schon wieder ein Drittel der Bevölkerung.

Besonders der Osten Deutschlands litt unter dem Mangel an Menschen. Daher waren Siedler willkommen, woher auch immer. Der Große Kurfürst öffnete sein Land für die aus Frankreich vertriebenen Glaubensbrüder, die Hugenotten, so wie Friedrich Wilhelm I. etwas später für die Salzburger Protestanten. »Menschen halte ich für den größten Reichtum«, schrieb dieser König. Andere Landsmannschaften folgten, aus Böhmen ebenso wie aus den Niederlanden. Hier hat auch die über zwei Jahrhunderte stetig geübte brandenburg-preußische Toleranz eine ihrer handfesten Wurzeln. In den Worten des großen Friedrich: »Und wenn Türken und Heiden kämen und wollten das Land peuplieren [besiedeln], so wollen wir ihnen Moscheen und Kirchen bauen. Ein jeder kann bei mir glauben, was er will, wenn er nur ehrlich ist.« (Inzwischen sind die Türken da, und es stellt sich die Frage, wie weit wir es in ihrer Behandlung seit Friedrichs Tagen gebracht haben.)

Doch bei alledem gab es nirgendwo eine Macht, die die Nation als politische Einheit hätte begründen können. Der Kaiser in Wien regierte sein eigenes Reich, in dem die Deutschen neben Tschechen, Ungarn und vielen anderen nur eine Minderheit bildeten. Lange gab es sogar die »österreichischen Niederlande«, das heutige Belgien. Andererseits regierte der König von Schweden in Vorpommern, zeitweilig auch zwischen Bremen und Hamburg, nach Deutschland hinein, wie der König von Dänemark in Schleswig und Holstein. Friedrich der Große kämpfte Preußen zu europäischer Bedeutung empor, doch wahrlich nicht, um einen Nationalstaat zu schaffen, sondern gegen Kaiser und Reich, in Bündnissen, wie sie sich gerade ergaben, erst mit Frankreich, dann mit England gegen Maria Theresia. Etwas wie Stolz mochte sich einstellen, wenn man von glorreichen Siegen hörte, so nach der Schlacht bei Roßbach 1757:

»Und wenn der große Friedrich kommt
und klopft nur auf die Hosen,
dann läuft die ganze Reichsarmee,
Panduren und Franzosen.«

Aber da ging es kaum ums Nationalbewußtsein – wie denn, wenn Franzosen und Reichsarmee gemeinsam kämpften und miteinander in die Flucht getrieben wurden? –, sondern um die Bewunderung des Königs und Feldherrn. Man war, wie Goethe es gesagt hat, »fritzisch« gesinnt, nicht preußisch oder deutsch. Daß Preußen dazu bestimmt war, die deutsche Einheit zu schaffen, ist eine nachträglich erfundene Legende borussischer Geschichtsklitterer.

Dennoch, kein Zweifel: Es gab »die Deutschen«, nicht zuletzt in der Vorstellung ihrer europäischen Nachbarn. Und was sie verband, war die Sprache, über alle Unterschiede der Mundarten oder des Hoch- und Niederdeutschen hinweg. In der Entwicklung ihres Reichstums, ihrer Ausdruckskraft, ihrer Musikalität ist niemand so wichtig gewesen wie Martin Luther mit seiner Bibelübersetzung und mit den Liedern zum Singen: »Ein' feste Burg ist unser Gott …«

Entsprechend wichtig, in der Bedeutung kaum hoch genug einzuschätzen, war seit dem 18. Jahrhundert die Entfaltung unserer Nationalliteratur. Klopstock, Herder, Lessing, Goethe, Schiller: Wiederum nicht von ungefähr hat man von der Sprach- oder Kulturnation (und vom »Land der Dichter und Denker«) gesprochen, unterschieden von der politischen Nation in Frankreich oder von der konfessionell begründeten, wie es sie in Polen gab. Dort entwickelte und festigte sich das Nationalbewußtsein im Herzschlag des Glaubens und der katholischen Kirche, auch oder erst recht in der bitteren Zeit der Teilung, als Verteidigung gegen das protestantische Preußen und das orthodoxe Rußland.

Die Sprach- oder Kulturnation: Es gab nichts anderes, um zu erklären, wer die Deutschen waren. Den Glauben konnte man nicht gebrauchen, denn Deutschland war ein gespaltenes Land.

Wenn man die Konfession politisch ins Spiel brachte – wie im sogenannten Kulturkampf nach 1871 –, dann schuf man Gegensätze und trennte, statt zu einigen. Und die siegreiche Revolution, die einem König den Kopf abschlug, hat es ja nicht gegeben. Bei der Vielzahl der Fürsten hätte man ohnehin ein Blutbad anrichten müssen; dabei waren die meisten keine Tyrannen, sondern biedere Landesväter, unter deren Herrschaft man sich mit Seufzen oder mehr oder weniger zufrieden fügte.

Die Fürsten haben ihre Selbständigkeit bewahrt, so lange sie konnten; Bismarck hat sie zur deutschen Einheit eher geprügelt, darunter seinen eigenen König – und einige, die sich widersetzten, kaltblütig über die Klinge springen lassen. Im übrigen haben die Deutschen, als sie 1918 ihre Fürsten tatsächlich verloren, darüber kaum die Fassung verloren und dennoch zusammengehalten. Nein, die Gemeinsamkeit der Sprache war ihnen wohl wichtiger.

So weit, so gut. Oder so schlecht. Solange die Deutschen sich mit ihrer vorpolitischen Einheit als Sprachnation begnügten, gab es wenig Probleme, sondern den verträumten Michel mit der Zipfelmütze oder den freundlichen Herrn Hermann aus Nürnberg. Als zu Beginn des 19. Jahrhunderts, in der Auflehnung gegen die napoleonische Eroberung, schon der moderne Nationalismus begann und die Sehnsucht nach der politischen Einheit sich regte, sprach Ernst Moritz Arndt, einer der Väter dieses neuen Nationalbewußtseins, zunächst einmal von der Sprache:

»Was ist des Deutschen Vaterland?
So nenne mir das große Land
So weit die deutsche Zunge klingt
und Gott im Himmel Lieder singt,
das soll es sein!
Das, wackrer Deutscher, nenne dein!«

Aber wie dann im Ernst einen Nationalstaat begründen? Wenn man das versuchte, häuften sich auf einmal die Schwierigkeiten und Widersprüche. Im Norden, in Schleswig, gab es eine Gemengelage von Dänen und Deutschen. Entsprechend oder noch viel komplizierter war es im Osten, in Westpreußen, Posen, Teilen Oberschlesiens: Da gab es die Polen. Und was sollte im Westen, im Elsaß geschehen? Die Sprach- oder Stammeswurzeln verwiesen nach Deutschland, die politischen Errungenschaften von 1789 nach Frankreich. Im Süden lag Österreich mit seinem in der Mehrheit nichtdeutschen Bevölkerungsgemisch. Sollte, konnte man es zerschlagen? Die Nationalversammlung in der Frankfurter Paulskirche von 1848 entschied nach langem Hin und Her: Nein, man mußte sich mit der »kleindeutschen« Lösung begnügen. Das hat dann auch Bismarck getan, als er 1866, nach dem preußischen Sieg bei Königgrätz, Österreich aus den deutschen Angelegenheiten herausdrängte. Aber würden spätere Generationen sich daran halten?

Kurz gesagt: Wer die Sprache politisierte, um einen deutschen Nationalstaat zu schaffen, räumte mit der altdeutschen Gemütlichkeit auf und nahm Dynamit in die Hände. Und wohin überhaupt gerät man mit der Nationalisierung von Literatur und Kultur? Gehört Goethe etwa exklusiv den Deutschen? Oder Beethoven? Und Rembrandt bloß den Niederländern, Raffael den Italienern, Shakespeare den Briten? Ist es nicht das Kennzeichen aller wirklich bedeutenden Kunst, daß es für sie keine Grenzen gibt?

Heute sprechen wir vom »Weltkulturerbe der Menschheit«, und eine Organisation der Vereinten Nationen, die UNESCO, ist eigens dafür zuständig, es zu erfassen und zu bewahren ... Tatsächlich bereitet sich mit der Beschlagnahme für andere, politische Zwecke eine barbarische und bornierte Verengung vor. Ahnungsvoll hat darum schon Heinrich Heine geschrieben:

»Der Patriotismus des Deutschen besteht darin, daß sein Herz enger wird, daß es sich zusammenzieht wie ein Leder in der Kälte, daß er nicht mehr Weltbürger, nicht mehr Europäer, sondern nur ein enger Deutscher sein will. Da sahen wir nun das idealische Flegeltum, das Herr Jahn [der Turnvater] in System gebracht; es begann die schäbige, plumpe, ungewaschene Opposition gegen eine Gesinnung, die eben das Herrlichste und Heiligste ist, was Deutschland hervorgebracht hat, nämlich gegen jene Humanität, gegen jene allgemeine Menschenverbrüderung, gegen jenen Kosmopolitismus, dem unsere großen Geister, Lessing, Herder, Schiller, Goethe, Jean Paul, dem alle Gebildeten in Deutschland immer gehuldigt haben.«

Womöglich hätte man diesen Text in seiner Gegenrichtung wie eine Gebrauchsanweisung lesen sollen. Dann würde er besagen: Hütet euch, ihr Deutschen, vor den falschen Propheten; sie werden das Schönste und Beste, das ihr habt, durch Mißbrauch verderben. Bleibt, wenn euch sonst nichts einfällt, lieber beim Reichtum eurer Vielfalt und beim Dichten, Denken und Träumen, statt der Einfalt zu verfallen und mit untauglichen Mitteln eine Einheit zu schaffen, die dann doch nicht hält, was sie verspricht. Ihr werdet, wenn ihr diesen Rat befolgt, euch selbst und euren Nachbarn viel Unheil ersparen.

Ich höre hier auf – weil mein Brief wie immer zu lang gerät – und wende mich noch einmal besonders an Sie, lieber Jan. Vielleicht verstehen Sie jetzt besser als vorher, warum es wirklich nicht so einfach ist, eine Deutsche zu sein, und warum Ihre Kathrin von Holstein aus lieber gleich nach Europa und in die Welt möchte. Dabei befindet sie sich, wie Sie sehen, in guter Gesellschaft. Der Dichter aus Düsseldorf steht ihr zur Seite, dem der deutsche Humanismus etwas Großes und die deutschtümelnde Gedanken- und Herzensverengung ein Greuel war; eben damit ist Heine freilich schon zu Lebzeiten in den Verdacht geraten, kein guter Deutscher zu sein.

Es grüßt Sie beide herzlich Ihr

Christian Krockow

Drittes Kapitel

Freundschaft und Feindschaft

Lieber Herr von Krockow,

vielen Dank für Ihre beiden Briefe. Beim Lesen habe ich immer wieder genickt und mir gesagt: Aha, so ist das also, das verstehe ich. Aber bitte verzeihen Sie mir: Am Ende komme ich mir vor wie der Faust in seiner Verzweiflung: »Da steh' ich nun, ich armer Tor, und bin so klug als wie zuvor.«

Oder, schlimmer: Ich weiß nun noch weniger als vorher, woran ich mich halten soll. Was ich höre, sind doch eigentlich zwei Stimmen: Faust und Mephisto, die beide auf mich einreden. Oder: mein Ankläger und mein Verteidiger.

Erst sagt der Ankläger: Die Nation ist notwendig, eine große geschichtliche Errungenschaft; man muß die Zukunft auf ihr aufbauen. Die Deutschen dürfen vor ihr nicht davonlaufen, und die Kathrin darf das auch nicht.

Dann der Verteidiger: Aber eigentlich taugen die Deutschen nicht zur Nation. Aus geschichtlichen Gründen – der verfluchte Dreißigjährige Krieg – konnten sie sich nicht, wie die Franzosen, in einer Revolution Freiheit und Gleichheit erkämpfen. Was sie versuchten, war verkehrt; im Grunde hätten sie besser daran getan, sich auf die nationale Einigung gar nicht erst einzulassen. Ach, wärt ihr doch bei euren Schrebergärten und Gartenzwergen oder bei eurer wunderbaren Sprache, bei Literatur und Musik geblieben! Und weil das so ist, muß man Kathrin zumindest mildernde Umstände zubilligen, wenn sie aus ihrem holsteinischen Krähwinkel nicht heraus oder dann gleich nach Europa will.

Was gilt denn nun? Schuldspruch oder Freispruch, worauf läuft es hinaus? Noch einmal: Bitte verzeihen Sie mir, wenn ich so ungeschminkt sage, was mir durch den Kopf geht. Lauter Schlingen der Widersprüche, in denen ich mich verfange! Nein, ich begreife das nicht – und je länger ich nachdenke und zum vierten und fünften Mal lese, was Sie geschrieben haben, um so weniger.

Trotzdem grüßt Sie herzlich und sehr dankbar für all die Mühe, die Sie sich mit mir, mit uns machen,

Ihre Kathrin

Sehr geehrter Herr von Krockow,

nein, es tut mir leid, ich verstehe das auch nicht. Wem stimmen Sie denn nun zu, Kathrin oder mir? Es geht mir ja nicht darum, recht zu haben, aber ich würde doch ganz gerne verstehen, warum die Deutschen solch ein Problem mit ihrer Nationalität haben.

Mir leuchtet auch nicht ein, daß die Deutschen in Schwierigkeiten gerieten, weil sie aus der Sprache ihren Nationalstaat erschaffen wollten. Konstruieren Sie nicht eine Sonderstellung, die mit der Wirklichkeit wenig zu tun hat? Natürlich entstanden damit Konflikte in umstrittenen Randgebieten. Aber hat es die anderswo etwa nicht gegeben? Streben nicht alle oder jedenfalls die allermeisten Nationen danach, eine gemeinsame, im Wortsinne verbindliche Sprache zu sprechen? Kommt nicht weit eher der Schweiz eine Sonderstellung zu, wenn in ihr die deutschen, französischen, italienischen und rätoromanischen Sprachgruppen zusammenleben?

Mehrfach erwähnen Sie Frankreich als das Beispiel einer »politisch«, durch die Revolution statt durch die Sprache begründeten Nation. Aber ich bin schon öfter in Frankreich gewesen, und ich kenne kein anderes Land, in dem es solch einen Sprachstolz, um nicht zu sagen Sprachchauvinismus gibt wie dort. Bei uns in den Niederlanden bestimmt nicht und nach meinen Eindrücken bei Ihnen in Deutschland erst recht nicht. Wie sehr und fast ohne Widerstand läßt man sich englisch oder amerikanisch überschwemmen, vom »cool« im »Teenager«-Wortschatz bis zum »Showbusiness« und der »Talk-Show«!

In Frankreich kämpft man verbissen, wenn auch nur begrenzt erfolgreich, gegen diese Tendenzen an. Insgeheim fragt man sich, wie es überhaupt geschehen konnte, daß das Französische als international verbindende Sprache der Oberschichten, der Diplomaten, der Gebildeten vom ordinären Englisch für Herrn und Frau Jedermann abgelöst wurde. Ist das Französische nicht die einzige Sprache auf der Welt, die ein klares Denken ermöglicht?

Verehrter Herr von Krockow: Vielleicht übertreibe ich, aber nur, um deutlich zu machen, was ich meine. Und Frankreich liefert bloß ein Beispiel. Nach meiner Ansicht ist es die Regel und nicht die Ausnahme, daß die gemeinsame Sprache das Fundament einer Nation bildet. Von da aus läßt sich also kaum erklären, warum es so besonders schwierig sein soll, ein Deutscher, eine Deutsche zu sein, jedenfalls nach meinem Verständnis nicht. Gibt es denn nicht noch andere Ursachen? Ich wäre Ihnen sehr dankbar, wenn Sie mir, wenn Sie uns dabei weiterhin helfen würden, ohne die Geduld mit ungeduldigen jungen Leuten zu verlieren.

Mit besten Grüßen,

Ihr Jan

Liebe Kathrin, lieber Jan,

offenbar habe ich mich sehr mißverständlich ausgedrückt, und dafür bitte ich um Entschuldigung. Außerdem hätte ich gleich noch einen Brief folgen lassen sollen, denn was ich schrieb, war ganz unvollständig. Also gelobe ich Besserung und bitte schon wieder und diesmal vorweg um Entschuldigung, wenn ich nun erst recht in die Länge gerate.

Zunächst zu Ihnen, Jan. Natürlich haben Sie recht, wenn Sie sagen, daß die meisten Nationen eine Nationalsprache haben. Aber ich glaube doch, daß sie bei den Deutschen etwas Besonderes war. Und wenn man nur genauer hinschaut, entdeckt man bei anderen andere Grundlagen. Sie selbst haben an den Ursprung der Niederlande im Freiheitskrieg gegen Habsburg-Spanien erinnert. Doch das war kein Sprachenkampf, sondern zumindest im Kern oder im Ausgangspunkt ein Religionskrieg; die calvinistischen Ketzer wehrten sich gegen ihre drohende Überwältigung durch die katholische Gegenreformation.

Gleich nebenan haben Sie Belgien. Da wird zwar zwischen Wallonen und Flamen ein zäher Streit um die Sprachgrenze ausgetragen, immer nur mühsam beigelegt oder vertagt: Wem gehört Brüssel? Aber als in der Revolution von 1830 das moderne Belgien entstand und sich von Ihnen, den Niederländern, trennte, da ging es um vieles und auch wieder um die Konfessionsgegensätze, bloß nicht um die Sprache. Denn wie sonst hätten sich damals die Flamen mit den Wallonen verbünden und verbrüdern können? Erstere sprechen doch Niederländisch – oder eine Abart davon –, nicht wahr?

Oder denken Sie an die Iren. Woher stammt ihr zäher Unabhängigkeitswille, ihre Auflehnung gegen die britische Herrschaft? Sie sprechen Englisch und bloß noch eine Minderheit das Altirische; den meisten muß künstlich, im Schulunterricht nachgeholfen werden, damit sie es halbwegs verstehen. Nein, einmal mehr kommen die historischen Gegensätze der Konfessionen ins Spiel: Katholiken im Freiheitskampf gegen die Protestanten – sozusagen spiegelbildlich verkehrt die Situation, in der sich die Niederlande befanden, als sie das spanische Joch nicht mehr tragen wollten. Noch heute geht es ja darum im nordirischen Ulster – oder, in der Gegenrichtung –, um die Urangst der Protestanten, daß sie in die Minderheit geraten und katholisch regiert werden könnten.

Dann das französische Beispiel. Natürlich gibt es da einen Stolz auf die Sprache Voltaires und einen tiefsitzenden Groll, weil man die Sprach-Vorherrschaft ans Englische verlor. Ich erinnere nur an eine Zeit, als das Französische noch die Sprache der Gebildeten und des Adels war. Der Preußenkönig Friedrich war der Briefpartner von Voltaire, und selbst der böse Bismarck konnte sich auf französisch fast noch so gut ausdrücken wie ein Franzose! Und als ein Schriftsteller, für den die Sprache Handwerk und Heimat ist, denke ich oft: Wir Deutschen sollten uns die Franzosen zum Vorbild nehmen, ein wenig zumindest, und nicht so gedankenlos, so schlampig und schludrig den Anglizismen verfallen, wie wir es tun.

Aber es fällt mir jetzt der lange deutsch-französische Zank um das Elsaß ein. Von Deutschland her führte man das »Blut« und das hieß praktisch die Sprache ins Feld: Von ihrem Ursprung her sind die Elsässer Alemannen, also gehören sie zu uns! Von Frankreich aus argumentierte man politisch: In der großen Revolution, im Kampf für Freiheit und Gleichheit, für Menschen- und Bürgerrechte standen die Elsässer auf unserer Seite – und darum sind sie Franzosen. Das politische Bekenntnis entscheidet, und eben nicht die Sprache. Ernest Renan hat dafür die gültige Formel gefunden: Die Nation ist eine Willensbekundung, eine »tägliche Volksabstimmung« und nicht etwas, das einem vom angeblichen Ursprung her übergestülpt wird, ohne daß man etwas dazu tun oder sich zur Wehr setzen und sich selbst entscheiden kann. In diesem Sinne schrieb Renan 1871 bei der Abtrennung Elsaß-Lothringens von Frankreich an seinen deutschen Briefpartner David Friedrich Strauß:

»Ihr [Deutschen] habt an Stelle der liberalen Politik das Banner der archäologischen und ethnographischen Politik entfaltet; diese Politik wird euch zum Verhängnis werden. Die vergleichende Philosophie, die ihr geschaffen und zu Unrecht auf das Feld der Politik übertragen habt, wird euch übel mitspielen. Die Slawen werden sich dafür begeistern; ... wie könnt ihr glauben, die Slawen würden euch nicht zufügen, was ihr andern antut? ... Wenn eines Tages die Slawen Anspruch auf das eigentliche Preußen, auf Pommern, Schlesien und Berlin erheben werden, und zwar deswegen, weil alle diese Namen slawischen Ursprungs sind, wenn sie an Elbe und an Oder das tun, was ihr an der Mosel getan habt, wenn sie auf der Karte den Finger auf die wendischen und obotritischen Dörfer legen, was werdet ihr dann zu sagen haben? Nation ist nicht gleich Rasse.«

Nein, das ist sie wirklich nicht. Und ebenso oder erst recht kann man an Abgründe geraten, wenn man sich auf Namen, auf die Sprache beruft. Im übrigen, im Blick auf das, was 1945 mit den deutschen Gebieten im Osten und mit der Vertreibung von Millionen von Menschen aus ihrer Heimat geschah, klingen Renans Worte so unheimlich wie prophetisch.

Sie sehen also, Jan, daß es mit dem Ursprung der Nationen nicht so einfach ist, wie es auf den ersten Blick sich ausnimmt. Bei den Franzosen stand die politische Begründung aus den Errungenschaften von 1789 immer an der ersten, die Sprache erst an zweiter Stelle. Bei uns war es umgekehrt.

Genau damit nähern wir uns nun der deutschen Besonderheit, die uns in Verlegenheit, in Schwierigkeiten gebracht hat, als wir vom eigenen Nationalstaat träumten – und ins Unheil, als wir ihn hatten. Der Traum erfaßte im Laufe des 19. Jahrhunderts immer weitere Schichten, und immer mächtiger schwoll die Nationalbewegung an. Doch leider war sie nicht mächtig genug, um den Traum zu verwirklichen. Die Freiheits- und Nationalrevolution von 1848 scheiterte. Verständlich genug folgte Ernüchterung, die kritische Frage: Was haben wir falsch gemacht, wie muß man es anders und besser anfangen, um das Ziel zu erreichen?

Offenbar so: Zu sehr, zu einseitig, zu verträumt hatte man auf die Eigengewalt der Ideen gesetzt, darauf, daß der Gedanke der Sprach- und Kultureinheit allein schon unwiderstehlich sein würde. Darüber hatte man reale Macht aus den Augen verloren – die, die aus den Gewehrläufen kommt. »Gegen Demokraten helfen nur Soldaten«, hieß eine Parole der Konservativen, und die Soldaten hatten geholfen. So begann man, von der »Realpolitik« zu sprechen und fast schon zu schwärmen, die man künftig betreiben müsse. Und Bismarck, kaum daß Seine Majestät der König ihn 1862 zum preußischen Ministerpräsidenten ernannt hatte, plauderte aus, was wahrscheinlich gemeint war, wenn man die »Realpolitik« im Ernst betrieb: »Nicht durch Reden und Majoritätsbeschlüsse werden die großen Fragen der Zeit entschieden – das ist der Fehler von 1848 und 1849 gewesen –, sondern durch Eisen und Blut.«

Die Abgeordneten, denen er dies ins Gesicht sagte, zeigten sich damals noch so empört wie die liberale Öffentlichkeit in ganz Deutschland. Wer war denn dieser platte, ordinäre und erzreaktionäre Junker, daß man ihn derart säbelrasselnd daherschwadronieren ließ? Aber nichts ist so erfolgreich wie der Erfolg. Die Kriege und Siege von 1864, 1866 und 1870/71, die Schleswig-Holstein von Dänemark losrissen, den Bremsblock Österreich aus den deutschen Angelegenheiten entfernten und mit den Triumphen von Königgrätz und von Sedan zur ersehnten Reichsgründung führten, änderten alles. Ein reißender Stimmungsumschwung setzte ein und setzte sich durch. Auf das politische Genie und auf die Leistungstüchtigkeit, die militärische Schlagkraft kam es an – und auf beinahe nichts außerdem; darum kreiste fortan das neu- und nationaldeutsche Denken. Folgerichtig hat man keinem Kaiser oder König, keinem Dichter oder Denker so viele und so finster kriegerisch dreinblickende Denkmäler gesetzt wie dem Reichsgründer Bismarck.

Vom siegesdeutschen Empfinden kündete der Sedantag, der alljährlich am 2. September an den Triumph über den »Erbfeind« Frankreich erinnerte. »Das war eine Stimmung«, hat Sebastian Haffner gesagt, »– ich finde für die heutige Zeit keinen anderen Vergleich –, als ob die deutsche Nationalmannschaft die Fußballweltmeisterschaft gewonnen hätte, und zwar jedes Jahr aufs neue.« Übrigens sagt dieser Satz über die Bundesrepublik wohl ebensoviel wie über das Kaiserreich – oder womöglich noch mehr. Nicht das Wunder von Sedan, sondern das von Bern, der Sieg bei der Fußballweltmeisterschaft 1954, schuf unserem Selbstbewußtsein eine neue Grundlage: »Wir sind wieder wer!«

Einer der Verkünder des neudeutschen Denkens – der »Herold der Reichsgründung«, wie man ihn genannt hat – war der Historiker Heinrich von Treitschke. Bei seinen Vorlesungen an der Universität von Berlin saß ihm die Bildungsschicht der Generation zu Füßen, die man dann nach ihrem Repräsentanten, Kaiser Wilhelm II., die wilhelminische genannt hat. Sie nahm begierig auf, was er lehrte: Daß das Wesen des Staates erstens Macht, zweitens Macht, drittens und nochmals Macht sei.

»Es ist«, sagt der Theologe und Philosoph Ernst Troeltsch, ein genauer Beobachter der Zeit kurz nach der Jahrhundertwende, »ein Ideal der Vorurteilslosigkeit und Unbefangenheit, das alles nur dem einen politischen Grundgedanken der dauernden, jedem Gegner überlegenen Macht unterordnet.« Damit aber ist die Prinzipienlosigkeit »unter uns selbst zur Theorie geworden, die wir wohl auch mit etwas Nietzschescher Herrenmoral oder Darwinistischem Kampf ums Dasein versetzen, und die sich nur allzu leicht mit den Idealen der kurzangebundenen Schneidigkeit und der bürokratischen Amtshoheit verbinden, von denen der Nachwuchs der regierenden Klassen weithin erfüllt ist«.

Oder soll es zur Abwechslung, zur besseren Anschauung wieder einmal ein Gedicht sein, etwa *Das Eisen* von Heinrich Leuthold? Hier ist es:

»Lange genug als Dichter und Denker priesen
oder höhnten andre das Volk der Deutschen;
aber endlich folgten den Worten Taten,
Taten des Schwertes.

Nicht des Geistes, sondern des Schwertes Schärfe
gab dir alles, wiedererstandnes Deutschland:
Ruhm und Einheit, äußere Macht und Wohlfahrt
dankst du dem Eisen!

Laß die Harfen tönen von Siegesgesängen,
aber halte mitten im Jubel Wache!
Unter Lorbeerzweigen und Myrtenreisern
trage das Schlachtschwert!

Denn die Zeit ist ehern, und Feinde dräun dir
wie am Hofe Etzels den Nibelungen;
selbst zur Kirche nur in den Panzerhemden
gingen die Helden.

Meine Mahnung wird erst der Enkel segnen,
wenn er unverdrossen die Waffen wahrte
Menschenalter hin, bis es ihm obliegt,
im Weltkrieg zu siegen.«

Freilich: Schon die Geschichte der Nibelungen ging nicht gut aus, trotz ihrer Panzerhemden.

Genug, genug: Wirklich endlos könnte man die Belege häufen. Je genauer man hinschaut, desto deutlicher erkennt man den reißenden Wandel, der mit der Gründung des »kleindeutschen« Nationalstaats begann. Und wenn man seine »ungeschickte Größe« noch hinzufügt, von der wir schon gesprochen haben, dann erkennt man die Versuchung, die von Bismarck gesetzten Grenzen zu sprengen und immer noch mehr zu wollen: noch mehr Macht, Vormacht, Herrschaft über Europa, Weltmacht. Das Verhängnis war darin angelegt, daß man vom einem Extrem ins andere verfiel. Gerade weil die un- oder vorpolitische Sprach- und Kulturnation sich für die Begründung des Nationalstaates als untauglich erwies, geriet man an die pure Macht, für die es keinen anderen Maßstab mehr gab als Erfolg oder Mißerfolg, alles oder nichts, den Sieg oder den Untergang. Und so sind wir denn auf die abschüssige Straße geraten, die im Nichts, im Untergang von 1945 endete.

Ist damit alles gesagt? Nein, es fehlt etwas, vielleicht das Wichtigste. Für den Zusammenschluß im Kampf braucht man einen Feind. Und gerade wenn die Einheit, die man schon besitzt – die unpolitische Sprach- und Kulturnation –, etwas Träumerisches an sich hat, das für den Machtkampf so wenig taugt, dann braucht man diesen Feind um so dringender. Dafür bot sich zunächst einmal, im Gegenstoß gegen die napoleonische Eroberung, der »Erbfeind« Frankreich an. Im Jahre 1813 veröffentlichte Ernst Moritz Arndt seine Flugschrift *Der Rhein Teutschlands Strom, aber nicht Teutschlands Gränze*, die wie ein Fanfarenruf wirkte.

Deutsche Einigung, auf Feindschaft, Erbfeindschaft gegründet: Etwas später, 1840, entstand Max Schneckenburgers *Wacht am Rhein*, die von 1870 bis 1914 fast wie eine Nationalhymne gesungen wurde:

»Es braust ein Ruf wie Donnerhall,
wie Schwertgeklirr und Wogenprall:
Zum Rhein, zum Rhein, zum deutschen Rhein,
wer will des Stromes Hüter sein?
Lieb Vaterland, magst ruhig sein,
fest steht und treu die Wacht am Rhein.«

Ja, und dann eben der Triumph, der Sieg bei Sedan, und des Jubels kein Ende.

Lieber Jan, ich habe Ihnen schon empfohlen, Denkmäler zu besuchen, den Kyffhäuser zum Beispiel oder den Kaisersaal zu Goslar, um Anschauung zu gewinnen von deutschen Mythen, die uns kaum noch verständlich sind. Denkmäler verraten weit mehr über den Geist oder Ungeist ihrer Erbauer, als viele Worte es sagen können. Besonders wäre die »Walhalla« bei Regensburg ob der Donau zu empfehlen; gemäß dem Willen eines bayerischen Königs wird da den großen Deutschen gehuldigt, und es ist lehrreich zu sehen, wer zu ihnen gezählt wird und wer nicht. Leider liegt Regensburg von Holland aus ziemlich weit entfernt.

Aber vielleicht entschließen Sie sich einmal zu einer erholsamen Rheinreise, von Rotterdam stromauf Richtung Basel. Mehr als genug gibt es dabei zu sehen, wahrlich nicht nur am romantischen Rhein zwischen dem Drachenfels bei Bonn und Mainz. Versäumen Sie aber nicht, in Rüdesheim Station zu machen! Die meisten Touristen tun es ohnehin, schon wegen der Weinseligkeit in der berühmten Drosselgasse. Doch lassen Sie sich da nicht gleich einfangen, sondern wandern Sie erst einmal weiter, hinauf zum Niederwalddenkmal! Der Platz belohnt alle Mühe; besonders am frühen Morgen und beim Sonnenuntergang, wenn die Massen noch nicht da oder schon wieder fort sind, bietet sich ein wunderbarer Ausblick weit nach Westen, Frankreich entgegen.

Jedenfalls Germania, die Dame auf dem Denkmalssockel, winkt oder droht mit ihrem Siegeskranz nach dort hinüber, und auf figurenreich geschmücktem Sockel kündet sie vom deutschen Triumph. Der Sockel ist 25 Meter hoch, die Dame selbst, vieltonnenschwer, mißt 10,5 Meter. Franzosen sollen gesagt haben, daß kein Gras mehr wachse, wo das Riesenweib seinen Fuß hinsetze. Aber so redet natürlich bloß der welsche Neid.

Die Einheit, aus Feindschaft geschmiedet – und zusammengehalten: Dazu half auch die Annexion von Elsaß-Lothringen. Damit nämlich wurde wiederum Frankreich auf die Revanche, die Erbfeindschaft festgelegt, so daß man weiterhin von der »Wacht am Rhein« singen konnte. Bismarck allerdings dachte nüchterner als seine Anbeter und Denkmalserbauer; seit 1871 wandelte er sich zum Hüter des Friedens. Dafür entwickelte er eine böse Gewohnheit der innenpolitischen Feinderklärungen: Unmittelbar nach der Reichsgründung begann der »Kulturkampf«, der die zur Zentrumspartei organisierten Katholiken als »Reichsfeinde« brandmarkte. Und gleich nach dem Kulturkampf begann die Sozialistenverfolgung, die Abstempelung der sozialdemokratischen Arbeiterbewegung: rote Gefahr und

»vaterlandslose Gesellen«! Diese Verteufelung des innenpolitischen Gegners zum Feind, der die nationale Einheit verrät und »zersetzt«, wirkte wie ein Gift weiter und weiter. So wurde die Niederlage von 1918 als heimtückischer »Dolchstoß« in den Rücken der kämpfenden Front hinwegerklärt, so die Weimarer Republik als »undeutsch« der Verachtung, dem Haß preisgegeben. Hitler hat darauf aufgebaut – und am Ende sich durchgesetzt, unübertroffen in der Kunst, Feindbilder zu erfinden und den Haß zu predigen.

Der wilhelminischen Generation genügte nicht mehr, was Bismarck geschaffen hatte. Und auch Frankreich genügte nicht mehr. Schon der Krieg von 1870/71 hatte ja die deutsche Überlegenheit erwiesen, und seitdem zog das Reich mit seiner rasch wachsenden Bevölkerung und wirtschaftlichen Leistungskraft immer weiter davon. Man brauchte eine neue Herausforderung, den angemessen stärkeren Feind. Man fand ihn in Großbritannien, dem seebeherrschenden, weltumspannenden Imperium, der führenden Wirtschaftsmacht des 19. Jahrhunderts. »Unsere Zukunft liegt auf dem Wasser!« und »Volldampf voraus!« verkündete darum Kaiser Wilhelm II. zur Begeisterung seiner Zeitgenossen und sprach von den »herrlichen Tagen«, zu denen er die Deutschen führen wollte. Ein ganz neues Machtinstrument wurde dafür gebraucht; der Marinewahn, der Schlachtflottenbau begann, der das Inselreich zum Duell forderte.

Bismarck hätte sich in seinen dunkelsten Alpträumen schwerlich vorstellen können, was da geschah. Er hatte noch das kontinentale Europa vor Augen und fürchtete den großen Landkrieg gegen Frankreich und Rußland zugleich. Immerhin verfügte man dafür über eine kampferprobte Armee, die mächtigste Militärmaschine der Welt. Mit ihrer und Gottes Hilfe, vor allem mit deutscher Tapferkeit würde man die Probe bestehen.

Aber wie, wenn man zu allem Übel auch noch – mutwillig – die erste Seemacht zum Feind erkor? Eine sachliche Notwendigkeit gab es dafür nicht; der friedliche Handelsaustausch wuchs von Jahr zu Jahr. Und militärisch taugte die Schlachtflotte erst recht zu nichts. Ihr Baumeister Tirpitz schuf sie für die Entscheidungsschlacht irgendwo zwischen Helgoland und der Themsemündung, aber für den Vorstoß durch den Ärmelkanal oder um Schottland herum ins wirkliche Weltmeer, in den Atlantik hinein, war sie unbrauchbar. Folgerichtig dümpelte diese »Hochsee«-Flotte im Ersten Weltkrieg so funktionslos auf Schillig-Reede, als gäbe es sie nicht, verdarb schließlich und wurde zur Keimzelle der Revolution, während die britische Flotte vom ersten Tag an und fast ungestört ihre Blockadeaufgabe erfüllte.

Liebe Kathrin und lieber Jan, auch wenn dies alles lange zurückliegt und weit hergeholt scheint, so ist es doch wesentlich, um das »Problem« der deutschen Identität zu verstehen. Es geht um das Freund-Feind-Verhältnis, um die Zwangsvorstellung, daß man ohne den Feind die deutsche Einheit weder schmieden noch bewahren könne. Weil Frankreich für die ungeschickt wachsende Größe des Reiches nicht mehr genügte, brauchte man England. Anders läßt sich der Wahn kaum erklären, in dem man sich verfing – und nicht das Unheil, in das man geriet. Konsequent genug explodierte im August 1914 nicht etwa der Franzosen-, sondern der Britenhaß: »Perfides Albion! – Gott strafe England!« (So unterzeichnete man sogar Briefe, wie später »Mit deutschem Gruß!« oder »Heil Hitler!«)

Wie es sich hierzulande gehört, hat man den Feind-Wahn auch noch theoretisch untermauert. In den zwanziger Jahren entwarf der Staatsrechtslehrer Carl Schmitt seinen »Begriff des Politischen« und schrieb: »Die eigentliche politische Unterscheidung ist die Unterscheidung von Freund und Feind. Sie gibt menschlichen Handlungen ihren politischen Sinn; auf sie führen schließlich alle politischen Handlungen und Motive zurück ... Der politische Feind braucht nicht moralisch böse, er braucht nicht ästhetisch häßlich zu sein; er muß nicht als wirtschaftlicher Konkurrent auftreten, und es kann vielleicht sogar vorteilhaft und rentabel scheinen, mit ihm Geschäfte zu machen. Er bleibt aber ein *Anderer*, ein *Fremder* ... Zum Begriff des Feindes gehört die im Bereich des Realen liegende Eventualität eines bewaffneten Kampfes, das bedeutet hier eines Krieges … Der Krieg folgt aus der Feindschaft, denn diese ist seinsmäßige Negierung eines anderen Seins. Krieg ist nur die äußerste Realisierung der Feindschaft.«

Das alles ist, mit Verlaub, grober Unfug und nur aus den deutschen Zwangsvorstellungen zu erklären. Im Alltag des Politischen, auch und gerade bei bedeutendem staatsmännischem Handeln, geht es gerade darum, den Gegner, den Andersdenkenden *nicht* in die Feindecke zu drängen, in der er bloß noch blindwütig um sich schlägt, sondern ihn kompromißfähig zu halten und das wohlverstandene Interesse sichtbar zu machen, in dem die Konfliktparteien sich zusammenfinden. Aber noch heute gibt es Leute, die Carl Schmitt bewundern, und kaum ein Jahr vergeht, in dem kein Buch erscheint, das mehr oder minder umwunden ihm huldigt.

Liebe Kathrin und lieber Jan, ich hoffe sehr, daß ich mich diesmal unmißverständlich ausgedrückt habe. Um zusammenzufassen: In der Abkehr von den 1848 gescheiterten Idealen setzte man auf Macht, Macht und nochmals die Macht. Um die Machtentfaltung zu rechtfertigen, benötigte man den Feind, sei es nach innen oder nach außen. Wenn der eine nicht mehr brauchbar war, mußte der andere schon zur Stelle sein. Ein Weg ohne Ausweg: Der deutsche Nationalstaat, auf den Feindwahn gegründet, mußte schließlich durch die Feinde zerstört werden, die er selbst sich geschaffen hatte.

Und wenn man noch fragt: Welche Feinde und warum gerade diese? Dann heißt die Antwort: Das ist unwichtig. Die Funktion der Feindschaft ist es, »Freundschaft« zu stiften, das heißt den Zusammenschluß der Nation gegen das angeblich Böse. Ob darum Franzosen, Briten, Sozialdemokraten und überhaupt Demokraten, Bolschewiken, die Juden – gleichviel. Am Ende genügt der Wahn, sofern er nur wirkungsvoll gepredigt und abgründig in die Tat umgesetzt wird.

Im Erschrecken darüber – und über die Länge, in die ich nun wirklich geraten bin – schließe ich schleunigst und grüße Sie beide herzlich als Ihr

Christian Krockow

Viertes Kapitel

»Typisch deutsch«?

Erster Teil

Lieber Herr von Krockow,

schon wieder möchte ich aus dem *Faust* zitieren, diesmal allerdings den begeisterten Schüler:

> »Mein Abscheu wird durch Euch vermehrt,
> o glücklich der, den Ihr belehrt!«

Viel besser als vorher verstehe ich jetzt, warum es mit unserem Nationalstaat ein so böses Ende nahm. Du auch, Jan? Und warum nur sollen wir Versuche zur Wiederbelebung unternehmen? Wahrscheinlich werden sie wieder nicht gut ausgehen. Jedenfalls fühle ich mich mehr denn je gerechtfertigt, wenn ich von Holstein gleich nach Europa will und gar nicht erst versuche, eine gute – oder womöglich sogar eine »typische« Deutsche zu werden.

Bitte sehen Sie es mir nach, wenn ich heute nur diesen sehr kurzen Brief schreibe. Aber mit der Kopie an Jan soll er noch zur Post, und in einer Stunde kommt ein Bekannter mit seinem Auto, um mich zur Bahn zu bringen. Ich sitze nämlich auf meinen gepackten Koffern und ziehe um. Erst eine Zwischenstation in Ratzeburg, dann weiter. Eine genaue Anschrift habe ich noch nicht, nur den Ort kenne ich schon, an dem Antworten mich bestimmt erreichen: Postlagernd Greifswald! In einer Woche zum Beginn des neuen Semesters werde ich dort sein.

Mit herzlichsten Grüßen,

Ihre Kathrin

Verehrter Herr von Krockow, liebe Kathrin,

Sehr lange habe ich auf der Landkarte suchen müssen, um dieses Greifswald zu finden. Wo zum Teufel liegt das überhaupt? Aha, dort, ganz im Nordosten und fast schon an der polnischen Grenze – so weit weg wie nur möglich! Warum denn, Kathrin? Warum dieser plötzliche Umzug? Eine Art von Flucht? In Göttingen sehe ich Dich, beim Spazieren auf der Weender Straße, vor dem Gänseliesel, im Ratskeller, im Schwarzen Bären, im Café Cron und Lanz. Aber in bezug auf Greifswald bin ich vollkommen blind.

Ja, Herr von Krockow, ich begreife jetzt ziemlich genau, warum der deutsche Nationalstaat nur 75 Jahre überdauerte und ein finsteres Ende nahm. In ihm ein guter Deutscher zu sein hieß wohl wirklich: so schnell wie möglich erwachsen und dann ein »ganzer« Mann, ein schneidiger Soldat zu werden, mit Stolz die Uniform zu tragen, im Gleichschritt zu marschieren, in den Kampf, die Bewährung ziehen, tapfer zu sein und wenn nötig fürs Vaterland zu fallen. Niemand wird ja leugnen, daß in diesem Sinne die Deutschen in zwei Weltkriegen Unerhörtes geleistet und unerhörte Opfer erbracht haben, zum Staunen und zum Erschrecken der Völker ringsum.

Einer meiner Lieblingsschriftsteller ist Erich Kästner, schon darum, weil er zu seiner Zeit ein anderer statt ein »guter« Deutscher war und zu den Dichtern und Denkern gehörte, deren Bücher verbrannt wurden – auch in Göttingen, von guten Studenten, auf dem Platz vor der Albanikirche! Und weil Sie uns so gern mit Gedichten auf die Sprünge helfen, kann ich der Versuchung nicht widerstehen, hier auch eins aufzuschreiben. Natürlich kennen Sie es, aber vielleicht möchte Kathrin es hören. In ihrer Auflehnung dagegen, eine Deutsche zu sein, wird es sie bestimmt noch verstärken. Und außerdem lehnt es sich ironisch an Goethe an, den sie so gern zitiert.

»Kennst Du das Land, wo die Kanonen blühn?
Du kennst es nicht? Du wirst es kennenlernen!
Dort stehn die Prokuristen stolz und kühn
in den Büros, als wären es Kasernen.

Dort wachsen unterm Schlips Gefreitenknöpfe.
Und unsichtbare Helme trägt man dort.
Gesichter hat man dort, doch keine Köpfe.
Und wer ins Bett geht, pflanzt sich auch schon fort.

Wenn dort ein Vorgesetzter etwas will
– und es ist sein Beruf, etwas zu wollen –
steht der Verstand erst stramm und zweitens still.
Die Augen rechts! Und mit dem Rückgrat rollen!

Die Kinder kommen dort mit kleinen Sporen
und mit gezognem Scheitel auf die Welt.
Dort wird man nicht als Zivilist geboren.
Dort wird befördert, wer die Schnauze hält.

Kennst Du das Land? Es könnte glücklich sein.
Es könnte glücklich sein und glücklich machen!
Dort gibt es Äcker, Kohle, Stahl und Stein
und Fleiß und Kraft und andre schöne Sachen.

Selbst Geist und Güte gibt's dort dann und wann!
Und wahres Heldentum. Doch nicht bei vielen.
Dort steckt ein Kind in jedem zweiten Mann.
Das will mit Bleisoldaten spielen.

Dort reift die Freiheit nicht. Dort bleibt sie grün.
Was man auch baut – es werden stets Kasernen.
Kennst Du das Land, wo die Kanonen blühn?
Du kennst es nicht? Du wirst es kennenlernen!«

Wie gut paßt das ins Zeitalter der Weltkriege! Aber jetzt kommt mein Aber. Die Geschichte hört 1945 doch nicht auf! Sie geht weiter. Die Bundesrepublik entstand – einmal mehr zum Staunen der Nachbarn unterwegs zu ihrem »Wirtschaftswunder«, ebenso die Deutsche Demokratische Republik, nicht ganz so erfolgreich, aber in ihrem eigenen Weltlager immer noch ansehnlich genug. Und falls ich mich nicht irre, gibt es seit 1990 einen neuen, den zweiten deutschen Nationalstaat. Warum denn vor ihm davonlaufen, sei es nach Holstein, nach Europa oder nach Greifswald? Muß man nicht alles dafür tun, daß es ihm besser ergeht als dem ersten?

Es stimmt schon, manches ändert sich wohl niemals, dafür anderes um so gründlicher. Der Stolz aufs Uniformtragen ist dahin, und man baut nicht mehr Kasernen, sondern Bankhochhäuser, möglichst hoch hinauf, und Eigenheime, möglichst friedvoll im Grünen. Unter meinen Kommilitonen in Göttingen gab es lauter Wehrdienstverweigerer, und der einzige, der es nicht war, erschien fast als verdächtiger Außenseiter, den man mit Kopfschütteln betrachtete. Wer boshaft wäre, könnte sagen: Die Deutschen sind von einem Extrem ins andere geraten.

Aber natürlich bin ich nicht boshaft. Ich sage: Gott sei Dank! Wir Niederländer mögen ja nachtragend sein und von vorgestrigen Ängsten geplagt werden, wenn wir den großmächtigen Nachbarn anschauen. Aber die Befürchtung, daß er eines Tages bei uns wieder einmarschieren könnte, nein, die gehört wirklich nicht mehr dazu.

Ja, und damit wären wir glücklich oder unglücklich wieder bei unserer Kernfrage angelangt: Was heißt es denn nun, was soll es in der Zukunft heißen, ein Deutscher, eine Deutsche zu sein? Gibt es etwas, was dafür kennzeichnend ist wie das D-Schild am Auto? »Kennzeichen D« heißt ja auch eine Fernsehserie, die ich mehrfach gesehen habe. In Kathrins Brief steht außerdem ein Wort, das mich reizt, darauf einzugehen: eine »typische« Deutsche. (Du bist das nicht, und das mag ich an Dir.) Etwas muß es doch geben, was charakteristisch ist, was zu den Mosaiksteinen des Bildes gehört, in dem wir selbst uns sehen und in dem andere uns erkennen. Natürlich, wenn ich von »den« Deutschen spreche, kommen meine holländischen Vorurteile ins Spiel; dafür bitte ich schon im voraus um mildernde Umstände. Andererseits mag die Außenansicht ja aufschlußreich sein, und sei es auch nur, um sie zu widerlegen.

Organisationstalent: Alles was die Deutschen tun wollen, muß gehörig vorbedacht, geplant, durchgerechnet, eben »organisiert« werden, damit es auch »klappt«. »Alles klar?« heißt die dringende Frage. Ja, alles klar.

Doch wehe, wenn man etwas dem Zufall überläßt! Dann entsteht ein abgründiges Durcheinander, und dann ist guter Rat teuer. Nein, das Improvisieren zählt schwerlich zu den deutschen Talenten. Manchmal läßt es sich nicht vermeiden – wahrscheinlich, weil andere so schlampig sind –, aber dann blickt man in sehr angespannte, fast verzweifelte Gesichter. Dagegen kann man mit guter Organisation viel, fast alles erreichen. Wie sonst wäre man mit begrenzten Mitteln – beinahe – zur Weltmacht geworden? Wie – tatsächlich – zur Welt-Exportmacht?

Zum erfolgreichen Organisieren braucht man bestimmte Tugenden, zum Beispiel die *Zuverlässigkeit*, die *Präzision* und die *Pünktlichkeit*. Ja, die Pünktlichkeit ganz besonders. Auf dem Bahnsteig von Göttingen habe ich Leute schon lauthals schimpfen hören, wenn ihr stolzer ICE sich nur um sieben, acht, neun Minuten verspätete. Unerhört, man sollte sich beschweren! Außerdem könnte man in Hannover den Anschluß nach Düsseldorf und dort den Geschäftstermin verpassen – unausdenkbar! Die geplagte Deutsche Bahn AG gelobt inzwischen Besserung und verweist darauf, daß mehr als 90 Prozent ihrer Züge genau nach Fahrplan ankommen und abfahren.

Irgendwo habe ich einmal eine schöne Karikatur gesehen: Eine Gruppe von deutschen Wanderern marschiert geruhsam an einem Wegweiser vorbei, auf dem geschrieben steht: 15 Minuten bis zum Gasthaus Waldeslust. Als jedoch nach zehn Minuten dieses Gasthaus noch immer nicht zu sehen ist, schaut jemand auf die Uhr und ruft: »Nun aber Beeilung!« Und der ganze Trupp fängt an zu rennen. Erschöpft, verschwitzt, ganz außer Atem erreicht man schließlich das Ziel. Wieder ein Blick auf die Uhr: geschafft!

Gründlichkeit gehört auch zur Sache. Denn wenn man an der Oberfläche bleibt, statt den Dingen auf den Grund zu gehen, dann schleichen sich in den besten Organisationsplan Fehler ein, und alles läuft schief. Selbst bei Gesprächen wird das erkennbar. In den Göttinger Kneipen habe ich mehr als einmal erlebt, daß man spätestens beim dritten Bier vom leichtfüßigen Plaudern ins Gründliche, Grundsätzliche verfiel. Nein, die Welt ist nicht so, wie sie sein sollte, also müssen wir sie auseinandernehmen und neu zusammensetzen, samt Umweltschutz, Ökosteuer und »nachhaltigem Wachstum« – was immer das sein mag. Nur am nächsten Morgen, mit dickem Kopf, fragt man sich manchmal und meistens vergebens, wovon eigentlich die Rede war.

Eine Kehrseite der Gründlichkeit bildet der *Mangel an Ironie* (zu unterscheiden vom brüllenden Witz) und besonders an Selbstironie. Denn die Ironie bringt die sorgfältig durchdachte und durchorganisierte Welt nicht in die Ordnung, in die sie gehört, sondern unversehens aus den Fugen. Im Aufblitzen offenbart sie, daß nicht zusammenpaßt, was der Theorie oder dem Organisationsplan nach zusammengehört. Konsequent genug ist ein großer Ironiker wie Thomas Mann in den Verdacht geraten, kein guter Deutscher zu sein – um von dem Tucholsky- und Kästner-Gelichter zu schweigen, das man im deutschen Aufbruch von 1933 auf den Scheiterhaufen warf.

Ach, nun gerate ich in die Weite, die nur Ihnen, Herr von Krockow, zusteht. Oder, noch schlimmer: Ich erweise mich als »typisch« holländisch und nehme eine der Untugenden an, die man uns mit Recht nachsagt: daß wir als die Nachkommen calvinistischer Prediger, die wir sind, die Menschheit scheiden in die Kinder des Lichts und die Kinder der Finsternis, in die zum Heil und zur Hölle Vorbestimmten. Und dabei gehören wir natürlich zu den Kindern des Lichts, aber andere schwerlich. Und die Deutschen schon gar nicht.

Mit der Bitte um Belehrung schließe ich und grüße Sie, lieber Herr von Krockow, und Dich liebe Kathrin

Ihr, Dein Jan

Liebe Kathrin, lieber Jan,

Lassen Sie uns gleich von den »typischen« Deutschen reden! Gibt es die überhaupt? Man trifft blonde und schwarzhaarige, große und kleine, dünne und sehr dicke (die leider immer öfter), dumme und kluge, alte und junge (die leider immer seltener), zufriedene und unzufriedene, freundliche und unfreundliche. Dazu die Besser- und die Schlechterverdienenden, die tüchtigen, erfolgreichen Leute und die Versager. Wo auf der Welt wäre es anders, sofern man vom wachsenden Wohlstandsspeck und der zunehmenden Überalterung einmal absieht?

Ich gestehe meine Skepsis; wie leicht gehen wir falschen Verallgemeinerungen, vorschnellen Urteilen auf den Leim! Kennen Sie die Geschichte von dem Engländer, der bildungsbeflissen nach Frankreich reist? In Calais, seiner ersten Station, wird er im Straßencafé von einem rothaarigen Kellner bedient. Also zückt er sein Merkbuch und notiert: »In Frankreich haben die Kellner rote Haare.«

Ja, so etwas passiert uns nur zu leicht, bloß daß wir es nicht erkennen. Wie schon die Bibel sagt, Matthäusevangelium, 7,3: »Was siehest du also den Splitter in deines Bruders Auge und wirst nicht gewahr des Balkens in deinem Auge? … Du Heuchler, zieh zuerst den Balken aus deinem Auge; danach sieh zu, wie du den Splitter aus deines Bruders Auge ziehst.«

Oft ändern sich die Verhältnisse und die Menschen auch, ohne daß wir es bemerken. Dann geraten unsere Urteile, die einmal zutreffen mochten, ins Vorgestrige. Um aufs deutsche

Organisationstalent einzugehen und von zwei Beispielen zu berichten:

Der Plan, mit dem man im August 1914 in den Krieg zog – nach dem Generalstabschef, der ihn entworfen hatte, Schlieffenplan genannt –, sah, bloß seitenverkehrt, ein ins Gigantische gesteigertes Sedan vor; Generäle, wenn sie siegreich waren, gehen wohl zwangsläufig vom letzten statt vom kommenden Krieg aus. Die französische Armee, die gegen Elsaß-Lothringen aufmarschierte, sollte in der Flanke umgangen, im Rücken erfaßt, gegen die schweizerische Grenze gedrängt und dort vernichtet werden. Alles war aufs genaueste durchorganisiert, unter anderem mit pünktlichen Bahntransporten zum Truppenaufmarsch an der Grenze. Nein, keine Verspätungen; gottlob fuhr man noch mit robusten Dampflokomotiven und nicht mit dem ICE.

Leider gab es dann doch ein paar Webfehler. Erstens war der Plan einseitig nach Westen gerichtet. Wenn Rußland mobil machte, mußte man, um nicht in Zeitverzug zu geraten, Frankreich ohne jeden sonstigen Anlaß den Krieg erklären und setzte sich damit politisch ins Unrecht. Zweitens, schlimmer, sah der Plan den Durchmarsch durch das neutrale Belgien vor; damit rief man Großbritannien auf den Plan. Drittens hatte man nicht bedacht, daß mit der Entwicklung der Repetier- und Maschinengewehre die Verteidigung ein Übergewicht gewonnen hatte. Die Panzerarmeen, die im Zweiten Weltkrieg neue Angriffskraft und Beweglichkeit brachten, gab es noch nicht. Kurzum, das deutsche Organisationstalent erlitt Schiffbruch, und das Scheitern des Schlieffenplans in der Marneschlacht nahm im Grunde schon das Scheitern im ganzen Krieg vorweg.

Nun das zweite Beispiel: Am 9. November 1989, dem Tag oder der Nacht, als die Berliner Mauer fiel, war ich in Warschau, sozusagen im Handgepäck des Bundeskanzlers, der dort am Nachmittag zu einem Staatsbesuch eingetroffen war. Mit von der Partie waren also der Schriftsteller, dem schon die Ehre zuteil wurde, ins Polnische übersetzt zu sein, dann Karl Dedecius, der im Gegenzug und jahrzehntelang fast im Alleingang polnische Literatur ins Deutsche übertrug, und als Gegengewicht zu den Männern die Lyrikerin Ulla Hahn: Solche Kulturmenschen werden gebraucht, als »Schambedeckung« für die hundert Herren der Wirtschaft, die wirklich wichtig sind. Alles begann wie geplant mit der Ehrengarde und dem Festessen am Abend.

Aber welch ein Durcheinander dann in der Nacht, welch eine Aufregung, als der Bildschirm im Hotel sich mit den sensationellen Bildern aus Berlin füllte! Aufregung übrigens besonders unter den Journalisten, die geglaubt hatten, in Warschau am rechten Ort zu sein. Und nun spielte die Geschichtsmusik anderswo! Der Staatsbesuch indessen, eigentlich für sechs Tage geplant, konnte bloß noch improvisiert zu Ende gebracht werden. Und schon am zweiten Tag flogen der Schriftsteller und die Herren der Wirtschaft nach Bonn zurück. Einer von ihnen brachte auf den Punkt, worum es sich handelte: »Zum Teufel mit den Polen, jetzt schlägt *unsere* Stunde.«

Was ich sagen wollte: Niemand, kein Geheimdienst und kein Rat der Weisen hatte mit dem gerechnet, was geschah. Und alles, was folgte, der ganze, sich mehr und mehr überstürzende Prozeß der Wiedervereinigung bis zum offiziellen Abschluß am 3. Oktober 1990, beruhte auf der Kunst des Improvisierens.

Unsereins erinnerte sich, vielleicht naiv, an den Verfassungsauftrag des Grundgesetzes zur Wiedervereinigung. Und gab es nicht ein eigenes für »gesamtdeutsche Fragen« zuständiges Ministerium? Allerdings – doch offenbar keines für Antworten. Nirgendwo, in keinem Panzerschrank, warteten Mobilmachungspläne für den Ernstfall, nicht einmal unbrauchbare. Im besserwisserischen Rückblick mag man natürlich behaupten, daß man mit vorsorglicher Planung manches oder vieles hätte anders machen können. Vielleicht wären einige Fehler vermieden worden. Aber wer will das wirklich wissen und mit Bestimmtheit sagen? Jedenfalls ist man dann ganz ohne vorsorgliche Marschtabellen ans Ziel gekommen.

Soviel, im Kontrast, zur deutschen Begabung des Organisierens und zur Talentlosigkeit beim Improvisieren am Anfang und gegen Ende des 20. Jahrhunderts …

Bei Tugenden wie der Pünktlichkeit bekomme ich ebenfalls Zweifel. Lieber Jan, was Sie darüber schreiben, mag vielleicht für einen alten Mann wie mich noch zutreffen. Ich wurde preußisch erzogen; wehe, wenn man die Zeit vergaß und beim ersten Gongschlag zum Mittagessen nicht schon mit gewaschenen Händen zur Stelle war! Irgendwie ist mir das dann in Fleisch und Blut übergegangen – und macht mir das Leben schwer, zum Beispiel bei Lesereisen, die zu meinem Beruf als Schriftsteller gehören. Um 14.43 Uhr soll ich in Sindelfingen sein; da wird man mich am S-Bahn-Ausgang erwarten. Auf keinen Fall darf ich zwanzig oder dreißig Minuten später mit dem nächsten Zug eintreffen, sonst geraten die Veranstalter in Panik. Aber jetzt bin ich von der Lesung am Vorabend her noch in Worms – und bestelle das Taxi zur Bahn viel zu früh. Es könnte sich ja verspäten oder im Stau steckenbleiben. Da es das in der Regel nicht tut, stehe ich mir dann auf einem zugigen und naßkalten Bahnhof die Beine in den Leib. Ebenso verliere ich beim Umsteigen in Mannheim fast schon die Fassung, wenn der ICE sich verspätet – ganz wie die Leute, die Sie in Göttingen beobachtet haben. Womöglich war ich darunter. Doch um der eigenen Angst vor dem verpaßten Anschluß zu entkommen, fahre ich bis Stuttgart lieber schon eine Stunde früher und muß mich dort sinnlos und im Ärger mit mir selbst herumdrücken.

Ja, aber gehöre ich nicht, als Preuße, unter den Deutschen zu einer aussterbenden Gattung? Am Abend, vor der Lesung, wenn ich nervös auf die Uhr schaue und endlich anfangen will, wird mir gesagt: Nein, wir müssen noch warten; die Leute sind hier so unpünktlich. Sie sind es wirklich – und keineswegs bloß in Sindelfingen, sondern überall im Lande. Und wenn mein Eindruck mich nicht täuscht: je jünger, desto unpünktlicher. Offenbar reden wir von einer altmodischen Tugend, für die man dringend etwas tun sollte, wie für die Störche, die Ottern oder die Hasen. Aber keine Schutzorganisation, keine Bürgerinitiative kommt ihr zur Hilfe.

Bei der Gründlichkeit mag es anders sein. Bei ihr gibt es eine stolze und offenbar unerschütterliche Tradition. Jan, bei einem Ihrer Vorgänger als Student in Göttingen, bei Heinrich Heine, kann man lesen:

»Sonderbar! trotz ihrer Unwissenheit hatten die sogenannten Altdeutschen von der deutschen Gelahrtheit einen gewissen Pedantismus geborgt, der ebenso widerwärtig wie lächerlich war. Mit welchem kleinseligen Silbenstechen und Auspünkteln diskutierten sie über die Kennzeichen deutscher Nationalität! Wo fängt der Germane an, wo hört er auf? Darf ein Deutscher Tabak rauchen? Nein, behauptete die Mehrheit. Darf ein Deutscher Handschuhe tragen? Ja, jedoch von Büffelhaut. Aber Bier trinken darf ein Deutscher, und er soll es als echter Sohn Germanias; denn Tacitus spricht ganz bestimmt von deutscher Cerevisia. Im Bierkeller zu Göttingen mußte ich einst bewundern, mit welcher Gründlichkeit meine altdeutschen Freunde die Proskriptionslisten vorbereiteten, für den Tag, wo sie zur Herrschaft gelangen würden. Wer nur im siebenten Glied von einem Franzosen, Juden oder Slawen abstammte, ward zum Exil verurteilt. Wer nur im mindesten etwas gegen Jahn oder überhaupt etwas gegen altdeutsche Lächerlichkeiten geschrieben hatte, konnte sich auf den Tod gefaßt machen, und zwar auf den Tod durchs Beil, nicht durch die Guillotine, obwohl diese ursprünglich eine deutsche Erfindung und schon im Mittelalter bekannt war, unter dem Namen ›die welsche Falle‹.«

Ja, die deutsche Gründlichkeit! Dabei stellt Heine selbst noch das Finstere mit Heiterkeit bloß, er kämpft mit dem leichten Degen statt mit schwerem Säbel. Typisch deutsch ist das allerdings nicht, und darum hat man sich in seiner Heimatstadt Düsseldorf lange dagegen gewehrt, die Universität nach ihm zu benennen. In Greifswald, liebe Kathrin, heißt der Namenspatron Ernst Moritz Arndt, und mit dem gab es viel weniger Schwierigkeiten. Er wurde auf der Insel Rügen geboren, arbeitete sich empor und erreichte sein erstes Berufsziel in Greifswald. Aber er, wahrlich, schwang nicht bloß den Säbel, sondern die Keule. Einer seiner Ansprüche lautete:

»Ich will den Haß gegen die Franzosen für immer. Dann werden Deutschlands Grenzen auch ohne künstliche Wehren sicher sein. Dieser Haß glühe in den Herzen des deutschen Volkes, als ein heiliger Wahn in allen Herzen und erhalte uns für immer in unserer Treue, Redlichkeit und Tapferkeit.« Tatsächlich ist dieser Wahn auf dem Wege zu unserem ersten Nationalstaat eine, wenn nicht die wichtigste Antriebskraft gewesen. Den Sedantriumph hat Arndt nicht mehr erlebt, er starb 1860, aber mit den Umständen der Reichsgründung wäre er gewiß zufrieden gewesen.

Aber, liebe Kathrin: Nehmen Sie sich meine Abneigung nur ja nicht zu Herzen. Als Pommer gratuliere ich Ihnen zu Ihrer Universitätswahl, und Namen sind Schall und Rauch. Es spricht auch nicht für oder gegen die Göttinger Universität, daß sie nach einem hohen Herrn aus dem Hause Hannover Georgia Augusta heißt.

Doch zurück zu unserem Thema und zur deutschen Gründlichkeit. Vielleicht haben nur die Inhalte gewechselt. Jan, was Sie andeuten, ist auch mein Eindruck: Heute geht es vor allem um die Erhaltung der Natur, den Umweltschutz, die Rettung der Trappen vor Bauplänen der Bundesbahn, um das Ozonloch und die drohende Klimakatastrophe, die deutschen Bäume und das Waldsterben, den Kampf gegen die Atomenergie oder die Gentechnologie. Und wer wagte noch zu leugnen, daß das wichtige Themen sind? Oder wie erst das Sortieren des Mülls! Jan, im Interesse Ihres Seelenheils hoffe ich sehr, daß Sie bei Ihrem Aufenthalt in Göttingen gelernt haben, Pappe von Plastik und Buntglas von Weißglas zu unterscheiden! Denn da lassen wir uns in unserer Gründlichkeit wirklich nicht überbieten und nicht mit uns spaßen.

Immerhin, im Vergleich zu Heines altdeutschen Freunden ist der Fortschritt mit Händen zu greifen. Es geht nicht mehr darum, für den Tag der Machtergreifung Todeslisten vorzubereiten, sondern das lebenswerte Leben zu bewahren. Oder etwa nicht?

Den Wandel sollten wir überhaupt noch genauer anschauen.

Denn der sogenannte Volkscharakter ist ja kein Naturereignis, das aus den Genen oder wer weiß woher stammt, sondern ein Produkt der Geschichte. In den letzten beiden Jahrhunderten kann man grob drei Phasen unterscheiden. Zunächst gab es die vornationale im Zeichen von Gemütlichkeit, Musik und Bildung, von Sprache und Literatur: alles das, was Heine preist und Balzac bei dem Herrn Hermann aus Nürnberg als liebenswert schildert. Mit der Reichsgründung beginnt dann die Verfinsterung: kombiniert mit der »ungeschickten Größe« die Anbetung der Macht, der Wahn von der Weltmacht, eine Militarisierung des Denkens und Handelns, das Begreifen und Mißverstehen des Politischen als Freund-Feind-Verhältnis, des Krieges und des Todes im Kampf als der Krönung des Lebens. Wie Ernst Jünger – 1932 – gesagt hat:

»Der Mensch entfaltet seine höchste Kraft, entfaltet Herrschaft überall dort, wo er im Dienste steht. Es ist das Geheimnis der echten Befehlssprache, daß sie nicht Versprechungen macht, sondern Forderungen stellt. Das tiefste Glück des Menschen besteht darin, daß er geopfert wird, und die höchste Befehlskunst darin, Ziele zu zeigen, die des Opfers würdig sind.«

Das sollte sich nur zu bald als eine deutsche Wahrheit beweisen.

Aber in der Katastrophe von 1945 ist sie zu Scherben zerfallen, und niemand möchte sie mehr zusammenleimen, von ein paar eher kuriosen Außenseitern vielleicht abgesehen – oder den dumpfen Rechtsradikalen, die nicht einmal wissen, worum es sich handelt. Wie Sie, Jan, mit Recht sagen, sind wir eine durch und durch zivile Nation geworden, die leben und überleben möchte. Sogar unsere Ängste zeugen davon, zum Beispiel die um die Erhaltung der Natur. Oder davor, in Konflikte, in Kriege hineingezogen zu werden und Soldaten nicht bloß zum Vorzeigen, sondern zum Einsatz stellen zu müssen. Nein, vor diesen wiederum und nun gründlich gewandelten Deutschen muß sich niemand mehr fürchten, wahrscheinlich nicht einmal wir selbst. Und das läßt doch wohl für die Zukunft und für unseren zweiten Nationalstaat hoffen.

Natürlich wäre über das »typisch Deutsche« noch lange zu reden, und vielleicht fällt Ihnen, Kathrin und Jan, viel mehr dazu ein als mir.

Aber ich schließe für heute, um nicht schon wieder ins Uferlose zu geraten, und grüße Sie beide herzlich mit meinen besten Wünschen als Ihr altmodisch pünktlicher Preuße

Christian Krockow

Fünftes Kapitel

Von Männern und Frauen

Liebe Kathrin und lieber Jan,

wenn man vom »typisch Deutschen« und im Kontrast dazu von den Wandlungen spricht, die sich vollzogen haben, dann sucht man in den Geschichtsbüchern meist vergeblich nach einem Thema: dem Verhältnis von Männern und Frauen. Von Krieg und Frieden ist die Rede, von Königen und Kaisern, Staats-Männern, Soldaten und Feldherrn, von Gelehrten und Erfindern, Schulen und Hochschulen, von Wirtschaft und Gesellschaft und vielem anderen, bloß davon nicht. Allenfalls Außenseiter des Deutschen Reiches wie August Bebel haben sich auf dieses Verhältnis eingelassen und versprochen, daß es sich mit dem Sieg des Sozialismus ändern sollte. Ich befinde mich also in guter Gesellschaft. Und kaum etwas sonst scheint mir wichtiger zu sein, wenn man begreifen will, was einmal war, was ist und was für die Zukunft sich abzeichnet.

Doch um einem Mißverständis vorzubeugen: Nicht das Verhältnis von Männern und Frauen ist es, über das wir heute streiten, die Gleichberechtigung in Beruf und Politik, nicht oder jedenfalls nicht in erster Linie die Frage, wie es mit den Aufstiegschancen der Frauen in Wirtschaft und Wissenschaft bestellt ist oder ob die Zahl der Ministerinnen die der Minister halbwegs erreicht. Nein, ich meine etwas anderes, das vielleicht noch wichtiger ist, das Wesen des Männlichen und des Weiblichen, das Symbolkraft gewinnt – wie in manchen Kulturen bis hin zu Göttern und Göttinnen. Ich hoffe, daß gleich anschaulich wird, was ich meine. Leider gehört zur Sache schon wieder ein Ausholen, ein Rückgriff in die Geschichte. Denn immer sind wir in der Gefahr, die Gegenwart als etwas Natürliches und Selbstverständliches anzusehen, das sie nicht ist.

Am Anfang steht, wie so oft, Martin Luther, in seiner Wirkung kaum hoch genug einzuschätzen. Er hat das protestantische Deutschland geschaffen, das dann in der neueren Entwicklung auf dem Weg zu unserem ersten Nationalstaat die Führung übernahm. Und Luther hat mit den Heiligen aufgeräumt, mit der Folge, daß für die Heilige Jungfrau Maria und überhaupt für die Frauenverehrung kein Platz mehr blieb. Gott ist ein Vatergott, Jesus ein Mann, und auch der Heilige Geist, was immer sonst er noch sein mag, wird mit »der« statt »die« angeredet. Man mag sich ja heute über die Katholische Kirche aufregen, weil sie den Frauen kein Priesteramt zugestehen will, aber die Jungfrau und Mutter Maria spielte immer eine wichtige, manchmal – zum Beispiel in Polen – sogar die zentrale Rolle, und besonders die Volksfrömmigkeit wendet sich ihr zu. Menschen in Not rufen die Nothelferin an und pilgern an die Stätten, an denen sie erschienen sein soll.

Von Luther zu Preußen ist es nicht mehr weit – ein betont, um nicht zu sagen extrem männlicher Staat. Und auch seine Wirkung kann man kaum hoch genug einschätzen; schließlich hat Preußen das neue Deutsche Reich geschaffen und es nachhaltig beeinflußt, obwohl oder gerade weil es in dessen Schatten verschwand. Die beiden Könige, die Preußen geprägt haben, waren Friedrich Wilhelm I., der »Soldatenkönig« (1713–1740), und sein Sohn, Friedrich II., »der Große« (1740–1786).

Zunächst der Vater: ein derber und dicker und auf den ersten Blick ein ganzer Mann, ein frommer und hochmoralischer außerdem. Im Gegensatz zu seinem Kollegen in Dresden, August dem Starken, gab es bei ihm keine Seitensprünge, ja nicht einmal Seitenblicke auf mögliche Mätressen. Dafür gebar ihm seine Gemahlin Sophie Dorothea, eine Welfin aus dem Hause

Hannover, 14 Kinder, von denen allerdings mehrere, wie damals üblich, bereits im Kindbett starben.

Doch in Wahrheit wußte dieser König mit Frauen nichts anzufangen; womöglich fürchtete er sie sogar. Man besuche ihn in seinem Jagdschloß Stern am Rande von Potsdam-Babelsberg, dem einzigen Neubau, den der Geizhals sich gönnte. Im Grundriß mißt es neun mal sechzehn Meter, und ich habe den Verdacht, daß er es mit Absicht so klein angelegt hatte, um mit Überzeugung sagen zu können: »Madame, es tut mir leid, für Sie ist hier kein Platz.«

Wirklich wohl fühlte sich Friedrich Wilhelm nämlich nur in der Abwesenheit der Frauen, etwa in seinem rein männlichen Tabakkollegium. Und seine eigentliche Liebe galt den Soldaten, besonders der Garde der »langen Kerls«, für die der sonst so sparwütige kleine Mann stets Geld übrig hatte. Er selbst hat gesagt: »Das schönste Mädchen, das man mir verschaffte, wäre mir gleichgültig. Aber Soldaten, das ist meine Schwäche, damit kann man sich so weit bringen, wie man will.« Nicht umsonst nennt man ihn den Soldatenkönig; die preußische Armee, die unter der Führung seines Sohnes Europa in Staunen, Bewunderung und Schrecken versetzte, ist sein Werk.

Aber am Verhältnis zu den Frauen ist etwas Merkwürdiges oder Neurotisches, wie geschaffen für die Analyse eines Sigmund Freud. Bei dem Sohn muß dann niemand mehr rätseln; er war für die Frauenliebe nicht geschaffen und hat verlegen bekannt: »Mit Damen weiß ich nicht wohin.« Nur bei seinen Dragonern und Grenadieren wußte er es genau: Auf in den Krieg, um Ruhm zu erwerben und Schlesien zu erobern! Ob Friedrichs Zwangsehe mit Elisabeth Christine von Braunschweig-Bevern jemals vollzogen wurde, ist zu bezweifeln, und sobald er nach dem Tod seines Vaters sein eigener Herr war, wurden die Haushalte für immer getrennt. Im Funkenflug des Geistes mochte später die Tafelrunde von Sanssouci das eher mit einem Wirtshausstammtisch zu vergleichende Tabakkollegium des Vaters weit überragen. Doch in einem stimmten sie überein: Hier wie dort waren Frauen nicht zugelassen.

Daß der betont männliche Staat zugleich als der durch und durch soldatische sich darstellt, ist kein Zufall. Vom Soldatentum aus erfährt der Mann seine Weihe, die tiefere Rechtfertigung – und mit ihm die politische Ordnung, die er vertritt. Denn einzig die Männer sind zum Selbstopfer und zum Ruhm berufen; nur sie beweisen sich als Soldaten, und einzig ihr Dasein wird gekrönt durch die Pflichterfüllung bis in den Tod. Darin liegt das Geheimnis der Leistungsstärke und der Größe: Eine schönheitsdurstige Hingabe an das Leben und an das Weibliche – wie in Sachsen – hätte Preußen schwerlich zur europäischen Großmacht aufsteigen lassen. Oder noch schärfer ausgedrückt: Das Weibliche und Weiche mußte man fürchten, wenn man sich emporkämpfen wollte. »Das Ewig-Weibliche zieht uns hinab«, um Goethes Formel in ihr preußisches Gegenteil zu verkehren und die Männerängste zu benennen, die darin auf der Lauer liegen. Und so wirken die Veranlagung von zwei denkwürdigen Königen und ihre Hinwendung zur Arbeit, zur Leistung, zur Pflichterfüllung zusammen, um einen einzigartigen Staat zu schaffen.

Der Sachverhalt wird anschaulich im Kontrast. Jan, Sie haben von Ihren Königinnen erzählt. Gleich drei folgen aufeinander, Wilhelmina, Juliana und Beatrix, jede auf ihre Weise so schlicht wie standfest und selbstbewußt. Im demokratischen Zeitalter mögen sie nicht mehr viel Macht haben, doch um so wichtiger wird ihre symbolische Bedeutung; sie verkörpern den Ursprung und die Einheit der Nation. Schaut man sich weiter um, so trifft man allerorten auf Frauengestalten. In Österreich überstrahlt die Landmutter Maria Theresia alle ihre männlichen Vorgänger und Nachfolger. Rußland kennt große Zarinnen, und »Mütterchen« Rußland tröstet ihre bedrängten Kinder. In Polen, wie schon angedeutet, wendet sich die geteilte, von fremden Mächten beherrschte Nation inbrünstig ihrer Schutzheiligen zu, der Schwarzen Madonna von Tschenstochau. Frankreich wird von der Jungfrau von Orléans gerettet und von »Marianne« verkörpert; auf einem berühmten Revolutionsbild reißt eine Frau mit entblößtem Busen ihre männlichen Mitstreiter vorwärts – in Preußen-Deutschland undenkbar. Auch im protestantischen England gibt es die großen Königinnen, nach denen ihr Zeitalter als das elisabethanische oder das viktorianische benannt wird.

Wir mögen das alles mit Nichtachtung strafen: Herrschten nicht überall in Europa und höchst einseitig die Männer? Ja, gewiß. Und doch nein zugleich: Gerade im hintergründigen Selbstverständnis der Völker spielen Symbole und Symbolfiguren eine überragende Rolle.

In Preußen jedenfalls fehlen dafür die Frauen. Manchmal, wenn ich das sage, werde ich auf die Königin Luise verwiesen. 1793, erst siebzehnjährig, heiratete sie Friedrich Wilhelm III., der vier Jahre später den Thron bestieg. »Von da an«, schreibt der scharfäugige Zeitzeuge Friedrich August Ludwig von der Marwitz, »zeigte sich an der Kronprinzessin der nie dagewesene Triumph der Schönheit und Anmut. Sie ward und blieb der Abgott des ganzen Volkes, ungeachtet sie nie in den Fall gekommen ist, Taten zu verrichten, die ihr eine so überschwengliche Liebe und Verehrung hätten zuwenden können, ja, indem sie durch das Leben, welches sie zu leben gezwungen war, eigentlich mit keinem Teile des Volkes jemals in Berührung gekommen ist, anders als durch ihren bloßen Anblick, und vielleicht durch einzelne Worte, die man von ihr hörte – und die waren keineswegs geistreich, am wenigsten heroisch, wie man hat fabeln wollen. Es war die Güte, die aus ihren Augen strahlte, und die unbeschreibliche Huld und Anmut ihres ganzen Wesens, die ihr alle Herzen gewannen.«

Immerhin, eine Sehnsucht nach Schönheit, nach Zartheit und Sanftheit wird da erkennbar, die das herbe Preußentum zumindest ergänzen und mildern möchte. Doch eine politische Bedeutung oder gar einen symbolischen Rang hat Luise niemals gewonnen, es sei denn – und bloß für den Augenblick – durch ihren Tod im Jahre 1810. Dieses frühe Sterben krönte sozusagen ihr Leben, weil es sie zum Sinnbild eines gebrochenen Herzens machte, des Leidens an der Schmach der preußischen Niederlage von Jena und Auerstedt im Jahre 1806, auf die dann die napoleonische Eroberung und Vormundschaft folgte. Aber mit der preußischen Erhebung von 1813 und mit dem an der Katzbach, bei Leipzig und bei Waterloo erneuerten Siegesruhm war das schon wieder vorüber; am Ende hat diese Königin doch bloß als Namensgeberin für wohltätige Stiftungen oder für Mädchenpensionate eine Rolle gespielt.

Nein, das vom Soldatenkönig und von Friedrich dem Großen geschaffene Muster wirkte weiter und weiter. Im Gefolge der Reichsgründung hat es sich sogar noch gefestigt und verhärtet. Jetzt, jetzt erst recht, rückte der Soldat gegenüber dem Zivilisten in den bestimmenden Rang auf; jetzt wurde das Uniformtragen zur Nationalmode, und wer etwas auf sich hielt, mußte sich zumindest als Leutnant der Reserve ausweisen, um dann am Sedantag im leider längst pressend eng gewordenen Rock den Schleppsäbel spazierenzutragen – so wie, höchst unpraktisch, der Gendarm und der Bahnhofsvorsteher es ohnehin taten.

Oder der Schuster Wilhelm Voigt, der als falscher Hauptmann halb verzweifelt und halb listig die Uniformgläubigkeit nutzte, um die Stadtkasse von Köpenick an sich zu bringen. Eine komische und groteske, eine bezeichnende Geschichte: Wenn Zeitalter an ihren Possen, in ihren Eulenspiegeln sichtbar werden, dann hier das kaiserliche Deutschland.

Bismarck, obwohl er seine militärische Dienstzeit so leichthin und knapp wie nur möglich hinter sich brachte, trug, ehrenhalber zum General befördert, wie selbstverständlich die Uniform in den Reichstag, und seine Staatssekretäre und Minister taten es ihm eilfertig nach.

Persönlich war Bismarck ein Frauenverehrer und Charmeur von Rang. Wehe aber, wenn Frauen sich in sein Handwerk, in die Politik mischten! Besonders die Kaiserin Augusta und deren englische Schwiegertochter Viktoria verfolgte er förmlich mit seinem Argwohn und Haß; in seinen *Gedanken und Erinnerungen* nimmt es sich so aus, als seien beinahe alle politischen Widerstände und Quertreibereien, die er nur finden oder erfinden konnte, unter ihren Weiberröcken ausgebrütet worden.

Noch ärger ging es in der nachfolgenden Generation, in der wilhelminischen Zeit zu. Als junger Mann verbrachte Wilhelm II. seine schönsten und prägenden Jahre beim Ersten Garderegiment zu Fuß, dem angeblich vornehmsten Regiment der Christenheit. Hier, so schrieb er, sei sein »el dorado«, »denn ich liebe mein Regiment mit seinen lieben netten jungen Männern sehr«. Bismarck freilich hat die Damen gewarnt, die herbeidrängten: »Das Erste Garderegiment ist das militärische Mönchtum, der Korpsgeist bis zum Unsinn; diesen Herren müßte man das Heiraten verbieten; ich rate jeder ab, einen aus diesem Regiment zu heiraten, sie wird dienstlich geheiratet, dienstlich unglücklich gemacht, dienstlich in den Tod getrieben.«

Später, als Kaiser, verbrachte Wilhelm II. die schönsten Wochen des Jahres an Bord der »Hohenzollern« auf Nordlandreisen – ohne Gemahlin und Kinder in der puren Männerrunde von alternden Generälen, Ministern, Geheimräten und jugendlichen Matrosen; es schien, als kehrten da die Zeiten des Tabakkollegiums oder der Tafelrunde von Sanssouci wieder, bloß stilloser, kasinohafter.

Es versteht sich, daß der Kaiser fast ständig in Uniform zu sehen war und daß unter den vielen Fotos, die wir von ihm besitzen, die zivilen Bilder selten sind. Auch darin zeigt sich der Rückgriff auf die Vor-Bilder Friedrich Wilhelms I. und Friedrichs des Großen.

Ja und dann erst Adolf Hitler! Das Wiener Männerheim hat den jungen Mann geprägt, danach die Frontkameradschaft des Ersten Weltkriegs, in der er sich als Soldat bewährte. Später dann die braune und seit dem Kriegsbeginn am 1. September 1939 wieder die feldgraue Uniform. In Zivil, sei es in bayerischer Tracht oder im Frack, nahm sich der Mann aus dem Nichts eher lächerlich aus, und er wußte es. Die letzten Jahre gehörten dann abermals einer Art von Männerheim, dem Führerhauptquartier »Wolfsschanze« beim ostpreußischen Rastenburg; man hat es eine Mischung aus Männerkloster und Konzentrationslager genannt.

In Hitlers »Weltanschauung«, wie er sie in seinem Buch *Mein Kampf* dargestellt hat, spielten die Frauen neben den zum Soldatentum und zum heldischen Opfertod berufenen Männern keine Rolle, es sei denn als Gebärmaschinen. In seinem eigenen Leben standen sie weit am Rande, und seine Nichte Geli Raubal erschoß sich, weil sie das nicht mehr ertrug. Ihre Nachfolgerin Eva Braun durfte allenfalls im sorgsam abgeschirmten Kreis auf dem Obersalzberg, niemals in der Öffentlichkeit neben ihn treten – sofern man vom theatralischen Finale absieht, der Hochzeit am 30. April 1945, die geradewegs in den Tod mündete, fast als sei der die Rechtfertigung für ihr erstes und letztes Bühnenspiel.

Männlichkeit, Soldatsein, Tod: Ich halte erschrocken inne. Liebe Kathrin und lieber Jan, könnt Ihr mir bei meinem Gewaltmarsch durch die Geschichte überhaupt noch folgen? Soviel mehr müßte man sagen, ausbreiten, mit Dokumenten belegen; im Grunde wäre ein eigenes Buch erforderlich, um das Thema auszuleuchten. Was ich zeigen wollte, war die fortschreitende Formierung des protestantisch-preußischen Deutschland zur Einseitigkeit, zum Extrem hin, die Verkehrung unseres Denkens, unserer Gefühle und Phantasien zur männlich-soldatischen Wesensbestimmung, die sich im militärischen Mut (statt in der Zivilcourage) und in der am Krieg orientierten Opferbereitschaft (statt in der Verteidigung des Lebens) vollendet. Unerhörte Leistungen sind damit möglich geworden, aber um einen hohen, am Ende schreckensvollen Preis. Im übrigen erkennt man hier die tiefere Bedeutung der Tatsache, daß die Durchsetzung einer Zivilgesellschaft mit der Revolution von 1848 mißlingt und daß unser erster Nationalstaat in den militärischen Triumphen von Königgrätz und Sedan begründet wird.

Sogar danach mag es noch andere Möglichkeiten gegeben haben. Doch sie reiften nicht oder mißrieten, wie die aus der Niederlage, aus dem angeblichen »Dolchstoß« und »Novemberverbrechen« von 1918 geborene Weimarer Republik. Denn sie war ja ein ziviler und »unmännlicher« Versuch, fürs Heroische kaum geeignet. Bei einem oder *dem* deutschen Philosophen des 20. Jahrhunderts, in Martin Heideggers *Sein und Zeit* kann man seit 1927 lesen, daß einzig vom Tod her die *eigentliche* Existenz sich begründet und aus dem Verfallensein an die Wonnen oder Leiden des Gewöhnlichen erlöst, uns befreit und dem, was »man« im Alltagsleben gemeinhin tut und meidet.

Der Anteil der Frauen am wahren Leben, so scheint es, besteht darin, daß sie zum Opfer darbringen, was sie lieben: die zu ihrer vom Tod gekrönten Heldenbestimmung davonstürmenden Söhne und Männer.

Aber, gottlob: Die deutsche Geschichte endet hier nicht – und auch nicht mit Hitlers Selbstmord 1945, so sehr »der Führer« das auch gewünscht hat. Man kann schwerlich behaupten: Sie beginnt erst, aber ein neues Kapitel wird aufgeschlagen. Die symbolische Bedeutung, der Glanz der Uniformen ist auf einmal und wohl für immer dahin, denn sie waren dem Verbrechen statt der Ehre dienstbar geworden. Der bisherige Stolz der Männer, samt Orden und Eichenlaub, taugte zu nichts mehr. Er stürzte in den Abgrund, in die moralische noch mehr als die militärische Katastrophe und zerbrach in ihr. Den Frauen aber fiel es zu, mit ihrer ganz anders begründeten Tapferkeit das Leben zu retten; in meinem Buch *Die Stunde der Frauen* habe ich in einer exemplarischen Geschichte davon erzählt.

Das mochte zunächst noch wie eine kurzfristige Episode, als ein Ausnahmezustand erscheinen, nicht selten übrigens auch in der Sicht der Frauen und unter ihrer tätigen Mitwirkung. Sie wollten den Männern helfen, sie aufrichten und ihnen eingeben, daß es auf sie wieder und beinahe allein ankomme; man könnte von einer barmherzigen Lebenslüge sprechen. Die Männer glaubten sie nur zu gern. Und siehe: Das Leben ging weiter und führte gegen alle Erwartung bald wieder aufwärts. Die Bundesrepublik und die DDR entstanden, jede in ihrem Weltlager als Verbündete wichtig, und jedenfalls im Westen zeichnete sich das »Wirtschaftswunder« ab. Man hat von einer Epoche der Restauration gesprochen, und falls sie das war, gilt es vor allem in dem Sinne, daß Männer wieder die Führungsrollen übernahmen und die Frauen ins zweite Glied zurückdrängten – sofern nicht diese fast aus eigenem (oder aus der Tradition ihnen eingepflanztem) Antrieb in die Nestwärme, zu Kindern und Küche heimkehrten. Die altertümlichen Rechtsregeln für Ehe und Familie galten ohnehin weiter, so als sei nichts geschehen.

Aber die tiefere Begründung männlicher Vorherrschaft aus der Erwähltheit zum Soldatsein war dennoch dahin. Zudem gab es jetzt einen Grund-Satz der Verfassung, an dem nicht mehr vorbeizukommen war: »Männer und Frauen sind gleichberechtigt. – Niemand darf wegen seines Geschlechtes, seiner Abstammung, seiner Rasse, seiner Sprache, seiner Heimat und Herkunft, seines Glaubens, seiner religiösen oder politischen Anschauungen benachteiligt oder bevorzugt werden.« Die Mühlen des Verfassungsrechts mögen sehr langsam mahlen, aber sie tun es doch, und Schritt um Schritt zerschroten sie, was gestern, bei den Eltern oder Großeltern, noch die selbstverständliche Norm war. »Wohl dir, daß du ein Enkel bist!«

Bloß als Nebenbemerkung: Vom restaurativen Charakter der Nachkriegszeit kann man ohnehin nur bedingt sprechen. Die alte preußische (und protestantische) Adelselite, schon im Hitlerreich mehr und mehr verdrängt oder vernichtet – am Ende auch und ehrenvoll nach dem letzten Preußentag, dem Versuch vom 20. Juli 1944, die Gewaltherrschaft zu brechen –, diese Elite verlor ihre ostelbische Basis. Erstmals in unserer neueren Geschichte fiel die Führung an das rheinländisch-katholische Bürgertum, das Konrad Adenauer verkörperte. Überhaupt kann man von einer bürgerlichen Machtübernahme sprechen, gewiß seit der verlorenen Revolution von 1848 um ein Jahrhundert verspätet, gleichwohl wichtig genug und jedenfalls das Gegenteil einer Restauration. »Besser spät als nie«, hat mein akademischer Lehrer Helmuth Plessner mir als Widmung in sein Buch *Die verspätete Nation* geschrieben.

Natürlich müßte man die Entwicklung seit 1945 von Etappe zu Etappe mit der gebührenden Sorgfalt nachzeichnen. Weil mein Brief wie stets viel zu lang wird, beschränke ich mich auf einen Hinweis: Die Studentenrevolte von 1968 war zunächst einmal marxistisch geprägt, und ihre Wortführer waren durchweg junge Männer wie Rudi Dutschke. Doch gegen diese Vorherrschaft rebellierten bald schon die Genossinnen, und nicht zuletzt an ihrem Protest ist der SDS, der Sozialistische Deutsche Studentenbund, zerbrochen. Zwei wichtige und den Augenblick überdauernde Bewegungen sind dann aus den akademischen Trümmern hervorgegangen: einerseits die Umweltbewegung, die in die Parteigründung der Grünen mündete, andererseits die Frauenbewegung.

Blickt man über inzwischen dreißig Jahre zurück, so mag vieles als Augenblicksaufgeregtheit oder bloße Modeerscheinung sich darstellen, einiges sogar als blanke Hysterie. Wichtiges ist gleichwohl geblieben oder hat begonnen: eine Veränderung nicht nur des Bewußtseins, sondern auch des Seins, der Rechtsprechung, der Gesetzgebung, der praktischen Politik und mit alledem der westdeutschen Gesellschaft.

Zum Vergleich: Als zu Anfang der sechziger Jahre die Sozialdemokraten einen »blauen Himmel über der Ruhr«, also Umweltschutz, forderten und ihn zum Wahlkampfthema machten, wurden sie ausgelacht und dringend aufgefordert, sich bitte doch wieder den politisch ernsthaften Themen zuzuwenden. Wer würde heute noch zu lachen wagen? Wir haben es schon erwähnt: Mit dem gebührenden Ernst und mit deutscher Gründlichkeit haben wir den Umweltschutz zu dem »Anliegen« geformt, das wir wie auf einer Weiheschale vor uns hertragen, um endlich auch die ungläubigen Nachbarn zu belehren und zu bekehren.

Ähnlich die Frauenbewegung. Mit ihr ist erst recht nicht zu spaßen, und ich werde mich hüten, es zu tun. Gern und großzügig sehe ich darum über bizarre Randerscheinungen und Auswüchse zum Beispiel im Bereich der Sprachregelung hinweg. Nein, ich bewundere die feministische Ausdauer und Zielstrebigkeit. Viel wurde auf einem steinigen Weg schon erreicht, von den Quoten und den Frauenbeauftragen bis zur immer wachsenden Zahl der Ministerinnen und Abgeordneten. (Oder müßte es Abgeordnetinnen heißen? Ach, ich weiß es nicht und warte auf die entsprechende Belehrung.) Natürlich ist auf dieser Welt nichts vollkommen; noch viel mehr muß erkämpft und durchgesetzt werden. Dazu wünsche ich von Herzen Glück auf den Weg.

Ja, wirklich von Herzen. Denn in diesem Brief habe ich zu zeigen versucht, welch ein Verhängnis im deutschen Männlichkeitswahn angelegt war. Daß er zerbrochen ist, läßt für die Zukunft hoffen.

Und ich hoffe auch, lieber Jan, daß Sie den tiefgreifenden Wandel erkennen und anerkennen. Die Deutschen unserer Tage sind andere als die, die 1940 in den Niederlanden einmarschierten.

Und Sie, liebe Kathrin, mögen vielleicht erkennen, daß man sich vor unseren Landsleuten nicht mehr verstecken oder davonlaufen muß, sondern mit Selbstbewußtsein »eine Deutsche« sein kann.

In diesem Sinne grüßt Sie beide herzlich Ihr

Christian Krockow

Sechstes Kapitel

Vom deutschen Wald

Lieber Herr von Krockow, lieber Jan,

lange habe ich mich nicht mehr gemeldet und kann als Entschuldigung nur vorbringen, daß ich so sehr mit meinem Neuanfang hier in Greifswald beschäftigt war.

Nein, Jan, ich bin aus Göttingen nicht geflohen. Oder vielleicht doch; vielleicht habe ich es dort nicht mehr ausgehalten mit all unseren Gemeinsamkeiten und im Schatten der Erinnerungen.

Aber das ist bloß die halbe Wahrheit. Die Neugier ist auch dabei, durch unseren Briefwechsel angespornt. »Das ganze Deutschland soll es sein!« Ja, aber wie sieht denn das andere, östliche Deutschland eigentlich aus? Was denken dort die Menschen? Das möchte ich erkunden und bin erst ganz am Anfang. Also will ich davon schweigen und mich statt dessen umschauen und zuhören.

Dabei liegt Greifswald doch gar nicht so exotisch weit entfernt, wie unsere – oder die niederländischen – Vorstellungen es ausmalen. Mit dem Intercity oder Interregio der Deutschen Bahn kommt man von Hamburg oder Lübeck aus über Schwerin und Rostock bequem bis Stralsund. Die berühmte Hansestadt, die im Dreißigjährigen Krieg Wallenstein erobern wollte und es nicht schaffte! »Und wenn sie mit Ketten am Himmel aufgehängt wäre, sie muß doch herunter« – so oder ähnlich soll der bis dahin immer siegreiche Feldherr geschworen haben. Aber die Ketten hielten.

Ich habe allerdings nicht viel mehr gesehen als einen scheußlichen, halb umgewühlten Kopfbahnhof, auf dem man sich mit zwei großen Koffern halb zu Tode schleppt. Endlich das andere Gleis mit dem Anschlußzug. Aufatmend hinein – und gerade noch rechtzeitig wieder hinaus. Denn es ist der falsche, der mich wer weiß wohin entführen will. Der richtige steht davor, auf dem selben Gleis. Auf den ersten Blick sieht man das nicht – für die Einheimischen, die Bescheid wissen, kein Problem, aber eine Falle für zugereiste dumme »Wessis«.

In Greifswald ist alles sehr klein. Die Stadt selbst ist es – wenn man die unvermeidlichen DDR-Plattenbausiedlungen wegdenkt, die sich zum Glück in einiger Entfernung halten. Man warnt mich, daß dort teils die Kommunisten, sprich: die PDS, teils die Rechtsradikalen regieren, mehr nach Generationen als nach Wohnblocks getrennt (alt die Kommunisten, jung die Rechtsradikalen). Doch darüber darf man sich nicht wundern. Die Arbeitslosigkeit ist sehr hoch; als Errungenschaft moderner Technik gab es in diesem Gebiet fast einzig die russischen Atomkraftwerke vom Katastrophentyp Tschernobyl, die man nach der Wiedervereinigung schleunigst stillgelegt hat. Und auch die Landwirtschaft ringsum kommt mit viel weniger Menschen aus als vor der Wende.

Die eigentliche und alte Stadt wirkt idyllisch – kleine Straßen, oft mit krummem Kopfsteinpflaster, meist kleine Häuser, viele noch grau von langer Vernachlässigung, manche verfallen, einige schon frisch herausgeputzt: der »Aufbau Ost!« Und wenn die Zeichen nicht trügen, werden es langsam, aber sicher immer mehr. Irgendwann wird Greifswald wohl ein Schatzkästlein sein, etwa wie in der Nähe von Göttingen Hannoversch-Münden oder Duderstadt. Dazu die Lage so nahe am Wasser: Seglerparadiese direkt vor der Tür – und längst noch nicht so überfüllt wie bei uns in Holstein! Etwa vier Kilometer spaziert man bis zum Greifswalder Bodden und blickt dann hinaus auf eine angemessen klitzekleine Insel, die Greifswalder Oie.

Klein ist erst recht die Universität. Herr von Krockow, kennen Sie die? Wenn Sie über die Altersgrenze nicht schon hinaus wären, müßte es sich eigentlich für Sie lohnen, hier wieder Professor zu werden, trotz Ernst Moritz Arndt, bei so wenig Studenten! Gar kein Vergleich mit dem westdeutschen Massenbetrieb in Göttingen oder Hamburg, um von Köln, Münster und München nicht erst zu reden. Schnell lernt man sich kennen, und auch die Dozenten sind nicht unerreichbar fern. Bei den Gebäuden oder Räumen gefällt mir am besten die ehrwürdige Aula. Sie wirkt intim, als die gute Stube der Universität; da fühlt man sich geborgen, statt im modernen Größenwahn und inmitten der Massen verloren.

Wie es sich gehört, wohne ich in einem kleinen Haus bei zwei kleinen alten Damen, zwei Schwestern, einer Professorenwitwe und einer pensionierten Lehrerin. Beide sind im Wortsinne hinfällig; sie neigen dazu, sich den Oberschenkelhals zu brechen und gehen an Krücken. Aber sehr liebevoll betüddeln sie mich, geben gute Ratschläge und möchten, daß ich mit ihnen Tee trinke und schwatze. Nur das Politische muß man nach Möglichkeit meiden. Da geraten sie in Streit. Die Witwe huldigt dem neuen Stand der Dinge: »Jetzt haben wir endlich eine Zentralheizung und ein neues Bad. Was sollte sonst Fräulein Kathrin von uns denken?« Frau Lehrerin dagegen lobt die Errungenschaften der DDR: »Da gab es Gleichberechtigung, eine gute Berufsausbildung für die Frauen und sichere Arbeitsplätze.« Die Witwe kontert: »Und wo blieben in deinem Politbüro die Frauen?«

Auf der Insel Rügen bin ich auch schon gewesen, zur Radtour mit zwei anderen Neuankömmlingen. Was für herrliche Buchenwälder und Meeresbuchten! Sogar der Kreidefelsen bei Saßnitz hält, was die Kataloge versprechen. Und für das nächste Wochenende steht schon Usedom auf dem Programm, die andere Insel fast vor der Haustür.

Ach, Verzeihung, Herr von Krockow: Ich schwärme und verliere fast Ihre Briefe aus den Augen. Immer lerne ich aus ihnen, und immer drängen mich Ihre Antworten zu neuen Zweifeln und zu neuen Fragen. Aber natürlich habe ich von Greifswald auch und besonders für Jan erzählt, damit er nicht länger mit Blindheit geschlagen ist, sondern mich wieder sehen kann.

Lieber Herr von Krockow, jetzt muß ich aber auf etwas zu sprechen kommen, was in Ihrem vorletzten Brief und in Ihrem Dialog mit Jan eine Rolle spielte. Sie beide haben von der deutschen Gründlichkeit beim Umweltschutz und dabei auch vom Wald und vom Waldsterben gesprochen – und, wenn ich es richtig höre oder lese, mit einem Beiklang von Spott. Ehrlich gesagt: Das hat mir nicht gefallen. Oder noch mehr: Es hat mich aufgebracht. Herr von Krockow, haben Sie denn nicht selbst in Ihrem Buch *Vom lohnenden Leben* vom »Urwald« bei der Sababurg zwischen Kassel und Karlshafen erzählt, wie sehr er Ihnen ans Herz gewachsen ist? Und, liebster Jan: Warst Du etwa nicht von den Wäldern im Weserbergland begeistert, vom Solling, dem Reinhardswald, dem Kaufunger Wald, selbst wenn Du auf Deinem hohen holländischen Flachland-Stahlroß ohne Gangschaltung an den Steigungen manchmal geflucht hast und gehörig ins Schwitzen gekommen bist?

Ich bin mit Wald und Wasser aufgewachsen, und darum gefällt mir auch die Insel Rügen so sehr. Ja, ich liebe die Bäume und den Wald; es bedrückt mich, wenn ich höre, daß sie erkranken und womöglich sterben müssen. Wenn das nun »typisch deutsch« sein soll, ja, dann bin ich meinetwegen »eine typische Deutsche«. Jedenfalls in diesem Punkt. Und es kümmert mich nicht einmal, daß die Franzosen uns für hysterisch halten, weil wir uns über »Le Waldsterben« aufregen.

Ich liebe auch den wunderbaren Waldgesang von Joseph von Eichendorff. Da heißt es am Anfang und am Ende:

»O Täler weit, o Höhen,
O schöner, grüner Wald,
du meiner Lust und Wehen
andächt'ger Aufenthalt!
Da draußen, stets betrogen,
saust die geschäft'ge Welt,
schlag einmal noch die Bogen
um mich, du grünes Zelt!

…

Bald werd' ich dich verlassen,
fremd in die Fremde gehn,
auf buntbewegten Gassen
des Lebens Schauspiel sehn;
und mitten in dem Leben
wird deines Ernsts Gewalt
mich Einsamen erheben,
so wird mein Herz nicht alt.«

Natürlich ist das romantisch: Nur: Warum eigentlich nicht? Übrigens, Herr von Krockow, von Bismarck denkt man eigentlich kaum, daß er zum Schwärmen neigte. Er war doch ein Mann, der Interessen und Machtfragen bis zum Erschrecken nüchtern berechnete, nicht wahr? Aber in Ihrer Bismarck-Biographie haben Sie uns den Baum- und Waldliebhaber vorgestellt. Seine Landsitze oder Fluchtburgen im hinterpommerschen Varzin und in Friedrichsruh bei Hamburg waren nicht zufällig vom Wald geprägt. »Bäume sind Ahnen«, hat Bismarck gesagt, und darum müsse man sie mit Ehrfurcht behandeln. Und der einsam gewordene alte Mann hat mit ihnen Zwiesprache gehalten: »Ich habe mir mit den Bäumen mehr zu sagen als mit Menschen.« Ja, und dann dieser Bannstrahl gegen den Amtsnachfolger: »Ich würde Herrn von Caprivi manche politische Meinungsverschiedenheit eher nachsehn als die ruchlose Zerstörung uralter Bäume.« Der typische oder der hoffnungslos romantische Deutsche? Und spricht es für oder gegen den Reichsgründer, wenn er sich selbst einen »Baumnarren« nennt?

Ach, indem ich jetzt noch einmal lese, wie »deutsch« ich mich hier aufrege, halte ich schleunigst und erschrocken inne. Nur zwei Fragen, lieber Herr von Krockow, möchte ich Ihnen noch stellen.

Erstens, wenn es denn wahr ist, daß wir Deutschen offenbar mehr als andere Völker unsere Seele an den Wald verlieren:

Woher stammt das, wie soll man es erklären?

Zweitens: Wenn ich als einigermaßen eifrige Germanistin zurückschaue, mich in der Literatur umsehe, dann fällt mir auf, daß die Waldbegeisterung eigentlich erst mit Eichendorff richtig anfängt. Hat er sie gestiftet? Vor ihm kommt der Wald meist nur am Rande, wenn nicht sogar als etwas Unheimliches vor.

Und wenn man noch weiter zurückschaut, auf die Sagen und Märchen, dann ist es im Wald erst recht nicht geheuer. Oder, schlimmer: Er ist der Ort des Schreckens. Hexen hausen da, womöglich Drachen und sonstiges Ungetier. Wer sich im Wald verirrt, der ist verloren, und nur märchenhafte Umstände bringen noch Rettung, wie für Hänsel und Gretel. Rabeneltern oder bitterarme Eltern führen ihre Kinder in den Wald, in der Erwartung, daß sie nicht mehr zurückfinden.

Wie also kann auf einmal Eichendorff den Wald ganz neu, mit anderen Augen sehen als vorher üblich? Gibt es für diesen Wandel von den Ängsten zum Entzücken eine Deutung?

Lieber Herr von Krockow, liebster Jan, die deutsche Schwärmerin bittet, nicht zu streng mit ihr zu sein, und grüßt aus ihrem kleinen Greifs-»Wald« ganz herzlich,

Ihre/Deine Kathrin

Meine allerliebste Kathrin!

Zunächst vielen Dank für Deinen Bericht aus Greifswald. Ja, zumindest mit einem Auge kann ich Dich nun wieder sehen, zum Beispiel bei der Radtour auf Rügen. Zwar gehört jetzt zum Herbst auch der Nebel, der alles verwischt. Aber wenn die Sonne durchdringt, muß bei ihrem tiefen Oktoberstand das Laubgold besonders schön leuchten. Übrigens hoffe ich, daß die Anstiege auf dieser Insel nicht so schwindelerregend steil sind wie leider manchmal im Weserbergland. Ja, und dann die Teestube bei Deinen hinfälligen alten Damen! Herr von

Krockow hat uns erzählt, daß die Pommern einen mit ihrer überbordenden Gastfreundschaft geradezu nötigen. Und Greifswald liegt doch in Pommern, nicht wahr? Also stelle ich mir vor, was Du zu hören bekommst: »Mein liebes Fräulein Kathrin, genieren Sie sich nur nicht, greifen Sie zu, wir haben den Kuchen extra für Sie gebacken!« Was bleibt Dir da übrig, als wieder und wieder zuzulangen? Wahrscheinlich wirst Du selbst bald aufgehen wie ein Hefeteig ...

Aber wie kannst Du Dich nur so aufregen? Ich denke, daß Herr von Krockow und ich nicht den deutschen Wald verspotten wollten, sondern nur die Gründlichkeit und die Aufgeregtheit, mit der man Weltuntergänge ausmalt und Rettungspläne entwirft. Inzwischen, wenn ich die Berichte richtig lese, soll »Le Waldsterben« ohnehin vertagt und durch die Transporte des Atommülls nach Gorleben und die Gentechnologie ersetzt worden sein. Oder durch die Klimakatastrophe, das Ozonloch, den Rinderwahnsinn ... Irgend etwas – und um den Appetit anzuregen, öfter mal was Neues – wird bestimmt zu Hand sein, um die deutschen Ängste weiter zu nähren.

Außerdem mußt Du mir mildernde Umstände zubilligen. In den Niederlanden leben wir hauptsächlich auf dem Marschland, das Kanäle durchziehen und Deiche begrenzen. Dazu paßt der Wald nicht so gut wie zum Harz, nach Holstein oder ins Weserbergland, und weil wir so dicht aufeinandersitzen, muß jeder Quadratmeter für die Landwirtschaft, den Gartenbau und die Viehzucht genutzt werden. Wie sonst sollten wir all die Tulpen und sonstigen Blumen, die Tomaten und Salatköpfe, die Käsesorten erzeugen, die wir euch schicken?

Die Deiche sind bei allem das wichtigste. Kein Holländer vergißt jemals den Schrecken der großen Sturmflut vom 31. Januar 1953; 1835 Menschen kamen damals ums Leben. Darum begannen wir im Mündungsdelta des Rheins das größte Wasserbauprojekt unserer langen Wasserbaugeschichte. 1986 wurde es fertig. Doch dann, es ist noch nicht lange her, gab es plötzlich am Niederrhein eine Hochflut, und die Binnendeiche drohten zu brechen, weil wir immer nur aufs Meer, auf die heimtückische Nordsee gestarrt und darüber die Gefahren für das Hinterland fast vergessen hatten.

Das Wasser ist unser Existenzthema, nicht der Wald, und mit ihm sind wir zu den Wasserbaukünstlern geworden, die man um Rat und um Hilfe bittet, wenn irgendwo auf der Welt die Fluten ins Land brechen – oder, umgekehrt, wenn das Wasser sich staut und man nicht weiß, wie man es ableiten soll. Suum cuique, jedem das Seine: Dafür habt ihr Deutschen die moderne Forstwirtschaft entwickelt. In Göttingen gibt es ja auch eine Forst-Fakultät, und ich habe da mehrere Studenten kennengelernt, die sich mit Eifer darauf vorbereiten, Forst-Meister zu werden.

Noch eins, liebe Kathrin: Es wundert mich sehr, daß Du auf den letzten Brief von Herrn von Krockow gar nicht eingegangen bist. Ist das Verhältnis von Männern und Frauen etwa unwichtig? Wenn tatsächlich dieser Wandel von der frühen Einseitigkeit zum Miteinander sich vollzogen hat oder jedenfalls auf dem Weg ist, dann ist das doch eine großartige Sache, nicht wahr? Keine Nötigung mehr, das Leben durch den Kampf und den Krieg, durch den Tod zu rechtfertigen!

Also, was mich angeht: Damit verstehe ich jetzt viel genauer als bisher, was vor 1945 war und daß wir es inzwischen mit einem anderen Deutschland zu tun haben. Darum darf man hoffen, daß es eurem zweiten, Deinem Nationalstaat besser ergehen wird als dem ersten. Und darum könntest sogar Du Dich mit gutem Gewissen in Dein auf einmal gar nicht mehr so finsteres Schicksal fügen, eine Deutsche zu sein.

Es umarmt Dich, meine allerliebste Baumnärrin,

Dein Jan

PS: Verehrter Herr von Krockow, natürlich schicke ich Ihnen eine Kopie dieses Briefes, denn nicht nur am Rande hat er ja auch mit unserem Gespräch zu dritt zu tun.

Liebe Kathrin und lieber Jan!

Zunächst beglückwünsche ich Sie, Kathrin, zu Ihrem Umzug nach Greifswald. Sie lernen nun die ostdeutschen Verhältnisse aus eigener Anschauung kennen, und über Ihre Erfahrungen sollten wir uns unterhalten, sobald Sie es wollen.

Außerdem handelt es sich um meine alte Landesuniversität – auch wenn wir fernen und seit Menschengedenken preußischen Hinterpommern immer von »Schwedisch-Pommern« sprachen, sofern wir die Gegend jenseits der Peene mit Greifswald, Wolgast, Stralsund und der Insel Rügen meinten. Denn dort war ja lange genug – bis zum Wiener Kongreß von 1815 – der König von Schweden der Landesherr, viel länger als dann der König von Preußen. Die deutsche Teilung hat es allerdings mit sich gebracht, daß ich in Greifswald weder Student noch Professor sein konnte. Immerhin habe ich inzwischen nachgeholt, was sich noch nachholen ließ, und kenne die anheimelnde Aula, die Sie mit Recht rühmen.

Usedom mit seinem Naturpark rund ums Achterwasser wird Ihnen wie Rügen bestimmt gefallen. Die Perlen an der Küste, Ahlbeck, Heringsdorf, Bansin und Zinnowitz waren einst nicht von ungefähr die bevorzugten Badeorte der Berliner, und von ihrem Stettiner Bahnhof aus brachte sie ein berühmter Zug ans Ziel, der ohne Aufenthalt durchfuhr. Scheuen Sie im übrigen nicht die Grenzüberschreitung, wenn Sie die Zeit dazu finden! Denn womöglich noch schöner als Usedom ist die östliche Nachbarinsel Wollin, die heute zu Polen gehört. Etwas für Jan: Ungefähr zwölf Kilometer hinter Swinemünde wird sie bergig, in meiner Erinnerung mit imponierendem altem Buchenwald, und es gibt eine stolze Steilküste.

Auf Wollin hieß der bevorzugte Badeort Misdroy, außerhalb der Saison ein verschlafenes Nest. Dort habe ich seit dem Kriegsbeginn 1939 die »Baltenschule« besucht und mußte mich in das zugehörige Internat fügen, großsprecherisch »Dünenschloß« genannt. Etwas später bin ich dann im Bereich von Swinemünde »Marinehelfer« gewesen, die meiste Zeit bei

Kamminke auf Usedom; 1943 nach Stalingrad, wurden wir kaum Sechzehnjährigen an die Geschütze gerufen, um dort die Soldaten zu ersetzen, die an die Front geschickt werden sollten. Anderthalb Jahre des Stumpfsinns, gestohlene Jugend: Ach, Kathrin, welch zwiespältige Erinnerungen steigen, angestoßen durch Ihren Brief, herauf!

Doch bevor ich mich in ihnen verliere, mache ich mich schleunigst daran, auf Ihre beiden Fragen einzugehen. Zunächst zur zweiten, die einfacher, wenn schon nicht ohne Ausholen zu beantworten ist. Seit wann haben wir Deutschen den Wald als etwas Anheimelndes entdeckt und ins Herz geschlossen? Historisch betrachtet noch gar nicht so lange, seit dem Zeitalter der Romantik in der ersten Hälfte des 19. Jahrhunderts, und tatsächlich hat Joseph von Eichendorff wie kein zweiter dazu beigetragen.

Man muß nun diese romantischen Sehnsüchte aus dem Kontrast verstehen. Gleichzeitig begannen die Industrialisierung und das rapide Wachstum der Städte mit ihrer Anhäufung von neuem Reichtum und von neuem, proletarischem Elend, die Entwicklung von ungewohnten Lebensordnungen. Für die meisten Menschen bedeuteten sie Hast und Lärm, Schornsteinqualm und Schmutz. Neue Konflikte brachen auf; die Klassengesellschaft entstand, die Friedrich Engels beschrieben und Karl Marx analysiert hat. Man könnte auch von Entwurzelung reden; die große Wanderungsbewegung vom Land in die Städte und von Osten nach Westen setzte ein, ohne die zum Beispiel die Entwicklung des Ruhrgebiets und seiner Bevölkerung nicht zu denken ist. Man sprach halb im Spott, halb liebevoll von den »Brüdern aus der kalten Heimat«. Sie kamen aus Ost- und Westpreußen, aus Pommern und Posen, aus Schlesien. Übrigens auch Eichendorff gehörte auf seine Weise zu den Entwurzelten, denn Lubowitz, der väterliche Besitz in Oberschlesien, mußte verkauft werden. *Abschied* heißt darum das Gedicht, das Sie zitierten, mit dem Untertitel oder der Anmerkung: »Im Walde bei Lubowitz.«

Aus dem Ungewohnten, aus der Eile, dem Lärm und dem Qualm, aus dem Elend und den Konflikten – oder wie Eichendorff aus dem Staub der Amtsstuben und Akten – träumte man sich fort, dorthin, wo einmal Heimat gewesen war, die gerade im Verlust um so stärker, inniger leuchtete, zurück ans Mühlrad im Wiesengrunde oder in die Stille einer Mondscheinnacht, wie Matthias Claudius sie in seinem *Abendlied* besang:

»Der Wald steht schwarz und schweiget,
und aus den Wiesen steiget
der weiße Nebel wunderbar.«

Wenig später begann auch ein Wandel des Waldes, und zwar im Zeichen des Eisenbahnbaus. Vorher nämlich war es unmöglich, Holz über größere Strecken zu transportieren, es sei denn mit dem Flößen stromab. Unsere älteren Städte sind daher durchweg an Flüssen entstanden; einzig auf ihnen ließ sich herbeischaffen, was man an Bau- und Brennholz benötigte. Nur ein wenig abseits gelegen, ließ sich dagegen mit dem Wald wenig anfangen – außer, die Schweine zu mästen. Dafür brauchte man alte Eichen und Buchen mit ihrer »Mast«, das heißt mit Eicheln und Bucheckern. Von ihnen sollten sich die Schweine ihren herbstlichen Speckbauch anfressen, dafür trieb man sie in den Wald, und sie machten sich »im Schweinsgalopp« auf den Weg. Je nachdem, ob es sich um ein gutes oder ein schlechtes Mastjahr handelte, durfte man mit den fetten Schweinen rechnen oder mußte sich mit mageren begnügen. Mein »Urwald« bei der Sababurg zwischen Kassel und Karlshafen bewahrt diesen Zustand – einen, der erst vor anderthalb Jahrhunderten zu Ende ging. Durchweg aber schlug man die ehrwürdigen Riesen nieder, um die rascher wachsenden Fichten oder Kiefern zu pflanzen, die mehr Geld einbrachten; seitdem bilden ihre dichten und dunklen Bestände die Regel, die wir kennen und für den Inbegriff des deutschen Waldes halten. Die Schienenstränge, die sich unwiderstehlich kreuz und quer durchs Land fraßen, machten das möglich.

Um es anders und schnöder auszudrücken: Es begann die Rationalisierung der modernen Forstwirtschaft, die Durchkommerzialisierung des Waldes. Liebe Kathrin, der Text, den ich hier zitieren möchte, ist lang, aber es lohnt sich, ihn zu lesen. Robert Musil hat ihn verfaßt, und zu dessen oder meiner Entschuldigung läßt sich allenfalls anführen, daß er weder aus Holstein noch aus Pommern, vielmehr aus Österreich stammte:

»Wenn es sehr heiß ist und man einen Wald sieht, so singt man: ›Wer hat dich, du schöner Wald, aufgebaut so hoch da droben?‹ Das geschieht mit automatischer Sicherheit und gehört zu den Reflexbewegungen des deutschen Volkskörpers. Je ohnmächtiger die von Hitze aufgequollene Stimme schon überall im Munde anstößt und je ähnlicher einer Haifischhaut die Kehle bereits geworden ist, desto empfindungsvoller reißen sie die letzte Kraft zu einem musikalischen Finish zusammen und beteuern, daß sie den Meister loben wollen, solang' noch die Stimm' erschallt.

Dieses Lied wird mit der ganzen Unbeugsamkeit jenes Idealismus gesungen, den am Ende aller Leiden ein Getränk erwartet ... Immerhin ist es noch Poesie, wenn auch nicht gerade die des Friedens, die wir im Wald suchen; die wahre Natur ist auch darüber schon hinaus. Genese an ihrem Herzen, und du wirst – sofern man dir alle Vorzüge moderner Natur bietet – mit zunehmender Kräftigung eines Tages auch noch die zweite Beobachtung machen, daß ein Wald meistens aus Bretterreihen besteht, die oben mit Grün verputzt sind. Das ist keine Entdeckung, sondern nur ein Eingeständnis; ich vermute, man könnte den Blick gar nicht ins Grün tauchen, wenn es nicht schon mit schnurgeraden Spalten dafür angelegt wäre. Die schlauen Förster sorgen bloß für ein wenig Unregelmäßigkeit, für irgendeinen Baum, der hinten etwas aus der Reihe tritt, einen querlaufenden Stamm, den man sommersüber liegen läßt. Denn sie haben ein feines Gefühl für die Natur und wissen, daß man ihnen mehr nicht glauben möchte. Urwälder haben etwas höchst Unnatürliches und Entartetes. Die Unnatur, die der Natur zur zweiten Natur geworden ist, fällt in ihnen in Natur zurück. Ein deutscher Wald tut so etwas nicht.

Ein deutscher Wald ist sich seiner Pflicht bewußt, daß man von ihm singen könnte: Wer hat dich, du schöner Wald aufgebaut so hoch da droben? Wohl den Meister will ich loben, solang' noch meine Stimm' erschallt! Der Meister ist ein Forstmeister, Oberforstmeister oder Forstrat, und hat den Wald so aufgebaut, daß er mit Recht sehr böse wäre, wenn man darin seine sachkundige Hand nicht sofort bemerken wollte. Er hat für Licht, Luft, Auswahl der Bäume, für Zufahrtswege, Lage der Schlagplätze und Entfernung des Unterholzes gesorgt und hat den Bäumen jene schöne, reihenförmige, gekämmte Anordnung gegeben, die uns so entzückt, wenn wir aus der wilden Unregelmäßigkeit der Großstädte kommen. Hinter diesem Forstmissionar, der einfältigen Herzens den Bäumen das Evangelium des Holzhandels predigt, steht eine Güterdirektion, Domänenverwaltung oder fürstliche Kammer und schreibt es so vor. Nach ihren Anordnungen entstehen soundso viel tausend Holzmeter freier Aussicht oder jungen Grüns alljährlich, sie verteilt die herrlichen Blicke und den kühlen Schatten. Aber nicht in ihrer Hand ruht das letzte Geschick. Noch höher als sie thronen in der Reihe der Waldgötter der Holzhändler und seine Abnehmer, die Sägewerke, Holzstoffabriken, Bauunternehmer, Schiffswerften, Pappwaren- und Papiererzeuger … Hier verliert sich der Zusammenhang in jenes namenlose Geschling, jenen gespenstischen Güter- und Geldkreislauf, welcher selbst einem Menschen, der vor Armut aus dem Fenster springt, die Gewißheit gibt, daß er durch die Folgen einen wirtschaftlichen Einfluß ausübt, und der auch dich, wenn du im verzweifelten Sommer der Großstadt deine Hose an einer Holzbank und eine Holzbank an deiner Hose abwetzt, zum Geburtenregler von Wollschafen und Wäldern macht, die alle der Teufel holen möge.«

Ja, das mag nun ein ironisches oder sarkastisches Meisterstück sein, doch vor allem dürfte es wie ein Hohn auf die Gefühle klingen, die der Wald in uns weckt. Aber erstens beschreibt dieser Text die Realität. Im Zeichen der Verstädterung, der Industrialisierung und des Eisenbahnbaus beginnt die moderne Forstwirtschaft, zu der die nüchtern rechnende Bewirtschaftung, der Blick auf die am »nachhaltigen Wachstum« orientierte Ertragssteigerung gehört.

Zweitens muß man genau lesen, was Musil sagt, auch zwischen oder hinter den Zeilen. Der Hohn ist nur die Kehrseite der Verzweiflung angesichts der europäischen Verfinsterung; Musil blieb zu Lebzeiten die Anerkennung versagt, und die Emigration stand ihm bevor, in der er einsam und unter armseligen Umständen starb. *Nachlaß zu Lebzeiten* heißt das Buch, in dem der Text 1936 erschien.

Drittens, um es zu wiederholen und zu unterstreichen: Der Wald als ein modernes Heiligtum unseres deutschen Gemüts bildet den folgerichtigen Kontrast der Entwurzelung im Zuge der Verstädterung und Industrialisierung.

Vielleicht wird der Sachverhalt noch deutlicher, wenn man auf die Verhältnisse und Vorstellungen zurückblickt, wie die Sagen und Märchen sie spiegeln. Daß der Wald einmal etwas Unheimliches, Fremdes und Feindseliges war, erinnert daran, daß die ursprüngliche und von der Natur geschaffene Übermacht ihm gehörte. Höchst mühselig und ganz ohne Planierraupen oder Kettensägen der Firma Stihl mußte man ihm das Land für die Landwirtschaft abringen. Und wehe, wenn diese Mühe um die vom Wald umschlossenen Äcker auch nur kurzfristig nachließ! Sozusagen im Handumdrehen eroberte der Ur-Wald mit Birkenanflug und anderem Aufwuchs zurück, was man im Schweiße seines Angesichts ur-bar gemacht hatte. Dazu noch gesellten sich die Wildschäden; in einer einzigen Nacht konnte eine Rotte Sauen alle Erntehoffnungen zunichte machen. Knapp genug war die Differenz zwischen dem ausgesäten und dem in die Scheunen gebrachten Korn einst ohnehin.

Aber allmählich, mit der Anstrengung vieler Generationen, wurde die Übermacht des Waldes doch gebrochen; Felder, Weiden und Wiesen gewannen die Oberhand. Und neues

Gerät kam hinzu, das die Macht des Menschen – auch im Gemüt – befestigte, besonders das Schießgewehr, das den Bären und Wölfen den Prozeß machte und ihn gewann. Liebe Kathrin, in Ergänzung zu dem, was Sie in Ihren germanistischen Vorlesungen und Seminaren zu hören bekommen, sollten Sie diesen Zusammenhang zwischen Seele und Technik, zwischen der Entwicklung der Empfindungen und den Triumphen unserer Weltbemächtigung immer im Auge behalten. Um noch ein Beispiel zu nennen: Das Gewitter verliert seinen Schrecken und wird zum Erlebnis, seit Benjamin Franklin den Blitzableiter erfand.

Und nun zum zweiten Thema, das Sie mir aufgeben: Warum haben ausgerechnet die Deutschen den Wald so sehr in ihr Herz geschlossen? Am liebsten möchte ich die Frage umdrehen: Warum denn sieht es bei anderen Völkern anders aus? Jan hat uns schon für die Niederlande eine Antwort gegeben. Bei den Engländern, so vermute ich, spielte der Wald schon darum keine wichtige Rolle, weil es ihn seit langem bloß noch in Randlagen und Restbeständen gab. Die Entwicklung zur Seefahrernation und die frühe Industrialisierung hatten einen ungeheuren Holzbedarf geschaffen und mit dem aufgeräumt, was man selbst besaß; die Konjunktur der Wollschafe kam hinzu, für die man Weiden brauchte und die keine Baumschößlinge mehr aufkommen ließen. Daher war das Inselreich bald auf den Holzimport angewiesen. An die Stelle des Waldes traten die Parks und die Gartenanlagen, denen die Briten um so mehr ihre Liebe zuwandten; kaum zufällig wurden sie mit der Kunst, sie anzulegen, die Lehrmeister des Kontinents.

Jetzt müßte man eigentlich Land um Land weiter sich umschauen. In vielen Mittelmeerregionen sind die Wälder noch viel früher verschwunden als in England, zum Teil schon in der Römerzeit. Und wie soll sich ins Gemüt senken, was so weit schon entfernt liegt?

Doch kehren wir nach Deutschland zurück. Der Vergleich mit unseren europäischen Nachbarn zeigt, wie sehr es auf die

Umstände ankommt, und das heißt hier: auf eine Nähe, Bekanntheit, Vertrautheit des Waldes, die gleichwohl mehr und mehr ihre Selbstverständlichkeit verliert. Im Arbeitsalltag sieht man das Grün immer weniger. Im übrigen beginnen Verstädterung und Industrialisierung sehr viel später als in England, dann jedoch um so stürmischer. Sozusagen über Nacht kam ihre Revolution über uns – und um so dringender war das Bedürfnis, vor dem Sturmwind der Veränderungen Schutz zu suchen, Halt zu finden im Überdauernden, in der Natur. Darum reagieren wir noch heute so besonders empfindlich, wenn auch sie in Gefahr gerät. Bäume und Wälder aber spenden nicht nur den kühlenden Schatten, sondern sie sind ein Sinnbild des Bleibenden, auf das wir unsere Hoffnungen setzen. Sie wachsen sehr langsam und in ihrem Lebensatem weit über uns hinaus. Wo alles im reißenden Wandel sich zu verlieren scheint, was gestern noch galt, bieten sie der Seele einen Ankergrund; sie waren vor uns da und werden weiterhin rauschen, wenn wir nicht mehr sind.

Unversehens kommt auch Politisches ins Spiel. Die Zeit der Romantik und des Biedermeier ist zugleich die Epoche der Reaktion, der unerbittlichen Unterdrückung aller freiheitlichen und nationalen Bestrebungen. Die konservativen Mächte aber geben sich christlich; sie schmieden, um im Abwehrkampf zu bestehen, das Bündnis von Thron und Altar – mit Preußen voran, wie Heinrich Heine bitter gesagt hat:

»Ich traute nicht diesem Preußen, diesem langen frömmelnden Gamaschenheld mit dem weiten Magen und dem großen Maule und mit dem Korporalstock, den er erst in Weihwasser taucht, bevor er zuschlägt. Mir mißfiel dieses philosophisch-christliche Soldatentum, dieses Gemengsel von Weißbier, Lüge und Sand. Widerwärtig, tief widerwärtig war mir dieses Preußen, dieses steife, heuchlerische und scheinheilige Preußen, dieser Tartuffe unter den Staaten.«

Die Folge war, daß weite und wachsende Teile zunächst des gebildeten Bürgertums, dann der Arbeiterbewegung sich dem überlieferten Glauben entfremdeten; nirgendwo war die Bibelkritik radikaler, und nirgendwo sonst schritt die Entchristlichung schneller voran. Aber die Seele friert und sucht sich Ersatz. Man hat von der Weltfrömmigkeit gesprochen, die in Deutschland sich Bahn brach; diese Weltfrömmigkeit findet im Wald gewissermaßen das neue, das deutsche Nationalheiligtum.

Zur Ironie des Sachverhaltes gehört, daß wir das Überdauern der Wälder nicht zuletzt unseren vielen Fürsten und dem Adel verdanken – wie den deutschen Reichtum der Vielfalt von Residenzen, Stadttheatern, Opernhäusern, Museen und Sammlungen, von dem wir bereits gesprochen haben. Schon als Jagdreviere wurden die Wälder entschlossen – und erfolgreich – gegen jeden Ansturm von »Freiheit und Gleichheit« verteidigt.

Lieber Jan, ich komme wieder einmal auf eines meiner Lieblingsthemen zurück: Besuchen Sie deutsche Denkmäler, wenn Sie uns verstehen wollen! Nach dem thüringischen Kyffhäuser, dem Kaisersaal zu Goslar, der Walhalla bei Regensburg und dem Niederwalddenkmal bei Rüdesheim empfehle ich Ihnen die brandenburgische Schorfheide. Denn auch da gibt es Denkmäler oder jedenfalls Gedenksteine. Auf einem steht geschrieben:

»Unser durchlauchtigster / Markgraff und Herre Kaiser / Wilhelm II. / faellete allhier am 20. IX. / a.d. 1898 Allerhöchst Seinen / 1000. edel Hirschen / von XX Enden.«

Auf einem anderen Stein liest man in beinahe mißverständlicher Kürze: »Generalfeldmarschall v. Hindenburg 26.9.1932.« Aber nicht der Retter Ostpreußens in der Schlacht bei Tannenberg, inzwischen der greise Reichspräsident, fand hier den Tod, sondern der Brunfthirsch, den er erlegte.

Genug, genug; ich sehe schon, daß ich wieder in die ironischen Stachelfelder gerate, die dem deutschen Wald und dem deutschen Gemüt so zuwider sind. Ich eile also zum Schluß; ich wollte nur zeigen, daß die Waldesdome, die uns zur Herzenserhebung, ja zur Frömmigkeit einladen, auch etwas mit geschichtlichen Entwicklungen, mit Wirtschaft, Gesellschaft und

Politik zu tun haben. Ich hoffe, daß mir diese Darstellung halbwegs gelungen ist.

Wie immer grüßt Sie und und Ihren Jan herzlich und mit guten Wünschen Ihr

Christian Krockow

SIEBENTES KAPITEL

»Typisch deutsch«?

Zweiter Teil

Lieber Herr von Krockow, liebste Kathrin,

unser Spaziergang durch den Wald war wirklich schön – und höchst lehrreich. Denn ich weiß nun, daß man doch etwas finden kann, was so »typisch deutsch« ist wie meine Baumnärrin. Offenbar seit Urzeiten beschäftigen sich unsere ungeschickt großen Nachbarn mit ihren Wäldern, offenbar stets mit Gefühlen befrachtet, erst in Angst und mit Schrecken, dann mit Romantik und Liebe. Oder vielleicht auch mit einer Mischung aus beidem, ungefähr so, wie es uns Niederländern mit dem Wasser, dem Meer ergeht.

Natürlich, Herr von Krockow, erkenne ich, daß wir vorsichtig sein müssen und nicht vorschnell verallgemeinern dürfen, wenn wir nicht ins Stachelgestrüpp der Vorurteile geraten wollen. Trotz des ersten Augenscheins haben nicht alle französischen Kellner rote Haare, und nicht alle Deutschen trampeln in Marschstiefeln daher, unabänderlich durch die Jahrhunderte. Es gibt den Wandel, Gott sei Dank!

Darf ich dazu auch einen gelehrten Beitrag leisten? Sie, Herr von Krockow, haben uns mit dem gemütlichen Herrn Hermann aus Nürnberg bekannt gemacht, wie Balzac ihn sah. Jetzt hat mir hier in Utrecht ein alter Herr – womöglich ein »typischer« Vertreter seiner Generation – einen Text gegeben, wieder von einem Franzosen, ungefähr mit der Bemerkung: »So sind sie, diese Deutschen, sie ändern sich nicht.« (Denn es spricht sich herum, daß ich mich mit Deutschland und den Deutschen beschäftige und mich – wie schrecklich – in eine Deutsche verliebt habe.) Georges Clemenceau hat geschrieben:

»Lieber Freund, es entspricht dem Wesen des Menschen, das Leben zu lieben. Der Deutsche kennt diesen Kult nicht. Es gibt in der deutschen Seele, in der Kunst, in der Gedankenwelt und Literatur dieser Leute eine Art Unverständnis für alles, was das Leben wirklich ist, für das, was seinen Reiz und seine Größe ausmacht, und an dessen Stelle eine krankhafte und satanische Liebe zum Tod. Diese Leute lieben den Tod. Diese Leute haben eine Gottheit, die sie zitternd, aber doch mit einem Lächeln der Ekstase betrachten, als wären sie von einem Schwindel erfaßt. Und diese Gottheit ist der Tod. Woher haben sie das? Ich weiß darauf keine Antwort. Der Deutsche liebt den Krieg als Selbstliebe und weil an dessen Ende das Blutbad wartet. Der Deutsche begegnet ihm, wie wenn er seine liebste Freundin wäre.«

Ja, aber das stammt nicht mehr aus dem Biedermeier in der ersten Hälfte des 19., sondern aus dem finsteren Auftakt des 20. Jahrhunderts; Clemenceau war doch der Führer Frankreichs im Ersten Weltkrieg, nicht wahr? Und womöglich, Herr von Krockow, hätte er in Ihrem Brief über das Verhältnis oder Mißverhältnis von Männern und Frauen eine Antwort auf seine Frage gefunden, woher die Deutschen das haben, diese gespenstische Hingabe an den Tod. Aber wie denn anders, wenn der wahre Mann, um nicht zu sagen der eigentliche Mensch der Soldat ist, der im Kampf sich bewährt und auf dem »Feld der Ehre« dahingeht in den Heldenruhm?

Übrigens, um auf Balzac und seinen Herrn Hermann aus Nürnberg zurückzukommen: Da fanden im Dritten Reich dann die Parteitage statt, und Hermann war zwar immer noch dick, doch nicht mehr bieder, sondern ein Mordwanst mit Nachnamen Göring. Aber inzwischen ist wieder ein Wandel eingetreten und diesmal zum Guten. Heute, so scheint es, hat Clemenceau seine Aktualität verloren.

Ich glaube also, ich habe dazugelernt. Wenn wir allerdings beim Waldspaziergang das Typische entdecken, dann frage ich mich, ob es das nicht auch anderswo gibt, und es reizt mich, es zu suchen (wie eben ein Niederländer die Eigenart des Nachbarn oder wie ein Kind die Ostereier sucht – und sein Spielzeug auseinandernimmt, weil es sehen will, wie das funktioniert).

Wie ist es zum Beispiel mit dem Geld? Mir kommt es so vor, als hätten die Deutschen zu ihm ein besonderes, ein merkwürdig angespanntes und ängstliches, um nicht zu sagen ein neurotisches Verhältnis – und das erst recht, seit sie wohlhabend geworden sind. Alles, was sie sich mit soviel Mühe erarbeitet und erspart haben, könnte wie unter dem Fluch einer bösen Fee plötzlich wieder verschwinden.

Oder handelt es sich womöglich um die typischen Ängste von »Besserverdienenden«, die das erst seit kurzem sind? Wir Holländer können ja durchaus auch »pingelig« sein, wenn es ums Geld geht. Darum sind wir froh, daß – auf deutsches Betreiben – zunächst ein Niederländer und nicht ein Franzose zum ersten Präsidenten der Europäischen Zentralbank und zum Hüter des Euro bestellt und daß diese Zentralbank nach dem strengen Vorbild der Deutschen Bundesbank eingerichtet worden ist: Wäre sonst überhaupt ein Abschied von der D-Mark möglich geworden? Nein, bestimmt nicht. Denn, wie der frühere Ratspräsident der Europäischen Union, Jacques Delors, in der Vorausschau auf die gemeinsame Währung einmal gesagt oder geseufzt hat: »Nicht alle Deutschen glauben an Gott, aber alle an die Bundesbank.«

Was die Niederländer und ihr Verhältnis zum Geld anbelangt, so reicht unsere Erfahrung mit dem Wohlstand viel weiter zurück als die deutsche. Im 16. und 17. Jahrhundert, als Deutschland in den Konflikten von Reformation und Gegenreformation und schließlich in den Schrecken des Dreißigjährigen Krieges versank, erlebten wir unser Goldenes Zeitalter und gewannen – dank Seefahrt, Kolonialeroberung, Gewürz- und Sklavenhandel – einen zum Beispiel für brandenburg-preußische Verhältnisse unerhörten, um nicht zu sagen märchenhaften Reichtum. Es gelang uns ja auch, aus der Spekulation mit Tulpenzwiebeln den ersten richtigen Börsenkrach zu inszenieren. Und selbst wenn uns später andere einholten oder überholten: Die Erfahrung mit dem Wohlstand hat sich nie mehr ins Nichts aufgelöst; sie ist geblieben und hat uns geprägt. Darum verhalten wir uns im Umgang mit dem Geld nicht hysterisch, sondern eher gelassen, nicht wie ein brandneuer, sondern wie ein alter, etwas heruntergekommener Geldadel.

Aber nun wieder zu den Deutschen: Irgendwie drängt sich mir die Frage auf – aber ich stelle sie bloß im Flüsterton: Gibt es womöglich eine unterirdische Verbindung zwischen Liebe zum Wald und den Ängsten ums Geld? Wenn der Wald uns (das heißt die Deutschen, nicht die Niederländer) tröstet und aufrichtet, weil er ein Sinnbild des Bleibenden ist, sucht man dann in ihm nicht noch mehr als den erholsamen Schatten, eine Art von Zauberkraft, die Gegenmagie zum Fluch der bösen Fee, die alles wieder verschwinden läßt, was man glücklich erworben hat? Wie gesagt: Ich frage ja nur – und ganz leise.

Die deutsche Zukunftsangst vor dem Sturz aus dem Wohlstand und der Geldsicherheit ins Ungewisse bringt mich auf ein weiteres Thema: die seltsame Angespanntheit an sich und überhaupt, unter beinahe allen Lebensumständen. Zur Erklärung vorweg: Als ausländischer Student in Göttingen habe ich mich oft mit anderen Ausländern unterhalten, mit Akademikern und Nichtakademikern, oft von weither, aus Lateinamerika, Afghanistan, der Türkei … Wenn man dann unter sich ist, kommt früher oder später das Gespräch wie von selbst auf die Leute, bei denen man jetzt lebt. Wie sieht man sie, was fällt an ihnen auf?

Die Deutschen wirken sorgenschwer, oft verkrampft, manchmal bitter, offenbar müssen sie beständig auf der Hut sein, denn Unheil droht ihnen, sei es vom Finanzamt, von der Regierung, einer Wirtschaftskrise, den Asylanten, dem Verfall der Sitten, den Kriminellen, sei es von explodierenden Atomkraftwerken, den verstrahlten Pilzen, der Gentechnologie, den Tomaten aus Holland, dem Rinderwahnsinn aus England, dem Ozonloch aus der Antarktis, der Klimakatastrophe von überall her. Und so löst ein Thema das andere ab. Wenn eines verschwindet, ist schon das andere da. Jedenfalls steht fest: Die Zukunft stellt sich finster dar.

Bei uns Zugereisten, die das nicht verstehen, löst das dann Kopfschütteln aus oder hinter der vorgehaltenen Hand sogar Gelächter: Warum sind diese Leute so? Geht es den Deutschen denn nicht gut? Nein, falls der Augenschein nicht trügt, geht es vielen, den meisten miserabel. Darum haben sie nichts zu verschenken, am allerwenigsten ein Lächeln. Viele wirken verbiestert.

Unsere Schlußfolgerung lautet: »Deren Sorgen möchten wir haben!« Oder: »Die Deutschen verstehen was vom Arbeiten, aber nicht vom Zurücklehnen, Entspannen, Genießen.« Sie sind – einer ihrer neudeutschen Lieblingsausdrücke – ständig »im Streß«. Indem ich versuche, mir das ins richtige Deutsch zu übersetzen, so heißt das wohl: problembeladen, angespannt – und in Eile, so als ließen sich die Probleme besser lösen, wenn man losrennt, statt erst einmal abzuwarten und nachzudenken. »Sie haben Uhren, aber keine Zeit«, sagte einmal ein spanischer, genauer ein andalusischer Freund zu mir.

Noch zwei, diesmal ganz persönliche Beobachtungen. Als erste: Den Deutschen scheint Deutschland nicht zu gefallen. Dabei ist es doch, ich bezeuge es, ein sehr schönes Land, abwechslungsreich in seinen Landschaften, sorgsam aufgeräumt, zum Vorzeigen herausgeputzt in den alten Stadtkernen. Ach ja, und in seinen Wäldern natürlich erst recht. Um an Erich Kästner zu erinnern: »Es könnte glücklich sein und glücklich machen.«

Aber es ist nicht glücklich. Am liebsten würde man fortziehen und anderswo sich niederlassen: in der Toskana, in der Provence, auf Mallorca, in Florida – dort, wo man von der Sonne verwöhnt statt von Nebeln geplagt, vom Nieselregen in Trübsinn gestürzt wird. Jedenfalls »Bloß raus hier!« scheint alljährlich bei Ferienbeginn die Parole zu sein, und dafür nimmt man die endlosen Staus auf den Autobahnen oder den Streß – schon wieder den Streß – auf den Flughäfen, die ausgebuchten Hotels und den Sonnenbrand gerne in Kauf. Zumindest für ein paar Wochen möchten die Deutschen Deutschland hinter sich lassen, um es dort für den Rest des Jahres recht oder schlecht auszuhalten. Und damit sind sie, folgerichtig, zu Weltmeistern des Verreisens geworden.

Als Student gilt den deutschen Kommilitonen meine zweite Beobachtung. Diese angehenden Akademiker, die künftigen Amtsrichter, Studienrätinnen oder Ärzte sind eigentlich gegenüber ihren Altersgenossen bevorzugt; ein gesicherter Beruf und ein gehobenes Einkommen erwarten sie. Aber macht sie das zufrieden? Nein, keineswegs, sondern eher mürrisch. Sie sind nicht motiviert, wie sie auch offen eingestehen; nicht die Neugier treibt sie zu den Professoren, sondern der lästige Zwang, einen Seminarschein zu ergattern. Die Zeit allerdings, die sie nicht haben, vertrödeln sie dann doch. Wo sonst auf der Welt macht man sein Examen so spät wie in Deutschland?

Am schlimmsten ist es mit den Mädchen. Wenn ich mich richtig erinnere, hat schon Heinrich Heine bemängelt, daß sie in Göttingen so große Füße haben. Nun, dafür können sie nichts. Aber muß man denn so strähnig, schlampig, so demonstrativ ungepflegt dahertrampeln? (Ehe es nun ein Mißverständnis, ein Unglück gibt: Nein, liebste Kathrin, Du gehörst nicht zu diesen Trampelfüßlern, sondern, Gott sei Dank, zu den schönen, den entzückenden Ausnahmen von der trüben Regel.) Dabei handelt es sich doch nicht um eine Geldfrage! Mit nur ein wenig Fantasie und mit dem dazugehörigen Charme könnte wohl (fast) jede dieser Frauen attraktiver sein – man sehe sich zum Vergleich in Frankreich, in Italien, in Spanien um. Oder in Polen, wo man bestimmt mit viel weniger Geld auskommen muß.

Indem ich das sage, sehe ich schon, daß der rothaarige Kellner aus Calais auftaucht und mir zuruft: Keine Verallgemeinerungen! Ja, natürlich, in Großstädten wie Hamburg oder im halb schon südländischen München mag es anders aussehen. Aber jedenfalls in der »typischen«, von den Studenten und Studentinnen geprägten Universitätsstadt, habe ich mich immer wieder gefragt: Warum dieser Grauschleier schon über Zwanzigjährigen? Irgendwann kam mir der Einfall: Diese jungen Deutschen mögen sich nicht. Ich weiß: Das ist kein guter, eher ein beunruhigender Gedanke. Doch eine bessere Erklärung fällt mir nicht ein.

Nein, nur noch Immanuel Kant kommt mir in den Sinn, auf den Sie, Herr von Krockow, mich in einem unserer Göttinger Gespräche hingewiesen haben als den großen deutschen Vordenker der Aufklärung. Durch Sie neugierig geworden, habe ich mich in Kants politische Schriften vertieft und mich auch mit der Person bekannt gemacht. Von dem Königsberger Menschenfreund erzählt sein Biograph, daß er es tadelte, »wenn junge Leute hinter ein affektiert schlichtes Äußere ihre wirklichen Vorzüge verbergen wollten, weil wir nach seiner Meinung keinem Menschen das Urteil über uns erschweren oder gar zu unserem Nachteil irreleiten müssen, und weil es ein stolzes Verlangen verrate, daß Menschen, ungeachtet der von uns geflissentlich angenommenen rauhen und unpolierten Schale, doch den gesunden Kern in uns aufsuchen sollen ... Er war aus vielfältiger Erfahrung überzeugt, daß viele edeldenkende und geschickte Jünglinge durch ein solches unpoliertes und geniemäßiges Äußere ihr ganzes Lebensglück verscherzen und sich für die bürgerliche Gesellschaft unbrauchbar machen. Und dies war es eben, was seinem menschenfreundlichen Herzen wehe tat.«

Was nur würde Kant wohl zu den betont schlampigen jungen Leuten, zu den Studenten und Studentinnen unserer Tage sagen, wenn er heute lebte und Professor in Göttingen wäre?

Ich komme zum Schluß; wahrscheinlich habe ich mit meinen niederländischen Vorurteilen schon mehr als genug deutsches Porzellan zerschlagen. Aber ich warte ungeduldig auf Antworten und hoffe auf Widerlegungen.

Es grüßt Sie, verehrter Herr von Krockow, und dich, meine Kathrin, sehr herzlich

Ihr, Dein Jan

Lieber Herr von Krockow!

Diesmal schreibe ich speziell und ausschließlich Ihnen, auch wenn natürlich ein Durchschlag an Jan geht. Aber über ihn rege ich mich auf und hoffe sehr, daß Sie mir helfen, ihm seinen Utrechter Unsinn auszutreiben.

Doch erst einmal besinne ich mich, atme tief durch und bitte Sie um Nachsicht: Es ist unentschuldbar, daß ich auf Ihren Brief über Männer und Frauen nicht geantwortet habe. Dabei ist er inzwischen voll von Anstreichungen; ich las ihn ganz genau, immer wieder mit der »Aha!«-Freude des Verstehens: So also war das einmal, und so ist es heute. Als Entschuldigung kann ich nur anführen, daß mich mein Neuanfang in Greifswald in Atem hielt.

Mehr als einmal war übrigens die Versuchung schon groß, ihn meinen beiden Wirtinnen vorzulesen. Denn mindestens bei jeder zweiten Teestunde, zu der sie mich einladen, kommen sie auf »die Frauenfrage« und geraten darüber – man möchte meinen nicht ohne Vergnügen – in Streit. Ich höre zu, lerne viel und fühle mich jetzt sogar in der Lage, Ihren Brief aus der DDR-Perspektive zu ergänzen.

Die Professoren-Witwe hatte das Haus geerbt und früh schon einen Klinikchef geheiratet. Selbst wenn der viel weniger verdiente als die Kollegen in Westdeutschland: Sein Gehalt und nach seinem Tod die Pension garantierten ein Auskommen. Darum gehört die alte Dame zur kleinen Minderheit von Frauen, die nie oder nur für wenige Jahre berufstätig waren, und mit altertümlichem Stolz erklärt sie: »Ich hatte es nicht nötig zu arbeiten.«

Die ehemalige Lehrerin – zuletzt Schulleiterin – richtet sich dann kerzengerade auf und setzt zum Nachhilfeunterricht an: »Liebe Kathrin, hören Sie bloß nicht auf meine Schwester, die hat das Wichtigste im Leben versäumt, weil sie immer bloß zu Hause hockte. Arbeit macht unabhängig, auch von der Vormundschaft der Männer, und das haben wir in der DDR erreicht! – Damit Sie mich nicht falsch verstehen: Zur Hälfte war unser Staat von gestern. Politisch herrschten die Männer; sie besetzten die Spitzenpositionen in den Bezirken und im Politbüro ... Ach, und dann der Uniformfimmel, fast wie zu Kaiser Wilhelms unseligen Zeiten – einfach schrecklich! Die Nationale Volksarmee, rechnet man noch all ihre Hilfstruppen dazu, war viel zu groß für unser kleines Land. Was für ein Gewimmel von Obersten und von Generälen bis zu den Generalobersten hinauf; nur die Marschälle blieben der Sowjetunion vorbehalten. Ja, und zu allem Übel noch die altpreußischen Parademärsche und die Schnittmuster der Wehrmacht – wirklich von vorgestern. Haben Sie mal die Hosen angesehen? Mit ihren komischen Ausbuchtungen an den Oberschenkeln waren sie so gemacht, als seien diese Herren dazu berufen, aufs Pferd zu steigen und eine Kavallerieattacke zu reiten.«

Nein, unkritisch ist diese gebrechliche alte Dame durchaus nicht. Aber sie verteidigt mit Nachdruck, was sie für wichtig hält:

»Zur anderen und besseren Hälfte waren wir fortschrittlich. Denn die Frauen wurden gefördert, sie bekamen eine gute Ausbildung, auch in Berufen, die ihnen früher verschlossen blieben, und sie mußten nicht fürchten, daß sie bei der nächsten Wirtschaftskrise zugunsten der Männer wieder auf die Straße gesetzt würden. Nein, das gab es nicht, und das machte uns sicher und stolz. Es verschaffte uns, endlich, die lang ersehnte Unabhängigkeit.«

»Und entsprechend hoch lag die Scheidungsrate«, wirft die Witwe ein. »Du hast ja deinen Ludwig auch vor die Tür gesetzt.«

»Eben!« Die Frau Lehrerin richtet sich noch gerader auf und greift zum Kuchenmesser, als wolle sie diesen Ludwig oder überhaupt die Männer erstechen. »Ich, wir, die Frauen in der DDR konnten uns das leisten, weil wir etwas leisteten – und wahrscheinlich immer noch ein Stück mehr als die Männer. Das war der Fortschritt, und wer das nicht begreift, hat überhaupt nichts begriffen.

Übrigens, Kathrin, diese Hinterlassenschaft der DDR

kommt uns noch heute zugute. Weil wir so lange gearbeitet haben, in der Regel viel länger als die Frauen bei Ihnen – und oft auch in gehobenen Stellungen –, haben wir jetzt die entsprechenden Renten. In den neuen Bundesländern liegen sie höher als im Westen; bei den Männern ist es umgekehrt. Wußten Sie das?«

Nein, natürlich nicht; ich muß mein Unwissen und meine Überraschung bekennen. Denn gewöhnlich hört man ja nur, daß die Einkommen und die Renten in der ehemaligen DDR hinter denen in der alten Bundesrepublik noch immer hinterherhinken.

In der nächsten oder übernächsten Teestunde folgt noch ein Beispiel, damit ich auch ja die richtige Ansicht erlange. »Liebe Kathrin, ich gebe zu, daß unser Wirtschaftssystem vermurkst war. Immer weiter und hoffnungsloser sind wir hinter der Bundesrepublik zurückgeblieben; damit war kein Staat zu machen, und das konnte nicht gutgehen. Zum Ausgleich, sozusagen zur Kompensation, haben wir uns zur dritten olympischen Weltmacht entwickelt, neben der Sowjetunion und den Vereinigten Staaten. Denken Sie nur, ein Zwerg, der diese beiden Riesen das Fürchten lehrte – und die BRD, Verzeihung, die Bundesrepublik ohnehin. Aber wenn Sie nun genauer hinschauen, wer denn die Goldmedaillen errang, dann waren es in der weit überwiegenden Mehrheit nicht Männer, sondern die Frauen, alle unsere Leichtathletinnen, Schwimmerinnen, Ruderinnen. Um nur einen Namen zu nennen: Kennen Sie Heike Drechsler? Ein Ziehkind, eine Vorzeigefrau unserer Republik, langbeinig und hübsch noch dazu! Und nach 1990 auch in der Bundesrepublik hochwillkommen, wie die anderen Athletinnen, um dem gesamtdeutschen Medaillenspiegel auf die Sprünge zu helfen!«

Dabei gibt es noch im Rückblick den westlichen Neid: »Heute will man diesen DDR-Erfolg nicht mehr wahrhaben, ihn schlechtmachen, indem man vom Doping redet. Doch selbst wenn es das hier oder dort gegeben hat, es steckt mehr dahinter, eben der Fortschritt, die Befreiung der Frauen zur

Unabhängigkeit, die sie mit ihrem Einsatz, ihrer Leistungsbereitschaft beantworteten. Wie sonst hätten sie die Männer so weit überflügelt?«

Lieber Herr von Krockow, was sagen Sie dazu? Ich gestehe: Es leuchtet mir ein, und dabei habe ich nur in einer knappen Skizze zusammengefaßt, was ich hier zu hören bekomme.

Aber jetzt kann ich nicht länger an mich halten, wie ein Stier den ungeschickten Torero muß ich den Jan auf die Hörner nehmen, der solch abwegiges Zeug, solch einen Schwachsinn produziert.

Um damit anzufangen, daß die verbiesterten Deutschen zu Weltmeistern des Verreisens geworden sind, weil sie es im eigenen Land und mit sich selbst nicht aushalten: Natürlich kann man nachzählen, daß wir viel Geld jenseits der Grenzen ausgeben, und mehr als andere Nationen. Das ist einfach genug zu erklären. Erstens ist unsere Bevölkerung und damit die Rechnung größer als bei unseren Nachbarn. Zweitens müssen wir nur ins Auto steigen und losfahren, gleich ob nach Osten, Westen, Süden, Norden: Ziemlich bald kommen wir über das D-Mark-Gebiet hinaus. (Übrigens: Wird man im Euro-Zeitalter überhaupt noch feststellen können, wer wieviel wo verjubelt?) Zum Vergleich: die meisten Amerikaner müßten endlos weit unterwegs sein, um Mexiko oder Kanada zu erreichen, und die Japaner müßten seefeste Schwimmautos entwickeln, um nicht zu ertrinken. Man muß dort also in Flugzeuge klettern oder richtige Schiffe besteigen. Doch sehr viele Menschen mögen ihr eigenes Auto am liebsten und wollen es auch in den Ferien benutzen, um Kinder und Koffer bequem zu befördern. Die Verhältnisse sind also anders als anderswo, und das heißt mit anderen Worten: Wer uns die Weltmeisterschaft im Verreisen negativ vorhält und behauptet, daß sie »typisch deutsch« sei, der verrechnet Äpfel und Birnen, so als fielen sie vom selben Baum. Dabei prasseln sie doch nur auf gewisse niederländische Schädel, bis die ganz dumpf brummen!

Drittens: Daß man sich in »den schönsten Wochen des Jahres« unter eine zuverlässig scheinende Sonne sehnt – in einem

Land, in dem die Sommer nicht selten verregnen – muß man nicht mit weit hergeholten Behauptungen pflastern. Wahrscheinlich ist es einfach so, daß die Leute lieber die Wärme genießen und sich braun braten lassen, als naß zu werden und sich einen Schnupfen zu holen.

Viertens und vor allem: Trotz dieser Klimamängel mögen die Deutschen ihre deutschen Feriengebiete. Mehr noch als in Italien oder Spanien machen sie Urlaub im eigenen Land, in den bayerischen Bergen, im Schwarzwald, im Harz und im Solling, im Hunsrück oder in der Rhön, auf Nordseeinseln wie Norderney und Sylt, an der Ostsee oder irgendwo auf einem Bauernhof, damit die Kinder mit Kühen, Schafen, Pferden umgehen können. Auch die neuen Bundesländer holen langsam, aber stetig auf: Rügen war im letzten Sommer ausgebucht, und Usedom, die mecklenburgischen Seen, der Spreewald, Dresden, die Sächsische Schweiz und Thüringen schließen sich an. Ja, Deutschland ist schön. Aber im Unterschied zu den niederländischen Vorurteilen, die sich hiermit erledigen, wissen die Deutschen das auch und wissen es zu schätzen.

Und jetzt, Herr von Krockow, erzähle ich Ihnen eine »typische« Göttinger Geschichte. Es war einmal ein warmer Sommerabend, schon kurz vor der Mitternacht, da flanierten ein gewisser Jan und eine Kathrin durch die Innenstadt. Und sehr viele Menschen, meist junge Leute, flanierten wie sie; die Weender Straße war voll von ihnen. Überall hatte man Tische und Stühle aufgestellt, und kaum ein Platz war noch frei. Man hörte Musik; hier oder dort wurde getanzt. Auf dem Marktplatz vor dem alten Rathaus kletterten einige Jungen zum Gänseliesel hinauf, um es zu küssen, wie es seit Menschengedenken der Brauch ist. Ein kleines buckliges Männlein – der berühmte Professor Lichtenberg – schaute staunend zu. Auf einmal sagte Jan begeistert: »Das ist ja wie in Italien!« Ja, und das sollen nun die deutschen Muffelköpfe sein, die das Leben nicht zu genießen verstehen?

Zugegeben: Solche Nächte sind hierzulande seltener als in Italien. Aber wenn es stürmt, regnet, schneit, sitzt man eben drinnen beisammen. Wozu hat man denn den Ratskeller, den Schwarzen Bären und all die gemütlichen Kneipen? Und schon am Nachmittag trifft man sich bei Cron und Lanz zu Kaffee und Kuchen. Etwa um den »Streß« in Schlagsahne zu verpacken? Wer will, kann sein gutes Geld dann am Abend für ein gutes Essen ausgeben – weltoffen und ganz nach Belieben: türkisch, griechisch, italienisch, chinesisch ...

Göttingen liefert bloß ein Beispiel. Denn wo eigentlich in Deutschland ginge es anders zu? Nein, nirgendwo, und die regionalen Unterschiede unterstreichen das nur. In Göttingen gibt es gute Teewurst, im Schwarzwald einen besonderen Schinken. Im Norden trinkt man Bier und Korn, vielleicht auch Grog, in Bayern wieder Bier; am Rhein und am Main, an der Mosel und in Baden blüht die Weinkultur. Reichtum der Vielfalt! Doch überall wird geschwatzt und gelacht. Ist *Gemütlichkeit* nicht ein »typisch« deutsches Wort, das man in andere Sprachen kaum angemessen übersetzen kann?

Darin allerdings, daß manche Frauen – längst nicht alle! – ungepflegt und schwerfällig dahertrampeln, muß man Jan und Heinrich Heine wohl zustimmen. Aus meiner Gegenperspektive füge ich hinzu: Manchen Männern möchte man dringend raten, sich und ihre Sachen zu waschen, damit sie etwas weniger streng riechen. Außerdem setzen viele, viel zu viele schon Fett an, längst bevor sie in Amt und Würden ergrauen und dann aussehen wie Helmut Kohl. Auch der Gegentyp der Jogger, die angestrengt, mit verzerrtem Gesicht, schweißübergossen an uns vorüberkeuchen, um ihr tägliches Askeseprogramm abzuleisten, ist nach meinem Geschmack nicht viel besser. Doch ob es anderswo – zum Beispiel in den Niederlanden – so viel schöner und appetitlicher aussieht, wäre zumindest zu fragen. Mangels eigener Erfahrungen wage ich es nicht zu entscheiden.

Noch etwas möchte ich erwähnen, was mir nun wirklich »typisch deutsch« zu sein scheint: das Vereinswesen. Wo drei oder nach der Rechtsregel sieben Deutsche beisammen sind, schließen sie sich zusammen. Jeder Dritte – Kleinkind und

Greis eingerechnet – ist Mitglied in einem Sportverein. Das soll uns erst mal jemand nachmachen! Aber es gibt ja noch viel mehr: die Schützen und die Sänger, die Brieftaubenzüchter, die Wanderer, die Hundehalter, nach Rassen geordnet, die Liebhaber alter Autos, die Kulturförderer, Theaterbesucher und wer weiß wen sonst noch. Manchmal schließen sich den ordentlichen Vereinen auch noch die unordentlichen an, zum Beispiel die Fangruppen von Borussia Dortmund, Schalke 04, Bayern München, Hansa Rostock. Wie fanatisch gerade sie oft für »ihren« Verein eintreten, kann man, kopfschüttelnd, immer wieder in den Montagsausgaben der Zeitungen lesen.

Ich weiß nicht, woher wir diesen Drang zum Vereinswesen haben. Auf jeden Fall gibt es ihn, offenbar unzerstörbar über allen Zeitenwandel, jeden politischen Umbruch hinweg. Und wenn man die Leute fragt, warum sie einem Verein beitreten, wird die Antwort wahrscheinlich heißen: um Fußball zu spielen, zu schwimmen, zu reiten, zu singen, zu wandern. Aber bestimmt spielt auch die Geselligkeit eine Rolle, oft sogar die Hauptrolle, das Zusammensein mit Gleichgesinnten, Bekannten, Freunden, unter denen man sich wohl fühlt. In dem Tennisverein, den ich etwas näher kenne, schwingen die meist älteren Mitglieder kaum noch den Tennisschläger. Doch um so eifriger besuchen sie das Clubhaus und die Vereinsfeste.

Ja, Jan, so ist das mit den »typischen Deutschen«. Und noch viel mehr ließe sich anführen. Wie wäre es zum Beispiel, wenn Du Dich trotz Deiner calvinistischen Bußpredigerherkunft einmal entschließen könntest, in Düsseldorf, Köln oder Mainz den Karneval zu besuchen? Du würdest staunen über diesen Ausbruch, um nicht zu sagen Überschwang der Lebensfreude. Auch wir Holsteiner oder überhaupt wir protestantischen »Nordlichter« staunen und sagen: Das ist wirklich närrisch und geht fast schon zu weit. Aber dafür haben wir eben unsere eigenen Formen von bedächtiger Gemütlichkeit.

Lieber Herr von Krockow, ich frage Sie nun: Sehe ich das alles ganz falsch?

Gespannt erwarte ich Ihre Antwort und grüße Sie sehr herzlich

Ihre Kathrin

PS: Inzwischen bin ich auch auf Usedom gewesen, und es hat mir beinahe ebenso gefallen wie Rügen. Wie anheimelnd frisch herausgeputzt stellen sich die alten Badeorte sogar jetzt im Herbst noch dar, da sie gerade einschlafen wollen! Allerdings habe ich Peenemünde nicht ausgelassen, wo einst Wernher von Braun die Raketen, die »Wunderwaffe« im Kampf gegen England entwickelte, und da entstehen sehr zwiespältige Gefühle. Stolz auf eine Pionierleistung deutscher Technik? Vielleicht. Aber sie wurde geschaffen, um zu töten, und schon bei der Serienproduktion der Raketen, etwas später in Bergwerksstollen am Harzrand, fanden Tausende von KZ-Häftlingen den Tod.

Liebe Kathrin und lieber Jan,

vielen Dank für Ihre Briefe; ich habe beide mit Freude gelesen. Aber wahrscheinlich erwarten Sie nun, daß ich als eine Art von Berufungsinstanz oder mit überlegener Weisheit in Ihrem Streit das Urteil spreche. Doch ich werde mich hüten, das zu tun. Denn wenn ich mich entscheide, wird der oder die eine triumphieren, wo er oder sie es nicht sollte. Und die unterlegene Partei wird mich, mit mehr Recht, für einen törichten alten Mann halten.

Nein, am liebsten möchte ich mich – undeutsch entspannt – zurücklehnen und sagen: Nur zu und weiter so! Nämlich mit Vergnügen sehe ich, mit welcher Beobachtungslust, welcher Entdeckerfreude, welchem Eifer Sie beide bei der Sache sind. Eine Krockowsche Ausführlichkeit erreichen Ihre Briefe ja ohnehin schon von selbst, so daß ich mich um so kürzer fassen kann.

Allenfalls füge ich noch halblaut dazu: Merken Kathrin und Jan in ihrer Wißbegier und in ihrer Dickköpfigkeit eigentlich gar nicht, wie gut sie zueinander passen, auch oder gerade dann, wenn sie sich streiten? Und, Jan: Entwickelt sich Kathrin nicht zu einer Deutschen, wie sie sein soll, wenn sie ihre Landsleute mit solchem Nachdruck gegen die niederländischen oder sonstigen Fehleinschätzungen verteidigt – und die Errungenschaften der Frauen gegen uns Männer?

Freilich, liebe Kathrin: Wie wir nun einmal sind, wollen wir nicht einfach nur vor die Tür gesetzt oder mit der Kuchengabel aufgespießt, sondern auch ernst genommen werden. Ich meine, wir dürfen nicht kurzerhand zurückweisen, was Jan und seine Mit-Ausländer sagen. Wenn wir ihnen als »gestreßt«, als sorgenbeladen, verbissen oder verbiestert erscheinen, sollten wir eher in den Spiegel schauen, der uns vorgehalten wird, und uns fragen: Warum sehen wir so aus?

Lassen Sie mich zur Bekräftigung noch ein Zeugnis anführen, ein weibliches dazu: Meine Schwester hat mehr als dreißig Jahre in Mexiko gelebt. Und immer, wenn sie zu Besuch nach Deutschland kam, fiel ihr genau das auf, was Jan schildert. Mexiko, sagte sie, ist doch mit deutschen Maßstäben gemessen ein sehr armes Land, aber die Menschen wirken entspannter und freundlicher – so als hätten sie weit weniger Sorgen als die Deutschen. Und schon meine Schwester hat dann immer diese Frage gestellt: Woran liegt das? Was nur beschwert euch sosehr? Warum seht ihr so verkniffen, so »gestreßt« aus?

Dabei stimme ich durchaus zu, wenn Sie das »italienische« Gegenbild von der Geselligkeit, der Gemütlichkeit, der Lebensfreude entwerfen. Ja, Jan, was Kathrin uns schildert, trifft zu, und Sie sollten es ebenso annehmen, wie wir das Spiegelbild, das Sie uns vorhalten.

Mit anderen Worten: Es gibt den Gegensatz, den Widerspruch, der sich nach keiner Seite hin auflösen läßt. Wer wollte, könnte die berühmten oder berüchtigten »zwei Seelen ach! in meiner Brust« des Professors Dr. Heinrich Faust zitieren. Und womöglich bezeichnen auch sie etwas »typisch Deutsches«; kaum zufällig hat Thomas Mann, als er sich damit aus der Emigrations-Perspektive beschäftigte, auf die Faustfigur zurückgegriffen.

Doch wie soll man den Widerspruch deuten, was steckt dahinter? Ich habe keine Patenterklärung, und wenn ich sie hätte, würde sie wahrscheinlich nichts taugen. Aber unwillkürlich erinnere ich mich an den Gegensatz zwischen dem Allgemeinen und dem Besonderen, von dem wir schon gesprochen haben. Hier die Unsicherheit, was denn das Deutsche sein soll, das die Nation, den Nationalstaat begründet – und wie wir uns gegenüber den Nachbarn oder den Ausländern im eigenen Land verhalten sollen. Schon die inzwischen als »politisch korrekt« durchgesetzte Redeweise von den »ausländischen Mitbürgern« verrät diese Unsicherheit. Sind es nun Bürger wie wir oder Ausländer? Unsicherheit aber wird nur zu leicht zur Überkompensierung, sei es ins angestrengte Steifnackige, Abweisende und Herablassende, sei es ins beflissene Anbiedern. Oder in die Angst, zum Beispiel in die Angst um das Geld, die Sie, Jan, erwähnen. Denn das Geld gehört ja zum Allgemeinen, dem Gesamtdeutschen; es ist eine nationale oder neuerdings sogar eine übernationale Angelegenheit, ähnlich wie die Wirtschaft samt Arbeitschancen oder Arbeitslosigkeit im Zeitalter der vielberufenen Globalisierung.

Wenn Sie, lieber Jan, von den »typisch« deutschen Ängsten vor dem Verlust des einmal Erreichten, Erworbenen sprechen, so lassen Sie mich an dieser Stelle hinzufügen, wie diese Angst begründet sein könnte. Wie im Märchen vom Fischer un syner Fru – von der bitteren Not zur Erfüllung aller Wünsche und wieder zurück in die Armseligkeit: Die Angst vor diesem Schicksal scheint mir bei den Deutschen tief verwurzelt.

Ist es ungefähr so den Deutschen nicht wirklich ergangen? Im Kaiserreich, am Anfang des 20. Jahrhunderts, waren sie dank ihrer Tüchtigkeit unterwegs zum Wohlleben. Man mußte nicht mehr aus blanker Not nach Amerika auswandern, wie millionenfach im 19. Jahrhundert. Nur war das nicht genug, man träumte vom »Platz an der Sonne«, den man sich erkämpfen wollte, von den »herrlichen Tagen« einer »Weltmacht«;

man baute die Schlachtflotte. Aber man verlor den Weltkrieg, der mit einer bizarren Inflation bezahlt werden mußte, und wie im Märchen sah man sich zurück ins Elend gestoßen. Ähnlich nach dem Zweiten Weltkrieg bis zur Erlösung durch die Währungsreform.

Ich verstehe sehr gut, daß besonders der älteren Generation diese schlimmen Erfahrungen noch in den Knochen stecken; wie bei der Liebe zum Wald gibt es wohl immer die handfesten Hintergründe, aus denen man ableiten kann, warum sich Menschen so verhalten, wie sie es tun. Nur eben: Was wir auf diese Weise entdecken, ist eine Erklärung für das dann doch *typische* Verhalten.

Auf der Gegenseite stehen der Reichtum der Vielfalt, das Zuhausesein im Besonderen, die Zufriedenheit damit, Bayer, Hesse, Hanseat, Holsteiner oder Sachse zu sein. Oder Vereinsmitglied, Anhänger von Werder Bremen, Schalke, Borussia Dortmund, Bayern München. Im Besonderen wurzeln unsere Möglichkeiten, behaglich und gemütlich zu leben, und darum verteidigen wir es mit Klauen und Zähnen. Im Jahre 1990, noch zu Lebzeiten der DDR, kehrte man dort wie selbstverständlich zu den neuen, vielmehr alten Ländern zurück, die durch trost- und traditionslose Bezirke ersetzt worden waren. Damals erhielt ich aus Vorpommern (auch aus Greifswald) Briefe mit der Bitte, als im Westen bekannter Landsmann doch die Fahne dafür zu schwenken, daß man nicht unter die Knechtschaft Mecklenburgs gerate. Leider, zu meinem größten Bedauern, mußte ich antworten, daß ein eigenes Bundesland wohl kaum lebensfähig sein würde – so wenig wie im Westen das Saarland oder Bremen, obwohl es dort Industrien gibt.

Man mag über solche Sehnsüchte lächeln. Man sollte es besser nicht tun. Denn, noch einmal: Im Besonderen, nicht im Allgemeinen steckt unser Behagen, unsere Chance zur Lebensfreude. Dazu bloß als Nebenbemerkung: Der Teufel reitet uns, wenn wir aus einem angeblichen Verfassungsauftrag des Grundgesetzes ableiten, daß es überall die gleichen Lebensbedingungen geben sollte. Wir haben nicht zu viel, sondern zu wenig Föderalismus, und eben im Besonderen statt im »typisch« oder durchschnittlich Deutschen sind unsere Glücksmöglichkeiten angelegt.

Ich breche hier ab, sonst werde ich noch meinem Vorsatz ganz und gar untreu, mich zurückzulehnen und zuzuhören, wenn Sie, liebe Kathrin und lieber Jan, sich so herzerfrischend streiten.

In diesem Sinne grüßt Sie – mit dem Wunsch, daß Sie sozusagen die Akten der deutschen Wiedervereinigung studieren, um sie persönlich nachzuvollziehen – Ihr

Christian Krockow

Liebe Kathrin und lieber Jan,

zu dem, was typisch deutsch ist oder nicht ist, möchte ich noch einen Nachtrag folgen lassen. Er betrifft das Verhalten von Neureichen. Sie Jan, haben schon darauf angespielt, als Sie unser Verhältnis zum Geld erwähnten und sagten, daß die Niederländer sehr viel länger als wir an den Wohlstand gewöhnt seien.

Natürlich handelt es sich um einen vorübergehenden Zustand. Was neu war, altert im Ablauf der Zeit – und vor allem im Wechsel der Generationen. Die Söhne und Töchter und erst recht die Enkel benehmen sich anders als die gerade erst zu Geld gekommenen Väter und Großväter. Insofern bleibt das »Typische« begrenzt. Aber für die Deutschen hat es das gleich zweimal gegeben, zunächst im Kaiserreich, wie Wilhelm II. es repräsentierte, dann wieder – weil man sich in der Epoche der Weltkriege mit deutscher Gründlichkeit ruinierte – in der Bundesrepublik der Nachkriegsjahrzehnte.

Neureiche genießen einen schlechten Ruf, und darum muß man sie zunächst einmal verteidigen. Es sind tüchtige Leute, die ihr Leben lang hart gearbeitet haben, um ihr Ziel zu erreichen. Und ganz falsch wäre es, sie der Korruption zu verdächtigen. Das ist ein charakteristisches Thema unserer Tage, aber weit weniger der fünfziger und sechziger Jahre oder des Kaiserreichs. Die Korruption setzt wie der Diebstahl voraus, daß es bereits etwas gibt, von dem man nehmen kann, und dafür sind vorab der Fleiß und die Leistungsbereitschaft gefordert, die den Wohlstand herbeischaffen.

Aber wer ganz neu dort ankommt, wo er noch niemals war, stößt auf tausend Dinge, die er nicht kennt, angefangen bei den kleinen, fast täglichen Stolpersteinen. Wie ist das im Ausland mit dem Händeschütteln? Bringt man, wenn man eingeladen wird, der Hausfrau Blumen mit? Oder wie verspeist man Austern, welcher Wein paßt zum Fasan? Die Vermutung liegt nahe, daß die Kellner, die einen bedienen, es besser wissen und hinterrücks lachen. Die einen reagieren darauf mit linkisch scheuem, überbescheidenem Auftreten, die anderen mit Forschheit, mit dem viel zu lauten Daherreden und dem immerfort dröhnenden, im Falle der Gemahlinnen oder Gefährtinnen aufkreischenden Gelächter. Diese geben gar kein, jene immer zu viel Trinkgeld.

Frage des wilhelminischen Neureichen (oder wahlweise des Gardeschnösels): »Wie war es gestern?« – »Sehr schön, es wurde erst Beethoven, dann Brahms gespielt.« – »Na und, wat jewonnen?«

Feststellung des neureichen Bundesbürgers in der Zeit des Wirtschaftswunders: »Da redet man immer vom sogenannten Zusammenbruch und daß die Engländer den Krieg gewonnen haben. Aber wenn ich so durch Europa reise, wen treffe ich? Reiche Deutsche und ausgepowerte Engländer.«

Was also die Neureichen auch sagen oder tun, es klingt und es ist falsch. Niemand mag sie, die Menge der kleinen Leute nicht, aus denen sie herauswuchsen, und die etwas heruntergekommenen Altreichen erst recht nicht, denen sie die Villen und nicht selten die Töchter abkaufen. Kein Wunder, daß so viele, wenn sie müde werden und endlich das Leben genießen möchten, das stets eine Überfülle von Arbeit bescherte, nicht wissen, wie sie es anfangen sollen, und entweder schnell hinwegsterben oder in der Verbitterung erstarren.

Am schlimmsten ist es mit den eigenen Kindern. Sie sollten es einmal besser haben; wofür sonst hat man sich angestrengt? Aber von Dankbarkeit keine Spur. Im Gegenteil, die jungen Leute wollen es nur besser wissen, und ständig bekommt man von ihnen zu hören, daß man alles verkehrt gemacht habe. Bisweilen rotten sie sich sogar zum Aufruhr zusammen. Die »Wandervögel«, diese antibürgerliche Jugendbewegung der Jahrhundertwende, stammten aus bürgerlichen Elternhäusern und kämpften gegen die neureichen Väter, als hätten die sich dem Teufel verschrieben, wenn sie den Wohlstand feierten, den sie erreichten. Oder wie war das mit der Jugendrevolte von 1968 gegen die »Nazi«-Väter? Und wie mit dem Eintreten für die Armen und Entrechteten dieser Welt, von denen es hieß, daß man sie ausbeute, um aus ihrem Blut, ihrem Schweiß und ihren Tränen den eigenen Reichtum zu schmieden? Waren diese Vorwürfe nicht preiswert zu haben – im sicheren Bewußtsein, in den Wohlstand (dank der Mühe der Väter) schon hineingeboren zu sein?

Gerechtigkeit also für die neureichen Deutschen und ihr »typisches« Verhalten? Ach, die ist schwer zu haben, und besonders liebenswert nehmen sie sich wirklich nicht aus. Aber ein wenig Verständnis hätten sie doch wohl verdient. Und wer selbst das nicht aufbringt, mag sich mit der Erkenntnis trösten, daß alles, was neu ist, unentrinnbar dem Altern verfällt. Irgendwann einmal werden neue Neureiche kommen, vielleicht aus Asien, und denen, die es nicht mehr sind, abkaufen, was sie noch haben, die Töchter inbegriffen.

Liebe Kathrin und lieber Jan, Sie gehören schon zu den glücklich oder unglücklich Nachgeborenen, und darum, so hoffe ich, wird diese am Ende gar ins Zynische verirrte Betrachtung Sie eher erheitern statt verstören. Denn sie betrifft meine und nicht Ihre Generation.

Mit herzlichen Grüßen bin ich Ihr

Christian Krockow

Achtes Kapitel

Von der Arbeit und der Angst vor der Zukunft

Liebe Kathrin, lieber Jan,

schon wieder melde ich mich zu Wort. Der deutsche Widerspruch, der Gegensatz von Verkrampfung und Lebensfreude, an den wir dank Ihrer Beobachtungsgabe und Streitlust geraten sind, ging mir nicht mehr aus dem Kopf. Und wie es oft geschieht, buchstäblich über Nacht, beim Aufwachen aus dem Schlaf, stand plötzlich ein weiteres Beispiel der Seelenspaltung vor mir: unser merkwürdig zwiespältiges Verhältnis zur Technik.

Der Stolz auf die Errungenschaften deutscher Technik, geboren aus der Viereinigkeit von Forschergeist, Ingenieursleistung, Handwerkskunst und Facharbeiterkönnen, gehört seit langem schon zu unserem Selbstverständnis und Selbstbewußtsein. Es gibt die bekannte Geschichte von den bösen Briten, die – 1887 – zur Abwehr angeblicher deutscher Schleuderware die Herkunftsbezeichnung »Made in Germany« erzwangen. Aber siehe: Die Maßnahme erwies sich als Bumerang; dieser Stempel rückte sehr bald zum Inbegriff von Qualität und Fortschritt auf. Werkzeuge und Maschinen aller Art, optische, medizinische und elektrotechnische Geräte, chemische und pharmazeutische Produkte oder was immer: Deutschland übernahm eine Führungsrolle, und wenn Seine Majestät der Kaiser von den »herrlichen Tagen« schwärmte, zu denen er die Nation leiten wollte, dann war das – technisch betrachtet – so tölpelhaft durchaus nicht, wie es inzwischen sich anhört. Nein, Wilhelm II. war der Repräsentant der nach ihm benannten Epoche, und mit mehr Verständnis und Nachdruck als irgendein anderer Regent seiner Zeit hat er dem Fortschritt vorangeholfen, unter anderem durch die demonstrative Aufwertung der Technischen Hochschulen. Auch die Kaiser-Wilhelm-Gesellschaft zur Förderung der Wissenschaften – heute Max-Planck-Gesellschaft – trug mit Recht seinen Namen.

Am Beginn des Ersten Weltkriegs, als unversehens der Britenhaß explodierte, gab ein berühmter Gelehrter, Ulrich von Wilamowitz-Moellendorff, den deutschen Gefühlen Ausdruck, wenn er mit dem Finger auf England wies: »Dort ist der eigentlich treibende böse Geist, der diesen Krieg emporgerufen hat aus der Hölle, der Geist des Neides und der Geist der Heuchelei. Was gönnen sie uns nicht? Unsere Freiheit, unsere Selbständigkeit wollen sie untergraben, jenen Bau der Ordnung, der Gesittung und der freilich selbstbewußten Freiheit, den wir uns errichtet haben, wollen sie zerstören, die Tüchtigkeit und Ordnung nicht bloß in unserem Heer und in unserem Staatsaufbau, nein, in dem ganzen Bau unserer Gesellschaft. Wenn der englische Marineoffizier jetzt durch ein feines, schönes Glas hinausschaut, umschaut nach deutschen Kreuzern, so ärgert ihn – wir verdenken es ihm nicht –, daß das Glas in Jena geschliffen sein wird, und die Kabel, die die Meere durchziehen, sind zum größten Teil in Charlottenburg am Nonnendamm gefertigt. Die Güte der deutschen Arbeit wurmt ihn.«

So unsinnig diese Neid-Behauptung sein mochte – in Wahrheit ging es weit mehr um den eigenen Neid gegenüber der alten See- und Handelsmacht, die man beerben wollte: In der Gewißheit, daß der technische Fortschritt in deutschen Händen sei, handelte es sich um eine charakteristische Darstellung.

Manches oder vieles davon gibt es bis heute. Gewiß, die Amerikaner oder mehr noch die Japaner haben uns arg zu schaffen gemacht. Man denke an die Computer und ihre Software, an die Unterhaltungselektronik, die Kameras: Nicht mehr mit Voigtländer oder Leica, sondern mit Nikon und Canon reisen wir um die Welt, um den Lieben daheim zu dokumentieren, wo wir waren und sie nicht. Aber noch stehen unerschüttert unsere Hochburgen. Siemens ist eine Firma von Weltrang, die chemische Industrie kann sich sehen lassen, der Maschinen- und Werkzeugbau erst recht, weithin mittelständisch geprägt. Ja, und dann unsere Automobilindustrie! Siegreich hat sie dem Ansturm aus dem Fernen Osten standgehalten und zurückgeschlagen. VW breitet sich weiter und weiter aus, und die Gediegenheit, die Perfektion von Porsche, Mercedes und BMW macht uns so leicht keiner nach. Autos sind fürs Ansehen geschaffen, sie sind Statussymbole, nicht nur für einzelne, sondern für die Nationen, jedenfalls für die Deutschen. Dank sei also dem »guten Stern auf allen Straßen«, der uns sicher geleitet!

So weit, so gut. Oder etwa so schlecht? Unversehens verbindet sich mit dem Stolz eine Angst vor der Technik. Wohin wird sie uns in der Zukunft denn führen, in den Abgrund womöglich? Mit dem atomaren Ungeheuer jedenfalls, über Jahrzehnte mit hohem Aufwand zur Leistungsstärke gezüchtet, wollen wir nichts mehr zu tun haben. Und die Gentechnologie, obwohl es heißt, daß ihr eine Schlüsselrolle zukommen wird, betrachten wir mit Argwohn. In Nacht- und Nebelaktionen werden Versuchsfelder niedergewalzt, und wehe den Getreidearten, den Früchten, womöglich sogar den Rindern oder den Schafen, die man als »genbehandelt« entlarvt!

Eine Folge der Zukunftsangst ist, daß der Zeitbedarf für Neuerungen immer größer wird. »Da kann ja jeder kommen, das haben wir noch nie gemacht«: Endlos ziehen sich die Genehmigungsverfahren hin, von Bürgerprotesten und Gerichtsverfahren zusätzlich befrachtet und zum Schneckentempo gedrosselt; keiner will ein Risiko eingehen, die Aufsichtsbehörde schon gar nicht, und nicht einmal ein »Restrisiko« soll es geben. Da darf es eigentlich niemanden wundern, wenn dann das Neue nicht mehr bei uns, sondern irgendwo sonst auf der Welt zum Zuge kommt.

Kurzum, wie schon beim Gegenüber von »Streß« und

Gemütlichkeit stoßen wir auf den Widerspruch: hier der Stolz, dort die Ängste. Die faustische Seelenspaltung oder – weniger erhaben – die Schizophrenie als das typisch Deutsche?

Aber wie soll man sie deuten? Liebe Kathrin, lieber Jan, Sie kennen mich inzwischen gut genug, um zu wissen, was folgt: ein Ausflug in die Geschichte. Sie hilft, wenn sonst der Gegenwart nicht mehr beizukommen ist. Und da stoße ich nun auf ein schicksalsschweres Thema: die Deutschen bei ihrer Arbeit. Der Zusammenhang mit dem Verhältnis oder Mißverhältnis zur Technik wird, so hoffe ich, bald sichtbar werden.

In der Reformation ging es den Mönchen und Heiligen an den Kragen. Und nicht nur ihnen, sondern allen, die nicht handgreiflich nutzbringend arbeiteten, den Spielern und den Bettlern – für die wurde etwas später das Zuchthaus erfunden –, ebenso den reichen Nichtstuern und Liebesgenießern, neudeutsch ausgedrückt den Playboys und Playgirls. Wehe über sie! Im Gegenzug und um so nachdrücklicher sollte der Beruf zur Berufung werden – jeder Beruf, selbst der niederste. In älteren Gesangbüchern findet man noch das Gebet, daß Martin Luther den Dienstboden vorformuliert hat:

»Lieber Gott, ich danke dir, daß du mich in diesen Stand, Handwerk und Dienst geordnet hast, darin ich weiß, daß ich dir besser gefalle als in allem selbst selbstgewählten Gottesdienst. Denn ich habe deinen Befehl im vierten Gebot, daß ich Vater und Mutter ehren, Herren, Frauen und Meistern mit allem treuen Fleiße dienen, arbeiten und zu der Haushaltung helfen soll, will deshalb meinem Berufe mit Lust und Liebe nachkommen. Ich will gern tun, was ich tun soll, meinem Herrn, meiner Frau und meinem Meister zu Gefallen sein und lassen, was sie wollen. Ob ich gleich zuweilen gescholten werde, was schadets, sintemal ich das fürwahr weiß, daß mein Stand dir ein Dienst und wohlgefällig Leben ist. Darum will ich solchem Stande zu Ehren und zu Dienste auch gern etwas tun und leiden, allein gib du mir Gnade und Geduld dazu. Amen.«

Und dann kamen natürlich wieder die Preußen. Der »Soldatenkönig« Friedrich Wilhelm I., von dem man mit Recht gesagt hat, daß er Preußens »größter innerer König« gewesen sei, ein Erzieher von geschichtlichem Rang, hat seinen Untertanen eingeprägt, notfalls eingeprügelt, daß sie fleißig und pflichtbewußt sein sollten. Müßiggang ist aller Laster Anfang! Oder, in des Königs eigenen Worten: »Parol' auf dieser Welt ist nichts als Müh' und Arbeit« – eine fromme Anspielung auf das sozusagen preußische Bibelwort, wonach unser Leben im Altersrückblick als köstlich zu preisen ist, wenn es Mühe und Arbeit war. Der Berliner Mutterwitz allerdings hat dazu die treffende Ergänzung gefunden: »Preuße zu sein ist eine Ehre – aber kein Vergnügen.«

Wie auch immer: Generationen hindurch ist uns die Wertschätzung der Arbeit von den Kanzeln gepredigt, in den Schulstuben eingepaukt worden, und wir haben es uns gesagt sein lassen. Doch was sonst blieb uns übrig? Den Reichtum, den man im Wohlleben hätte verprassen können, gab es ohnehin kaum, es sei denn in den fürstlichen Hofgesellschaften – mit der charakteristischen Ausnahme Preußens, wo der Soldatenkönig gleich nach seiner Thronbesteigung all den barocken Prunk oder Plunder unerbittlich beiseite fegte. Entsprechend selbstgerecht und hart fällt in der prüden Bürger- und Arme-Leute-Perspektive das Urteil über die gekrönten Nichtstuer und ihren Hofstaat aus. Schon in einem Lexikon des 18. Jahrhunderts heißt es unter dem Stichwort »Hofmann«:

»Einer, der in einer ansehnlichen Bedienung an eines Fürsten Hof steht. Das Hofleben ist zu allen Zeiten einesteils wegen der unbeständigen Herrengunst, wegen derer vieler Neider, heimlichen Verleumder und offenbaren Feinde als etwas Gefährliches; andernteils wegen des Müßiggangs, Wollust und Üppigkeit, so zum öfteren daselbst getrieben wird, als etwas Laster-Tadelhaftes beschrieben worden. Es haben aber zu allen Zeiten sich auch Hofleute gefunden, die durch ihre Klugheit die gefährlichen Steine des Anstoßes vermieden, und durch ihre Wachsamkeit den Reizungen des Bösen entgangen, also sich zu würdigen Exempeln glücklicher und tugendhafter Hof-Leute vorgestellt. Gleichwohl wird nicht vergeblich gesagt, daß nahe bei Hofe, sei nahe bei der Hölle.«

Wehe also über Hessen-Kassel oder das sächsische Luderleben Augusts des Lendenstarken! Und was eigentlich blieb den zum Guten gebildeten Deutschen noch übrig, als dem Preußen die Ehre zu geben, das der Soldatenkönig und der große Friedrich geprägt hatten?

Ja, der Nichtstuer ist verdammt, und nur wer arbeitet, sündigt nicht. Übrigens galt die Göttinger Universität, eine Neugründung des 18. Jahrhunderts, stets als Arbeitsuniversität und hat es damit zu nationalem und internationalem Ruhm gebracht. Um dazu eine Geschichte aus der guten alten Zeit zu erzählen: Die Professoren und mehr noch die armseligen Privatdozenten, so sagt man, ließen die ganze Nacht über auf ihren Schreibtischen die Lampen brennen, damit die umherschleichenden Kollegen sehen konnten: Man saß noch über seinen Büchern und Manuskripten bei der Arbeit – selbst wenn man in Wahrheit längst im Bett lag.

Wiederum in Göttingen hat 1946, kurz vor seinem Tod, ein großer Gelehrter, Max Planck, seinen letzten öffentlichen Vortrag gehalten und darin eine Art von Testament formuliert: »Die Arbeit ist das, was unserem Lebensschiff erst den richtigen Tiefgang verleiht, und für die Einschätzung des Wertes dieser Arbeit gibt es ein untrügliches Merkmal altehrwürdigen Ursprungs, ein Wort, das für alle Zeiten das letzte maßgebende Urteil ausspricht: An ihren Früchten sollt ihr sie erkennen!«

Das führt uns ins preußisch-protestantische Kaiserreich zurück, aus dem Max Planck (geboren 1858) stammte. Der Stolz auf den wirtschaftlichen und technischen Fortschritt, auf die Errungenschaften deutscher Wertarbeit begründete über alle politischen Fronten hinweg, im Bürgertum und in der sozialdemokratischen Arbeiterbewegung gleichermaßen, das Selbstbewußtsein der Nation. »An ihren Früchten sollt ihr sie erkennen«: Was anders als die Erfüllung des Bibelworts bedeutete es denn, wenn man zum Beispiel in der medizinischen Entwicklung an der Spitze stand und bei der Herstellung von Medikamenten fast schon ein Weltmonopol errang?

Nach 1945 und mit dem Aufstieg der Bundesrepublik zur

Exportweltmacht hat sich der Sachverhalt noch einmal und höchst eindrucksvoll bestätigt. Jäh war man in die Katastrophe, in den Abgrund geraten, und einzig mit der ererbten Leistungsbereitschaft, mit der Konzentration auf die Arbeit konnte man einen Weg in die Zukunft finden. Das galt moralisch ebenso wie materiell: Wer arbeitet, sündigt nicht, sondern findet Gnade vor dem Herrn und Rechtfertigung vor sich selbst durch die Schwielen an seinen Händen, den Schweiß auf seiner Stirn. Er wendet sich vom Vergangenen ab, das gerade noch galt, und dem Neuen, der Zukunft entgegen. Verklungen das Lied von der »tapferen kleinen Soldatenfrau«, herbei nun mit den Trümmerfrauen, die den Schutt der Städte beiseite räumten und die noch erhaltenen Ziegel gebrauchsfertig klopften! Bald darauf gab es im Westen die Zeitenwende der Währungsreform, im Osten die Hymne von Johannes R. Becher, die später bloß noch gespielt, nicht mehr gesungen werden durfte, weil sie ans Ganze statt an den eigenen Staat der Arbeiter und Bauern erinnerte:

»Auferstanden aus Ruinen
und der Zukunft zugewandt,
laß uns Dir zum Guten dienen,
Deutschland, einig Vaterland!
Alte Not gilt es zu zwingen,
und wir zwingen sie vereint,
denn es muß uns doch gelingen,
daß die Sonne, schön wie nie,
über Deutschland scheint.«

Der Zukunft zugewandt: Das trifft den modernen, vom technischen Fortschritt bestimmten Arbeitsbegriff. Jede Blaupause und jede Bauskizze, jeder Spatenstich und jeder Hammerschlag entfernt uns vom Vergangenen und trägt fort ins Vergessen, was einmal war. Heute sprechen wir von der Wegwerfgesellschaft, deren Symbole dann die Schrottplätze und Müllgebirge sind. Aber es gibt einen nahtlosen Anschluß an die Trümmerberge der Nachkriegszeit, inzwischen begrünt, von denen an Wintertagen die Kinder herabrodeln. Arbeit als Abwendung vom Vergangenen und Hinwendung zur Zukunft: Wer will, mag darin die deutsche und auf ihre Weise gelungene Art von Entnazifizierung erkennen.

Als Besonderheit für den Westen kam noch der Millionenzustrom von Flüchtlingen und Vertriebenen aus dem Osten hinzu. Diese Leute besaßen nichts mehr, nicht einmal ein Trümmergrundstück, und in der Notlage der frühen Nachkriegszeit waren sie den Einheimischen wenig willkommen. Doch um so größer war ihre Leistungsbereitschaft, ihr Wille, sich nicht zu Bürgern zweiter Klasse abstempeln zu lassen und durch Arbeit eine neue Existenz zu begründen. Sobald es möglich war, zogen sie mit ihrem leichten Gepäck aus den meist ländlichen Auffanggebieten weiter ins Ruhr- oder Rhein-Main-Gebiet, nach Württemberg, überall dorthin, wo Arbeitskräfte gebraucht wurden. Ohne diesen Zustrom einmalig leistungsbereiter Menschen hätte es das bundesdeutsche »Wirtschaftswunder« schwerlich gegeben.

Weil das alles nun schon so weit zurückliegt und dem Gedächtnis der Lebenden entgleitet, möchte ich für die Abwendung vom Vergangenen und die Hinwendung zur Zukunft noch ein Beispiel beibringen. In den zerstörten Städten hat man die Ruinen hastig abgetragen, um Platz für neue Wohnungen Fabriken, Büros, Hotels und Banken zu schaffen, die ja auch dringend gebraucht wurden. Aber man hat wenig Rücksicht genommen und im Ergebnis mehr an noch erhaltener oder wiederherstellbarer Bausubstanz zerstört als alle Bombennächte des Krieges. Zeitweilig wurden sogar Zuschüsse gezahlt, wenn man alten Häusern die Gesimse und Putten abschlug, um glatte, gesichts- und geschichtslose Fasaden zu schaffen. Heute klagen wir die ehemaligen Machthaber der DDR an, weil sie Baudenkmäler wie das Berliner Stadtschloß oder die Garnisonkirche in Potsdam nicht erhalten, sondern vernichtet haben. Doch glaubwürdig ist das kaum. Es erinnert an den Pharisäer, der mit dem Finger auf den verachteten Zöllner weist und sagt:

»Ich danke Dir, Gott, daß ich nicht bin wie jener.« Nein, die Planierwut war ein gesamtdeutsches Phänomen.

Zum Vergleich: Mit Liebe, Sachkenntnis und – angesichts ihrer Armut – mit erstaunlichem Aufwand haben die Polen die Warschauer Altstadt wiederhergestellt. Man mag dazu verständnisvoll nicken: Hitlers Vernichtungsorgie sollte nicht das letzte Wort haben. Doch wie ist das mit Danzig? Warum hat man den – im Ursprung doch deutschen, hanseatischen – Stadtkern so unvergleichlich auferstehen lassen? Als ich das beim Spaziergang durch Danzig meinen Begleiter, den polnischen Denkmalspfleger, fragte, hieß seine Antwort: »Eine Stadt braucht eine Seele.«

Ach, in diesem Vergleich müssen wir wohl eingestehen, daß wir in der Nachkriegszeit unsere Seele wenn nicht dem Teufel, dann dem Arbeitseifer und dem technischen Fortschritt verschrieben haben. Und irgendwann haben wir das auch erkannt und erschrocken innegehalten. Seitdem putzen wir heraus – fast hätte ich gesagt: auf Teufel komm raus –, was uns blieb, samt Fußgängerzonen, Blumenkästen und altertümlich wenigstens erscheinendem neuem Straßenpflaster.

Genug, genug! Liebe Kathrin und lieber Jan, ich bitte um Nachsicht für den geschwätzigen alten Mann. Was ich zeigen, Ihnen erklären wollte, ist dies: In Deutschland ist die exemplarische Arbeitsgesellschaft entstanden, und in der Bundesrepublik wie in der DDR ist sie wiedererstanden – jeweils mit dem Anspruch verbunden, die wahrhaft fortschrittliche und damit die vor der Geschichte gerechtfertigte Ordnung zu sein. Nur ihre Früchte schmeckten hier süß und dort eher bitter. Doch schon seit dem 19. Jahrhundert, seitdem untrennbar, verband sich mit dem Selbstbewußtsein der Arbeitsgesellschaft der Stolz auf technische Spitzenleistungen.

Übrigens, Kathrin: Wie Sie stimme ich mit Nachdruck Ihrer Greifswalder Schulmeisterin und nicht der verwitweten Frau Professor zu. »Meine Frau hat es nicht nötig zu arbeiten« – das war doch einst der Ausdruck des Pascha-Stolzes der beruflich erfolgreichen Männer, die damit die Frauen in den minderen

Rang verwiesen. Wie denn sonst, wenn, laut Max Planck, erst die Arbeit dem Leben Tiefgang verleiht? So entsteht das Bild von der höheren Tochter und höheren Bürgergattin, die ein wenig Klavier spielt, ihre Migräne pflegt und die Hysterien kultiviert, die dann den Doktor Sigmund Freud auf den Plan rufen.

Nun aber die Frage: Wie kommt es zur Seelenspaltung, zum Widerspruch, daß wir zugleich mit dem Stolz auf Arbeitsleistung und technische Errungenschaften in die Angst vor einer Zukunft geraten, in die der technische Fortschritt uns vorwärts reißt? Im Kern, so denke ich, geht es um einen Widerspruch, der in der Arbeitsgesellschaft selbst angelegt ist. Ihr Triumph verkehrt sich zur Tragödie, denn der technische Fortschritt, dem wir uns verschrieben haben, schafft langsam, doch unerbittlich die Arbeit ab. Immer mehr läßt sich mit immer weniger Aufwand herstellen. Wo man gestern für ein Produkt 1000 Arbeitsstunden brauchte, genügen heute 500, und morgen werden es bloß noch hundert sein. Mit Genugtuung berichten Konzerne, daß ihre Produktivität im letzten Jahr wieder um zwei, drei, vier Prozent gestiegen ist. Das ist ein Ausweis ihres Tüchtigseins und ihrer Konkurrenzfähigkeit. Aufs Anhalten steht die Todesstrafe; wer sich auf die Produkte und Produktionstechniken verläßt, mit denen er eben noch erfolgreich war, befindet sich schon auf der abschüssigen Straße, an deren Ende der Konkursrichter wartet. Für Westdeutschland hat man errechnet, daß sich die Wirtschaftsleistung in dreißig Jahren verdreifachte, während gleichzeitig der benötigte Arbeitsaufwand von 56 Milliarden Arbeitsstunden auf 45 Milliarden *sank*. Diese Entwicklung geht weiter, und im Zeichen eines mehr und mehr globalen Wettbewerbs wird sie sich aller Voraussicht nach nicht verlangsamen, sondern beschleunigen.

Prophetisch hat die Philosophin Hannah Arendt schon vor Jahrzehnten gesagt: »Was uns bevorsteht, ist die Aussicht auf eine Arbeitsgesellschaft, der die Arbeit ausgegangen ist, also die einzige Tätigkeit, auf die sie sich noch versteht. Was könnte verhängnisvoller sein?«

In der Tat, für eine Arbeitsgesellschaft *ist* es das Verhängnis, wenn ihr die Arbeit ausgeht. Im triumphalen Voranschreiten, der Zukunft entgegen, zieht sie sich selbst den Boden unter den Füßen fort. Immer mehr Menschen werden arbeitslos oder in die Frührente verbannt, weil sie nicht mehr gebraucht werden, immer mehr sollen sich mit einer Teilzeitbeschäftigung begnügen. Und bei alledem gerät der Sozialstaat aus den Fugen, weil er unbezahlbar wird. Diese Entwicklung drängt uns in die Angst vor der Zukunft und durchaus folgerichtig in die Furcht vor dem ständig und unabsehbar Neuen der technischen Entwicklung, die ja der Motor ist und von der niemand im Ernst sagen kann, wie man sie anhält. Um es in einem beängstigenden Szenario auszudrücken: Wir sitzen, vorerst komfortabel, in einem Zug, der führerlos und ohne Bremsanlagen dahinrast. Wer will es da den Passagieren verdenken, wenn sie in Panik geraten?

Mit anderen Worten: Der Widerstreit der Gefühle kommt nicht von ungefähr. Auf der einen Seite gründet unser Stolz und zu einem guten Teil unser Selbstbewußtsein als Nation in der Leistungsfähigkeit, die wir beweisen und die sich an den Erfolgszahlen als Exportmacht ablesen läßt. Und immerfort werden wir ermahnt, Mut zur Zukunft zu zeigen, noch mehr zu leisten, uns Neues einfallen zu lassen und als Existenzgründer etwas zu wagen. Auf der anderen Seite verharren wir vor Schrecken auf der Stelle, protestieren, gründen Bürgerbewegungen, bemühen die Gerichte und Behörden, um so weit wie nur möglich einen Stillstand zu erreichen. Weil aber das eine mit dem anderen sich nicht verträgt, hadern wir mit dem Schicksal und malen Weltuntergänge aus. Vielleicht hilft auch dies dazu, den Widerspruch zu erklären, daß wir einerseits so sehr »im Streß« sind und es uns andererseits – jenseits der Arbeitswelt und ihrer Probleme – gemütlich machen. Wenn es uns allerdings nicht gelingt, den Widerspruch aufzulösen, dann, so fürchte ich, geraten wir in den deutschen Niedergang hinein, dem ich ein eigenes Buch gewidmet habe.

Aber, liebe Kathrin und lieber Jan, mit solcher Schwarzmalerei möchte ich Sie nicht weiter beschweren. Im Gegenteil, ich wollte Sie entlasten, Ihnen wenn möglich aus Ihrem Streit heraushelfen und zeigen, das jeder von Ihnen zutreffende Teilbilder entworfen hat. Im übrigen sind Sie jung, das Leben liegt so unbekannt wie gebrauchsfertig vor Ihnen, und nur von Ihnen hängt es ab, was Sie daraus machen. Glück auf!

In diesem Sinne grüßt Sie wie immer herzlich Ihr

Christian Krockow

Neuntes Kapitel

Im Zwiespalt der Wiedervereinigung

Verehrter, lieber Herr von Krockow!

Wohl selten sind Briefe so ungeduldig erwartet, so begierig gelesen und am Ende mit solcher Freude beiseite gelegt worden wie Ihre drei letzten. Denn das Bild der männermordenden Neu-Greifswalderin verfolgte mich schon bis in den Schlaf. Im Traum stand sie vor mir, die rechte Hand hinter dem Rücken. Aber in einem Spiegel sah ich, was da verborgen war: ein Kuchen- oder Küchenmesser, zum Zustechen bereit.

Doch nun, nach dem Lesen, sagte ich mir: Das ergibt die Verhandlungsgrundlage für einen Waffenstillstand. Um ihn abzuschließen, müßte man einen Unterhändler nach Greifswald schicken, mit der weißen Flagge in der Hand, damit er nicht gleich blutüberströmt zu Boden sinkt, von glühenden Kugeln oder fliegenden Messern getroffen. Leider fand sich niemand, der bereit gewesen wäre, den gefährlichen Auftrag zu übernehmen, und darum machte ich mich schließlich selbst auf den Weg.

In Hamburg legte ich erst einmal eine Zwischenstation ein, um Atem und Mut zu schöpfen. Man hatte mich gewarnt, daß es dort ständig regnet oder zumindest nieselt, aber so war es nicht – immer diese Vorurteile! Ich unternahm einen langen Spaziergang rund um die Alster: Was für eine schöne Stadt, beinahe so schön wie Amsterdam! Unversehens bin ich dann allerdings auf Abwege geraten. Nein, nicht auf der berüchtigten Reeperbahn in St. Pauli, aber dicht dabei, auf dem Weg zum Hafen. Da begegnete mir plötzlich dieser riesige Bismarck, der so finster dreinschaut und wie ein Scharfrichter sein Schwert schon bereithält, um allen Reichsfeinden und vaterlandslosen Gesellen und womöglich auch Niederländern den Kopf abzuschlagen.

Herr von Krockow, ich weiß, daß Sie Bismarck eine Biographie gewidmet haben, und da begegnet man einem Menschen, der sich spannungsreich, farbig, manchmal fast liebenswert ausnimmt. Aber was nur haben die deutschen Denkmalserbauer aus ihm gemacht! Als ich diesen Hamburger Finsterling anschaute, fiel mir ein Gedicht ein, ich weiß nicht mehr von wem. Es handelt von den zwei Ameisen, die wollten von Hamburg aus in die Welt bis nach Australien reisen. Und ungefähr heißt es dann:

»Aber in Altona auf der Chaussee,
da taten ihnen die Füße weh.
Und so verzichteten sie weise
auf den letzten Teil ihrer Reise.«

Die Füße taten mir vom vielen Herumlaufen auch schon etwas weh, und als ich zu dem bösen alten Scharfrichter aufschaute, fragte ich mich, ob ich der Weisheit der Ameisen folgen und umkehren sollte – und habe es dann doch nicht getan.

Am nächsten Tag war von Mecklenburg und Vorpommern leider wenig zu sehen; die müde Novembersonne, in Hamburg noch siegreich, hatte ihren Kampf gegen die Schleier aus Nässe und Nebel verloren. Immerhin bin ich, vorgewarnt, in Stralsund gleich in den richtigen Anschlußzug gestiegen.

Keine Stacheldrahthindernisse ausgelegt, keine Kugeln gegossen, keine Messer geschliffen: Die Überraschung gelang vollkommen. Kathrin wäre fast in Ohnmacht gefallen, wenn ich sie nicht aufgefangen hätte.

Wir haben lange Spaziergänge unternommen, am Wasser entlang, zur Küste hinaus. Wie wunderbar können solche Nebelwege sein, wenn man kaum etwas sieht und nur ab und zu die Vogelschreie hört, wie von verlorenen Seelen, die noch deutlicher machen, daß es ringsum so still ist. Freilich haben wir uns auch gleich wieder gestritten. Immerhin, sozusagen mit dem »unterzeichneten Waffenstillstand« in der Tasche bin ich schließlich wieder abgefahren. Und mit der Klarsicht, mit der ich mir dieses ferne, klitzekleine Greifswald und die Kathrin darin jetzt vorstellen kann.

Auch die beiden hinfälligen alten Damen kenne ich nun, bei denen sie wohnt, präzise so, wie Kathrin sie uns beschrieben hat. Formvollendet liebenswürdig, um nicht zu sagen gediegen die Frau Professor; offenbar legt sie Wert darauf, so angeredet zu werden, obwohl sie genaugenommen nur die Frau eines Professors war. Und eher herb die Frau Schulmeisterin.

Durch die beiden habe ich handgreiflich erfahren, was es mit dem pommerschen »Nötigen« auf sich hat. Mein überraschender Auftritt ließ keine Zeit mehr zum Kuchenbacken; dafür wurde aus einer Konditorei im Handumdrehen alles herbeitelefoniert, was vorrätig war, Torten und Berge von Schillerlocken, Schweinsohren, Schlagsahne und wer weiß was sonst noch. »Herr Jan, greifen Sie nur zu, es ist von allem genug da. Und denken Sie auch an die Schlagsahne.« – »Schmeckt es Ihnen denn nicht? Wir dürfen die schönen Sachen doch nicht verkommen lassen.« – »Bitte noch einmal, Sie sehen so schmal aus, gibt es in Holland denn so wenig zu essen?« Bei solchen Frontalangriffen auf die Schlankheit wundert es mich nur, daß Kathrin sich ihre für eine Deutsche untypische zierliche Figur – bis auf weiteres – bewahrt hat.

Lieber Herr von Krockow, damit schließe ich für heute, diesmal ganz ohne Fragen oder vorwitzige Bemerkungen über Deutschland und die Deutschen. Ich füge bloß noch an: Ohne Ihre Vermittlung, Ihr salomonisches »Einerseits« und »Andererseits« hätte ich meine Reise schwerlich gewagt und wäre sie bestimmt nicht so gut ausgegangen.

Dafür dankt Ihnen sehr

Ihr Jan

Lieber Herr von Krockow

Dem Dank von Jan schließe ich mich von Herzen an. Ja, die Überraschung war vollkommen; nichts hätte ich weniger erwartet als diesen Besuch. Jedenfalls meine lieben alten Damen waren der Situation gewachsen und hießen Jan gleich herzlich willkommen. Inzwischen würden sie sich am liebsten als Kupplerinnen betätigen und reden auf mich ein: »Wir haben uns schon Sorgen gemacht, daß Sie keinen Freund haben. Aber nun so ein netter und hübscher junger Mann – und aus Holland, aus Utrecht, denken Sie nur!«

Was das Nötigen betrifft, ist es keineswegs am Ende, sondern setzt sich noch immer fort. Seit Jan wieder abgereist ist, bestürmen mich meine Wirtinnen: »Liebe Kathrin, Sie müssen Ihrem Freund unbedingt Pakete mit nahrhaften Sachen schicken; er ißt nicht genug, wahrscheinlich bloß Tulpenzwiebeln und Tomaten, die ihm so wenig schmecken wie uns. Wie wäre es zum Beispiel mit einer guten pommerschen Spickgans? Jetzt in den Wochen vor Weihnachten ist doch die Zeit für sie.« (Zur Erklärung für ahnungslose Niederländer: Die Spickgans ist eine Gänsebrust, die, leicht durchsalzen, in ihre eigene Haut eingenäht und dann geräuchert wird.) Natürlich wurde mir gleich eine Kostprobe vorgesetzt, und ich kann nur bestätigen: Die Spickgans *ist* eine Delikatesse. Also wird mir wohl nichts anderes übrigbleiben, als tatsächlich ein Hilfspaket für die armen Leute im Westen zu schnüren.

Im Ernst, Herr von Krockow: Ohne Ihre Vermittlung hätte es diesen Besuch schwerlich gegeben, und ohne den Briefwechsel, den wir mit Ihnen führen, wären Jan und ich wohl längst schon in schmollendes Schweigen verfallen.

Darum möchte ich unser Gespräch auf keinen Fall abreißen lassen und Sie weiter mit Fragen bestürmen, diesmal zur Wiedervereinigung. Denn seit ich hier in Greifswald bin, rückt sie mir mehr und mehr auf den Leib. Aber was vor zehn Jahren geschah, ist für mich fast schon so fern wie die Erzählung der Großmutter, die mit ihrer Märchenstunde beginnt.

»Es war einmal ein sehr böser Wolf, allerdings schon alt und etwas zahnlos, der hieß Erich Honecker oder Egon Krenz oder STASI, und die Leute fürchteten sich sehr vor ihm. Aber dann gab es das tapfere Rotkäppchen, das ließ sich nicht erschrecken. Es wollte seine Oma im Westen besuchen und machte sich auf den Weg, mit einem Korb voll Kuchen und Wunderäpfeln, auf denen in großen Buchstaben ›Bürgerrechte‹ und ›*Wir* sind das Volk‹ oder wahlweise ›Wir sind *ein* Volk‹ geschrieben stand. Um den Weg zu versperren, hatte der böse alte Wolf eine hohe Mauer gebaut, doch das Rotkäppchen bewarf sie mit seinen Äpfeln, und die Mauer fiel um. Und alle Leute liefen herbei und riefen ›Wahnsinn!‹, weil sie kaum glauben konnten, was geschehen war, und winkten und fielen sich in die Arme und weinten vor Freude. Und wenn sie nicht gestorben sind, dann weinen sie noch heute.«

Den Abend oder die Nacht, in der das geschah, am 9. November 1989, habe ich nicht so spannend erlebt wie Sie in Warschau. Nein, ich habe geschlafen, denn ich war damals vierzehn Jahre alt und kümmerte mich wenig um Politik. Bloß am nächsten oder übernächsten Tag haben wir an der Straße gestanden und all den putzigen kleinen Autos zugewinkt, die plötzlich da waren; Ratzeburg war ganz voll von ihnen, denn es liegt ja sehr nahe an der Grenze zu Mecklenburg, die vorher undurchdringlich gewesen war. »Es ist schön, es ist wunderbar«, sagte mein Vater, doch war ich anderer Meinung, weil diese Autos lauter knatterten und viel mehr stanken als unsere. Die ganze Straße war blau von ihrem Qualm. Aber am Montag in der Schule sollten wir in die Aula kommen und alle zusammen singen: »Einigkeit und Recht und Freiheit für das deutsche Vaterland …« Da haben wir uns wirklich gefreut, weil die Klassenarbeit ausfiel, die eigentlich auf dem Programm stand.

Ja, so ungefähr sieht das aus, was ich noch im Gedächtnis habe. Ich weiß sehr wenig von der Wiedervereinigung, und wenn ich meine Mitstudenten befrage, gleich ob aus dem Osten oder dem Westen, dann wissen sie auch nicht mehr. Die Bewegung der Bürgerrechtler, die Gebete und Predigten in den

Kirchen, die ständig anschwellenden Demonstrationen in Leipzig und anderswo, Helmut Kohl, wie er Michail Gorbatschow die DDR und den Rückzug der Sowjetarmee abkaufte oder abschwatzte, Wolfgang Schäuble und ein gewisser Herr Krause, die einen Vertrag aushandelten? Natürlich hat man davon gehört und gelesen. Aber alle zucken die Schultern: Das war einmal, und schon lange ist's her. Was geschehen ist, ist geschehen, es lohnt sich kaum mehr, darüber zu reden. Man muß sich damit abfinden und das Beste daraus machen.

Nur einer, wohlgemerkt aus dem Westen, hat ziemlich verdrossen geknurrt und dann sehr ironisch ein Lied zitiert, das an die Schrecken des Dreißigjährigen Krieges erinnert: »Eine Mauer um uns baue, singt das fromme Mütterlein...« Und als wir unter uns waren, ohne Ossis, hat er den Witz erzählt, der damals – 1990 – umgegangen sein soll: Vor einer westlichen Ladenkasse hat sich eine lange Schlange gebildet, weil so viele Leute aus dem Osten das Kaufhaus stürmten. Einer von denen murrt: »Immer anstehen und warten – das ist ja fast wie bei Erich.« Darauf dreht sich vor ihm ein anderer Mann – *ein Türke* – um, droht mit dem Finger und sagt: »Wir euch nicht gerufen.«

Ein Grauschleier oder Raureif, schwerlich zu leugnen, ist auf die Anfangsfreude gefallen und will nicht mehr weichen. Warum ist das so? Natürlich kostet der »Aufbau Ost« den westlichen Steuerzahler viel Geld – weit mehr, als man anfangs gedacht hat, und entsprechend groß ist der Katzenjammer. Umgekehrt beklagt meine glücklich und rechtzeitig in den Ruhestand verabschiedete Schulmeisterin den Absturz der neuen Bundesländer in die Unsicherheit und Arbeitslosigkeit, der die Frauen noch härter trifft als die Männer. Beides kann ich verstehen.

Aber gibt es denn keine Gegenbilanz? Ist die Frau Professor nicht auch im Recht, wenn sie sagt, daß das Geld wieder etwas wert ist, daß man das ererbte Haus neu herrichten und daß man lesen und sagen kann, was man will? Oder wie steht es mit der Reisefreiheit, mit der Möglichkeit für die Holsteinerin in Greifswald, für einen Pommern in Hamburg oder Göttingen zu studieren? Wie mit der Rettung der alten Stadtkerne aus dem Verfall? Hier in Greifswald – und anderswo: in Stralsund, Anklam, Wolgast – kann man sich noch davon überzeugen, wie weit er schon gediehen war. Und wie ist es mit dem Telefonwunder der Telekom, mit dem Straßenbau, mit dem Aufblühen von Rügen und Usedom fast wie in Helmut Kohls Verheißung? Oder wie mit dem Abzug der Russen, dem Ende des Kalten Krieges?

Ich bin nun schon über zwei Monate hier, aber mehr denn je fühle ich mich ratlos. Was man gewonnen hat, wird als selbstverständlich hingenommen – und um so lauter beklagt, was man verloren hat oder wofür man bezahlen soll. Offenbar waren die Deutschen nicht darauf vorbereitet, miteinander Deutsche zu sein, und finden sich darin nur mit Mühe und Unbehagen zurecht.

Die Germanistin begegnet der eigenen Ratlosigkeit mit der Zuflucht im Lesen: Was haben die Schriftsteller zu sagen? Doch bei denen scheint erst recht der Trübsinn eingezogen zu sein, gerade bei denen, die ich schätze, etwa bei Christa Wolf oder bei Stefan Heym. Schon im Dezember 1989, als bei den meisten helle Begeisterung herrschte, hat Heym geschrieben:

»Aus dem Volk, das nach Jahrzehnten Unterwürfigkeit und Flucht sich aufgerafft und sein Schicksal in die eigenen Hände genommen hatte und das soeben noch, edlen Blicks, einer verheißungsvollen Zukunft zuzustreben schien, wurde eine Horde von Wütigen, die, Bauch an Bauch gedrängt, Hertie und Bilka zustrebten auf der Jagd nach dem glitzernden Tinnef. Welche Gesichter, da sie, mit kannibalischer Lust, in den Grabbeltischen, von den westlichen Krämern ihnen absichtsvoll in den Weg plaziert, wühlten; und welche geduldige Demut vorher, da sie, ordentlich und folgsam, wie's ihnen beigebracht worden war zu Hause, Schlange standen um das Almosen, das mit List und psychologischer Tücke Begrüßungsgeld geheißen war von den Strategen des Kalten Krieges.«

Offenbar hatte Heym zunächst gar nicht an die Wiedervereinigung und ihre Begleiterscheinungen gedacht, sondern an eine im Zeichen des wahren Sozialismus erneuerte DDR. Davon zeugt auch seine Rede vom 4. November 1989 auf dem Berliner Alexanderplatz.

Noch mehr als Heym schätze ich Günter Grass, und bei ihm sieht es noch düsterer aus. Aus seinen Reden und Schriften um 1990 lese ich nichts als Verdrossenheit heraus – oder die blanke, gewiß ehrliche Angst vor dem, was der neue deutsche Nationalstaat mit seiner »ungeschickten Größe« wohl anfangen könnte. Aber ist diese Angst denn berechtigt? Und dann sein großer Roman zum Thema: »Ein weites Feld.« Wie sehr ich mich durch die endlosen Seiten quälen mußte! Und was eigentlich steht darin? Würde mich jemand um eine Inhaltsangabe des umfangreichen Buches bitten, geriete ich in Verlegenheit und würde mich womöglich auf drei Worte beschränken: »Mir ist mies.«

Auch wenn ich Gefahr laufe, naiv zu erscheinen, so kann ich persönlich nur sagen: Mir ist nicht mies. Im Gegenteil, ich freue mich, in Greifswald zu sein, und meine beiden alten Damen freuen sich darüber, daß ich bei ihnen bin und daß mir nichts dir nichts ein junger Mann aus Holland bei ihnen auftaucht.

Lieber Herr von Krockow, jetzt habe ich vor Ihnen ausgebreitet, was mich beschäftigt. Wahrscheinlich rede ich Unsinn, und ich weiß nicht, ob Sie etwas damit anfangen können. Um so gespannter warte ich schon auf Ihren nächsten Brief, in der Hoffnung, der Erwartung, Neues zum Thema Wiedervereinigung zu erfahren!

Darum grüßt Sie herzlich und dankbar

Ihre Kathrin

Liebe Kathrin, lieber Jan,

mit Freude habe ich Ihre beiden Briefe gelesen. Es bewegt sich also etwas zwischen Utrecht und Greifswald: Nur zu und weiter so! Die Wiedervereinigung muß eben doch nicht ein Traum bleiben, und nicht nur beim Rotkäppchen gibt es den guten Ausgang.

Was sonst die Wiedervereinigung angeht, handelt es sich wirklich um ein weites Feld. Damals, als der Vorhang zu ihr sich unerwartet öffnete, in der bewegenden Nacht des 9. November 1989, hat der Regierende Bürgermeister von Berlin, Walter Momper, die Deutschen »das glücklichste Volk auf der Welt« genannt, und das waren wir wohl auch. Doch das dauerte nicht; der Umschwung zur verdrossenen Nation, wenn nicht gar zur verdrossensten, folgte sehr bald.

Aber warum? Was steckt dahinter, wie soll man den Pendelschlag erklären? Manchmal denke ich: Wir Deutschen sind und bleiben dazu verurteilt, unsere Feindbilder zu pflegen. »Viel Feind', viel Ehr«: An ihnen richten wir uns auf, denn sie sagen uns, daß wir wichtig sind und eine Aufgabe haben. Nur der Feind macht uns einig und stark, er verschafft uns Profil, Mut und Opferbereitschaft: Auf in den Kampf!

Wir haben ja schon davon gesprochen, daß Bismarck groß war im Erfinden von Feinden, und daß die Deutschen ausgerechnet dies von ihm gelernt haben. Denken Sie, Jan, an den finsteren Riesen von Hamburg, der Sie so erschreckt hat – und mit Recht. Oder man denke an die Begeisterung beim Ausbruch des Ersten Weltkriegs – und später für Adolf Hitler.

Doch dies ist etwas, was 1945 leider *nicht* aufhörte. Auch die Bundesrepublik und die DDR sind mit ihren Feindbildern geboren worden und aufgewachsen: Hier das Schreckensbild vom Kommunismus, dort vom imperialistischen Klassenfeind. Beide Staaten waren Ziehkinder des Kalten Krieges zwischen Ost und West und jedenfalls die Bundesrepublik einer der Kriegsgewinner. Als dieser Kalte Krieg ans Ende kam, war die DDR verloren, weil sie allein als Wirtschaftsunternehmen oder als Produzent von olympischen Siegen sich schwerlich rechtfertigen ließ.

Doch sogar die Bundesrepublik geriet in Schwierigkeiten, obwohl man das erst bemerkte, als der erste, übereilte Siegesrausch der Ernüchterung wich. Ihr Feindbild zerfiel mit der Berliner Mauer, im Grunde also auch schon in dieser Schicksalsnacht des 9. November 1989, und nicht einmal die Sowjetunion ist uns seither geblieben. Wir sind nun, wie jemand gesagt hat, »von Freunden umzingelt«, und offenbar schlägt uns das aufs Gemüt.

»D-Mark und Goldmedaillen bilden den Kern des deutschen Nationalbewußtseins«, hat der Historiker Rudolf von Thadden noch zu Lebzeiten der alten Bundesrepublik und der DDR gesagt – hüben die D-Mark und drüben die Medaillen. Aber daß so etwas genügt, um ein Volk zu vereinen und ihm Selbstbewußtsein zu geben, scheint höchst zweifelhaft.

Womöglich, lieber Jan, hängt vieles von dem, was Ihnen als die deutsche Angespanntheit und Murrköpfigkeit aufgefallen ist, mit diesem Verlust der Feindbilder zusammen. Und wohl auch die gegenseitigen Schuldzuweisungen erklären sich daraus: der »Wessis« an die »Ossis«, weil sie so wehleidig sind, der »Ossis« an die »Wessis«, weil sie sich so verständnislos zeigen. Oder man denke an die Ausbrüche von Fremdenhaß. Der verlorene Feind bereitet Phantomschmerzen, und man sucht nach Ersatz. Aber es ist nichts mehr übrig, was dazu taugt, und wir sind um Antworten verlegen, wenn wir sagen sollen, was unsere »Identität«, das Bindemittel der glücklich oder unglücklich wiedergewonnenen Einheit ausmacht.

Bei den Schriftstellern muß man zunächst einmal unterscheiden. Liebe Kathrin, ich teile Ihre Wertschätzung von Stefan Heym. Als alter Mann wollte er sich seinen Jugend- und Lebenstraum vom humanen Sozialismus nicht zerstören lassen, für den er gekämpft und gelitten hatte; er hoffte auf die Verwirklichung in einer gewandelten DDR, die ihre eigenen Ideale und Versprechungen nicht länger mit Füßen trat. Wer will ihm das verdenken? Um so größer war seine Enttäuschung, als die

Mehrheit der Menschen vom Träumen nichts mehr wissen wollte – oder wenn doch, dann vom westlichen Wohlstand.

Wer wiederum will das den Leuten verdenken? Aus dem Zusammenstoß des Unvergleichbaren erklärt sich die Bitterkeit des Textes, den Sie zitieren. Zu ihm allerdings hat Heyms Kollegin Monika Maron – die aus der DDR stammt, aber schon länger in der Bundesrepublik lebte – mit schneidender Schärfe angemerkt:

»Heym denunziert sich in diesen Sätzen selbst, indem er seinen idealischen Anspruch als das erkennen läßt, was er ist: die Arroganz des Satten, der sich vor den Tischmanieren einer Ausgehungerten ekelt. Wäre Heym ein Einzelfall, könnte ich diese Entgleisung ertragen und darüber schweigen. Aber Heym ist kein Einzelfall. Er wagt in seinem patriarchalischen Selbstverständnis und geschützt durch seine achtenswerte Biographie nur einen besonders harschen Ton.«

Freilich, Monika Maron ist hier Partei, wie andere, zum Beispiel Wolfgang Biermann, die von der DDR ausgestoßen wurden oder flohen, weil sie es unter ihrer Maßregelung nicht mehr aushielten. Ich denke, daß wir, die nie solchen Zerreißproben ausgesetzt waren und immer in der Bundesrepublik lebten, jedenfalls nicht voreilig Beifall klatschen oder »Buh!« rufen und uns beim Urteilen und Verurteilen zurückhalten sollten Die Gefahr ist sonst groß, daß wir zu Pharisäern mißraten.

Ach, und dann Günter Grass. Ihn schätze ich ganz besonders – und falle ihm mit meiner Bitte auf die Nerven, uns doch endlich die kaschubischen Geschichten aufzuschreiben, die in ihm stecken und mit Ungeduld darauf warten, daß sie das Licht der Welt erblicken. Sie erinnern sich, Kathrin, bestimmt an die neun oder zehn Seiten am Anfang der *Blechtrommel*, die von der kaschubischen Großmutter auf dem herbstlichen Kartoffelacker erzählen. Oder haben Sie nicht selbst schon davon gesprochen, in einem Ihrer früheren Briefe? Was für eine wunderbar sinnliche, barocke Sprache, in der deutschen Nachkriegsliteratur einzig und unerreicht! Warum nur, frage ich mich, hat Heinrich Böll und nicht Grass den Nobelpreis für Literatur erhalten?

Aber in dem ausladenden Roman ist dann von der kaschubischen Sippschaft nicht weiter die Rede, sondern bloß von der deutschen Kleinbürgerfamilie in Danzig. Dabei hat Grass selbst – in dem urwüchsigen Dialekt, der zur Sache gehört und den ich nicht widergeben kann – mir die Geschichte erzählt, die der Anfang seines Buches sein könnte: Der junge Günter ist in den Sommerferien beim kaschubischen Onkel auf dem Lande, stöbert herum und entdeckt in einem Schrank auf dem Dachboden zwei Fahnen: die polnische und die mit dem Hakenkreuz. »Onkel, was soll denn das?« – »Nu, was weiß ich, wer da wird zuerst kommen anmarschiert.«

Lieber, verehrter Günter Grass, wie können Sie es verantworten, Ihre Geschichten *nicht* zu erzählen? Ich fürchte, ich weiß: Sie werden mit Ihnen untergehen und für immer verloren sein. Denken Sie an Rainer Maria Rilke, der über die Dinge, die wir noch kennen, aber die Nachgeborenen nicht mehr, gesagt hat: »Auf uns ruht die Verantwortung, nicht allein ihr Andenken zu erhalten (das wäre wenig und unzuverlässig), sondern ihren humanen und larischen Wert. (›Larisch‹, im Sinne der Haus-Gottheiten).«

Verzeihung, ich verliere mich und eile zum Ausgangspunkt zurück. Mit dem Grass, der über die Wiedervereinigung den Stab bricht, kann ich überhaupt nichts anfangen. Wie nur darf man – aus gesichertem westlichen Abstand – den Untergang der DDR beklagen, in der es angeblich so gemütvoll zuging? Wörtlich kommt da der Begriff des leider verlorenen Biedermeier ins Spiel – als wenn dessen politische Kehrseite nicht die Polizeigewalt, die Bespitzelung und Bevormundung, die unerbittliche Unterdrückung aller freiheitlichen Bestrebungen gewesen wäre. Nein, ich glaube, daß Grass sich da selbst in die Sackgasse des Zensors und nörgelnden Besserwissers verrannt hat; fast folgerichtig scheint mir dann auch, daß *Ein weites Feld* gründlich mißlungen ist.

Bei den Schriftstellern aus der ehemaligen DDR kommt etwas hinzu, was ihr Unbehagen an der Wiedervereinigung vielleicht erklärt: Sie waren geachtet, selbst wenn sie manchmal drangsaliert wurden; die Leser liebten sie und lasen sehr genau, was als Kritik an den herrschenden Zuständen zwischen den Zeilen geschrieben war. So bot die Literatur, und fast nur sie, eine Möglichkeit zum Durchatmen und zur Besinnung, zur Hoffnung auf ein Leben ohne die Vormünder. Inzwischen, auf dem kapitalistischen Marktplatz, herrschen Stimmengewirr und ein Geschrei wie von Fischverkäufern. Und was eigentlich ist man da noch – außer eben ein literarischer Fischverkäufer neben all den anderen? Man muß den drastischen Bedeutungsverlust selbst dann noch in Kauf nehmen, wenn man fangfrische Ware liefert und gutes Geld verdient. Nicht jeder bringt da die Gelassenheit eines Günter de Bruyn auf.

Die westlichen Kollegen wiederum leiden an dem deutschen Mißverständnis von Geist und Macht. Es ist nicht neu, sondern kommt wie eine Erbkrankheit von weither, zumindest schon aus dem Biedermeier, das heißt aus der Metternichzeit. Dem österreichischen Fürstkanzler sozusagen auf dem Fuße folgte der deutsche, Otto von Bismarck – ein Sprachkünstler von eigenem Rang, aber gewiß kein Freund der Schreiberlinge. Man lese, was Theodor Fontane – besonders in seinen Briefen, weil er mehr kaum wagen konnte – über ihn gesagt hat. Oder dann Frank Wedekind oder Ludwig Thoma über Kaiser Wilhelm II. Der deutsche Aufbruch in den Ersten Weltkrieg wurde allerdings voreilig als Versöhnung, Vermählung von Geist und Macht gefeiert, und viele haben sich dabei die Finger verbrannt – bis hin zu Thomas Mann.

Ähnlich die Historiker, die Professoren überhaupt. Einer, der noch wußte, wovon er sprach, hat mir, dem damals jungen Studenten in Göttingen, gesagt: »Herr von Krockow, ich gebe Ihnen einen dringenden und guten Rat: Halten Sie den Mund und legen Sie die Feder hin, sobald ein Krieg ausbricht. Denn später wird Ihnen nur peinlich sein, was Sie gesagt und geschrieben haben.« Ja, aber wer beherzigt den Rat? Man sehe sich aktuell um oder blättere zurück: Wenn in Vietnam, in Nicaragua, am Persischen Golf, auf dem Balkan ein Konflikt oder Krieg ausbricht, springen alle herbei. Denn man möchte, endlich wieder einmal, etwas anderes und mehr sein als ein Fischverkäufer: das Gewissen oder der Ankläger und Bußprediger der Nation.

Die Weimarer Republik schien bessere Möglichkeiten zu bieten als das Kaiserreich, vielleicht darum, weil sie selbst so ohnmächtig war. Für die Künste, das Theater und die Literatur von Rang brach ein beinahe goldenes Zeitalter an. Genau darum aber war die Republik bei den Spießbürgern verhaßt, und die nationalsozialistische »Machtergreifung« brachte den um so härteren Gegenschlag, die Verbrennung der Bücher und die Vertreibung des Geistes ins Exil.

In der Bundesrepublik gab es zwar Meinungsfreiheit, aber die politische Macht, wie Konrad Adenauer sie verkörperte und sehr straff in seinen alten Händen hielt, war wiederum nicht nach dem Geschmack der Schriftsteller. Niemand fragte sie um Rat, sie redeten von der Restauration und galten als notorische Miesmacher. Adenauers Nachfolger Ludwig Erhard hat gar von den »Pinschern und Banausen« gesprochen. Nur einmal, unter Willy Brandt, sah es anders aus; folgerichtig haben Günter Grass und viele andere für ihn geworben. (Ich selbst bin 1969 wegen der neuen, die Versöhnung suchenden Ostpolitik der SPD beigetreten.) Doch das waren nur Flitterjahre, im Nu vorüber, eine Ausnahme von der deutschen Regel des Gegensatzes von Geist und Macht. Schon in Helmut Schmidt erkannten nur wenige sich wieder, in Helmut Kohl fast niemand mehr. Seine Meisterschaft, mit der er die Wiedervereinigung improvisierte und ans Ziel brachte? Nein, nein, man wollte Utopie, die bessere Zukunft, die man, wie entstellt auch immer, in der DDR angelegt sah, nicht dem schnöden Kapitalismus zum Opfer bringen. Grass war darin nur der Stimmführer einer verbreiteten Stimmung.

Die besseren Möglichkeiten? Vielleicht hat es sie einmal gegeben – als ein Traumgebilde jenseits der Realitäten. Das hat die Schriftsteller aus der – durchweg westlichen – Emigration angezogen, die die DDR zu sich rief und die zu ihr kamen, wie Bertolt Brecht, Anna Seghers, Arnold Zweig, auch Stefan

Heym. Aber in den Traum war stets der Alptraum gemischt – und um so bitterer das Erwachen. Den bittersten Kehrausreim aufs wirkliche Geschehen hat sich Brecht unter dem Titel *Die Lösung* geschrieben:

»Nach dem Aufstand des 17. Juni
Ließ der Sekretär des Schriftstellerverbands
In der Stalinallee Flugblätter verteilen,
Auf denen zu lesen war, daß das Volk
Das Vertrauen der Regierung verscherzt habe
Und es nur durch verdoppelte Arbeit
Zurückerobern könne. Wäre es da
Nicht doch einfacher, die Regierung
Löste das Volk auf und
Wählte ein anderes?«

Nur eben: Die Illusion blieb, daß die DDR bloß verzerrte, was im Sozialismus als Hoffnung, als Utopie angelegt war. Ja, die Utopie *sollte* bleiben. Wörtlich bezeichnet sie den Ort Nirgendwo – also die Zuflucht, das Traumland deutscher Dichter und Denker, die mit der politischen Praxis stets so wenig zu tun hatten. Wenn sie zerfiel, war nicht Freude, sondern Bitterkeit angesagt. Was wog dagegen die Wiedervereinigung als banale Wirklichkeit? Nochmals nein: Sie erschien nicht als Auftrag des Geistes, sondern weit eher und schnöder als Sache des Geldes, eines »D-Mark-Nationalismus«, wie der Philosoph Jürgen Habermas es ausgedrückt hat.

Ich weiß, liebe Kathrin: Dies sind keine heiteren Betrachtungen. Aber es ging ja darum, die Mißstimmung zu erklären, in die wir geraten sind. Fortsetzung folgt, so hoffe ich – und womöglich sogar bis ins Positive hinein.

Mit herzlichen Grüßen bleibt Ihnen und Jan verbunden Ihr
Christian Krockow

Zehntes Kapitel

Von deutschen und anderen Menschen

Lieber Herr von Krockow,

vielen Dank für Ihre schnelle Antwort. Ich verstehe nun besser, warum manche Schriftsteller oder sonstige Leute, die die Berufung verspüren, Sachwalter des Geistes zu sein, zu Meinungsführern des deutschen Mißvergnügens geworden sind.

Wenigstens halbwegs begreife ich auch die dumpfe und dumme Suche nach Ersatzfeinden, die in *den anderen*, den »Asylanten«, den »ausländischen Mitbürgern«, den Zugereisten oder den als »Gastarbeitern« einmal ausdrücklich ins Land Gerufenen sich ihr Ziel sucht. Fremdenhaß als Glut aus der Asche des Kalten Krieges, mit dem die ehrenwerten Feindbilder zerbrachen. Es war wohl wirklich kein Zufall, daß bald nach der Wiedervereinigung diese schrecklichen Brandfackeln geschleudert und nur mühsam ausgetreten wurden, auch vor meiner holsteinischen Haustür, in Mölln zum Beispiel oder in Lübeck.

Aber jetzt, hier im Osten, rückt mir das Unheimliche womöglich noch näher. Manchmal scheint es so, als könnten die »Ossis« niemanden leiden außer sich selbst, natürlich die arroganten »Wessis« nicht, die über sie gekommen sind – und alle übrigen erst recht nicht. Höchst abschätzig redet man von ihnen, sogar von den Türken, obwohl oder weil man kaum einen zu sehen bekommt; die Müllabfuhr ist noch in deutscher Hand. Und noch viel schlimmer wird es, wenn man auf die

Nachbarn im Osten zu sprechen kommt, die Polen, vielmehr die »Polacken«, diese Faulpelze mit ihrer nichtsnutzigen »polnischen Wirtschaft«!

Selbst meine alten Damen zeigen sich entsetzt, wenn ich andeute, daß ich bei besserem Wetter gern einmal über Usedom hinaus auf die Nachbarinsel Wollin oder nach Stettin fahren möchte. Fast sieht es so aus, als lauere da hinter jedem Baum ein Fahrrad- oder Autodieb oder ein Frauenschänder.

Immerhin gibt es noch Lernbereitschaft. Ich habe jetzt einen polnischen Kommilitonen kennengelernt, der aus Stettin mit einem Stipendium nach Greifswald kam, Adam Skowron, gut aussehend und formvollendet. Vor seinem Kavaliershandkuß, bei uns beinahe ausgestorben, aber in Polen noch längst nicht verloren, schmolzen die Frau Professor und auch die Frau Lehrerin nur so dahin. »Nun gut«, sagten sie später, »man soll ja nicht verallgemeinern, und es gibt wohl Ausnahmen von der schlechten Regel.«

Adam hat mir davon erzählt, was im Zweiten Weltkrieg in Polen geschah. Sein Urgroßvater wurde in Posen von Haus und Hof vertrieben, um für deutsche Ansiedler Platz zu schaffen. Ein Großonkel fiel im September 1939 als junger Soldat. Ein anderer – kein Jude! – wurde in Auschwitz umgebracht. Was nur haben die Völker in diesem finsteren 20. Jahrhundert sich angetan! Um so schlimmer ist dieser Hochmut, diese Polenverachtung, der ich hier begegne.

Lieber Herr von Krockow, was soll man da tun? Kann es Versöhnung geben?

Noch eines, da ich schon beim Fragen bin: Augenblicklich regen die Leute sich auf über ein neues Staatsbürgerrecht, das man einführen will und das die Einbürgerung der ausländischen Mitbürger erleichtern soll. Die einen meinen, daß es auf Zeit die doppelte Staatsangehörigkeit und zwei Pässe geben darf, den anderen erscheint das wie ein Vorspiel zum Untergang Deutschlands. Was halten Sie davon?

Wie so oft schon mit der Bitte, nachsichtig zu sein, wenn ich Sie mit allem überfalle, was mich beschäftigt, sende ich Ihnen meine beste Grüße,

Ihre Kathrin

Lieber Herr von Krockow, liebste Kathrin

eigentlich möchte ich mich bei dem jetzt angeschnittenen Thema gar nicht einmischen. Wie die Deutschen mit ihren »ausländischen Mitbürgern« oder mit den Polen umgehen, das ist ihre Sache.

Nur eines. Ich habe manchmal den Eindruck, als ob sie sich schlechter machen, als sie sind – oder als wollten sie noch immer etwas Besonderes sein, wenn schon nicht zum Guten, dann eben zum Bösen. Doch wenn man vergleicht, stehen die Deutschen noch nicht einmal so finster da. Die Brandfackeln wurden ausgetreten, als Zeichen der Versöhnung leuchteten Lichterketten durchs Land, und die Rechtsradikalen haben wenig Zulauf. Sie bleiben eine Randerscheinung, trotz des Wehegeschreis, das sie umtost.

Ich will die Fremdenfeindlichkeit gewiß nicht kleinreden, denn es gibt sie. Aber anderswo gibt es sie auch. Wir Niederländer zum Beispiel sind sehr stolz darauf, die Toleranz sozusagen erfunden zu haben und seitdem ihr Statthalter zu sein. Aber es fällt uns nicht leicht, mit anderen umzugehen, etwa mit den »Schwarzköpfen«, wie wir sie nennen – Menschen aus Indonesien, die mit uns gegen die Nationalbewegung gekämpft haben und gerettet werden mußten, als wir abzogen. Die Konflikte steigerten sich bis zur Geiselnahme eines Zuges durch diese »Schwarzköpfe« – und zur Erstürmung des Zuges durch unsere Elitesoldaten.

Wenn man sich weiter umschaut: Wo wäre es besser? Wie lange schon und wie schwer tragen die Amerikaner an ihrem Rassenproblem! Oder wie sieht es in Frankreich aus, wie kommt man dort mit den Zuwanderern aus Nordafrika, aus

Algerien und Marokko zurecht? Woher stammt denn die rechtsradikale Bewegung des Herrn Le Pen? »Frankreich den Franzosen«: Ist das nicht seine Parole? So könnte man weitergehen von Haus zu Haus und anklopfen; überall verriegelt die Angst die Türen, überall erklärt man die Gäste zu Eindringlingen und wünscht sie zum Teufel.

Manchmal denke ich, daß die Furcht vor dem Unbekannten und Fremden uns angeboren ist. Was geschieht, wenn wir ein Lokal betreten, um zu essen? Falls wir allein sind, müssen wir unbedingt einen Platz mit dem Rücken zur Wand finden, von dem aus wir den Eingang im Auge behalten. Es könnte ja ein Bär in unsere Höhle eindringen – vom Bratenduft angelockt – oder ein Neandertaler mit der Keule. Erst wenn wir zu zweit sind und der Partner uns die Wache abnimmt, macht es uns nichts mehr aus, wenn wir der Tür den Rücken zukehren.

Mag sein, daß dieser Vergleich etwas hinkt, aber was ich sagen wollte, ist, daß wir Menschen womöglich eine uralte Erblast mit uns tragen und daß man diese Fremdenangst nur mit Mühe beschwichtigen kann, damit sie die moderne Zivilisation nicht zerstört. Und auch die Deutschen sind Menschen und nicht aus der Art geschlagen, selbst wenn sie das nicht wahrhaben wollen.

Mit diesem weisen Zwischenruf verabschiedet sich von Ihnen, Herr von Krockow, und von Dir, liebste Kathrin, für heute der vorwitzige

Jan

Liebe Kathrin, lieber Jan!

Wenn die jungen Leute einen alten Mann mit Fragen und Weisheiten bestürmen, dann ist es manchmal nicht leicht, ihnen standzuhalten. Und wie stets, wenn es schwierig wird, zieht er sich erst einmal in die Geschichte zurück.

Zunächst zur Aufregung um ein neues Staatsbürgerrecht. Sie

erinnern sich an den deutsch-französischen Zank um das Elsaß, von dem wir gesprochen haben? Die Franzosen sind sozusagen eine Bekenntnisnation: Wer im Lande geboren wurde und sich zu Frankreich bekennt, ist Franzose, ganz gleich, wie sonst seine Abstammung aussehen mag. Weil also die Elsässer sich zu den Errungenschaften von 1789 bekennen, sind sie Franzosen.

Die Deutschen redeten von der Sprache und Herkunft, von der Blutsbruderschaft, der Stammesnation: Die Elsässer sind Alemannen, also gehören sie zu uns. Folgerichtig hat man die Elsässer auch gar nicht erst gefragt, ob sie dem neuen deutschen Reich angehören wollten oder nicht. Zur Forderung einer Volksabstimmung schrieb die angesehene und als liberal geltende *Augsburger Allgemeine Zeitung* schon am 31. August 1870: »Hübsch: Die Kinder sollen darüber abstimmen, ob sie die Kinder ihrer Mutter seien ... Mit der Rute müssen wir leider anfangen. Die entarteten Kinder müssen unsere Faust fühlen. Der Züchtigung wird die Liebe folgen, und diese wird sie wieder zu Deutschen machen.«

Ganz so drakonisch geht es heute nicht mehr zu, aber im überkommenen Recht und in unseren Vorstellungen spukt noch immer die Abstammungsnation, daher die sonderbaren Ergebnisse. Wer nachweisen kann, daß er deutsche Vorfahren hatte, der ist willkommen und darf mit den Papieren rechnen, die ihn zum deutschen Staatsbürger erklären – sogar dann, wenn er die Sprache gar nicht mehr spricht. Anders und schlechter ergeht es dem Türkenjungen, der in Stuttgart oder Berlin aufwuchs und lupenrein schwäbelt oder berlinert. Obwohl er sich als Berliner oder Schwabe fühlt, hat er in Anatolien zu Hause zu sein. Hier will das neue Staatsbürgerrecht Abhilfe schaffen, und das erschreckt die Konservativen.

Ich meine, daß der Wandel überfällig ist. Die Bekenntnisnation und nicht die Herkunftsnation entspricht dem demokratischen Prinzip: »Die Würde des Menschen ist unantastbar«, heißt es am Anfang unserer Verfassung, und zu seiner Würde gehört, daß er, wenn er mündig geworden ist, selbst darüber entscheidet, ob er für sein weiteres Leben ein Deutscher, ein Türke oder sonst etwas sein will.

Was nun die Angst vor Fremden angeht und die Aggression, die daraus hervorbricht, berufe ich mich nicht auf die Geschichte, sondern auf die Weisheit aus Utrecht. Es ist wohl wirklich so, daß es in uns eine Urangst vor dem Höhlenbären oder dem Eindringling mit der Keule gibt. Jedes »multikulturelle« Miteinander stellt ein höchst zerbrechliches Kunstwerk der Zivilisation dar, das nur mit Mühe und langfristig geschaffen, aber sehr rasch wieder zerstört werden kann. Das heißt auch, daß man behutsam vorgehen muß, Schritt für Schritt, um neue Gewohnheiten zu schaffen, in denen man sich zu Hause und sicher fühlt. Es nützt nichts, wenn man die Menschen überfordert und sie dann noch beschimpft, weil sie nicht so reagieren, wie sie sollten.

Darum ist es mir stets als ein Fehler erschienen, wenn man sehr bald nach der Wiedervereinigung den neuen Bundesländern anbefahl, ihren Anteil an Asylbewerbern zu übernehmen. Wir Westdeutschen hatten über Jahrzehnte Zeit, uns an den Umgang mit Fremden zu gewöhnen; die Ostdeutschen hatten sie nicht. Sie waren schon mehr als genug damit beschäftigt, sich in den Umsturz ihrer Lebensverhältnisse einzugewöhnen, und wenn sie dabei Schwierigkeiten bekamen, lag es nur zu nahe, daß sie nach Sündenböcken suchten und sie dort fanden, wo sie selbst noch als Starke gegenüber den Schwachen auftreten konnten. Wenn dann der Fremdenhaß aufbrandete, hieß es im Westen: Da sieht man wieder, was für bornierte und böse Leute es dort drüben gibt. Nein, umgekehrt, die Torheit lag im Westen, bei der Bundesregierung und den alten Bundesländern, die in falsch verstandener Gleichmacherei dem Osten aufbürdeten, was der nicht, noch nicht tragen konnte.

Und jetzt zur Versöhnung. Sie gehört zu unserem deutschen Thema, jedenfalls dann, wenn wir über den Augenblick hinaus nach der Zukunft fragen.

Persönliches vorweg: Sie wissen, daß ich aus Hinterpommern stamme, das einmal zum deutschen Osten gehörte und seit 1945 zum polnischen Westen geworden ist – wie Ostpreußen, Danzig, die brandenburgische Neumark und Schlesien. Ich bin dort geboren und aufgewachsen; das ist für mich und bleibt lebenslang, was wir Heimat nennen.

Wie wird man damit fertig, sie verloren zu haben? Es gibt zwei Möglichkeiten. Die eine klammert sich an die Hoffnung auf Heimkehr; irgendwie und irgendwann wird wundersam der Schicksalsfluch sich auflösen und das polnische (oder für die Sudetendeutschen das tschechische) Gespenst verschwinden, als hätte es das niemals gegeben. Wir werden nach Hause fahren, und alles wird wieder so sein, wie es früher war. Wohl jeder in der Millionenschar der Vertriebenen hat sich einmal an diese Hoffnung geklammert. Manche haben sie früher, manche später begraben, und nicht wenige haben sie mit ins Grab genommen.

Doch wenn die Hoffnung sich als Illusion erweist, dann bleibt außer der Erstarrung, der Versteinerung in Bitterkeit und Haß nur die zweite Möglichkeit: die Versöhnung. Versöhnung mit dem eigenen Geschick, Versöhnung zwischen den Menschen und zwischen den Völkern; nach dem Abschied von den Illusionen bleibt Versöhnung die wahre Hoffnung – und die einzige, die in die Zukunft führt.

Aber es ist schwer, den Weg zur Versöhnung zu finden. Vielleicht hilft es dabei, wenn man sich umblickt und feststellt, daß der Streit, auch der schreckensvolle, blutige, mörderische Streit zum Menschen als Menschen gehört. Kaum zufällig erzählt schon die Bibel, gleich am Anfang nach der Geschichte von Sündenfall und Vertreibung aus dem Paradies, vom Brudermord: »Und es begab sich, da sie auf dem Felde waren, erhob sich Kain wider seinen Bruder Abel und schlug ihn tot.« Nein, wir waren nicht die Ersten, denen Schlimmes geschah, und leider werden wir auch nicht die Letzten sein; man muß ja nur die Zeitung aufschlagen oder die Fernsehnachrichten einschalten und die Berichte vom Balkan oder von sonst irgendwo aus der Welt lesen, sie anschauen, um das bestätigt zu finden.

Um nun von den Deutschen und den Polen zu sprechen: Finsteres hat sich zwischen ihnen ereignet. Was Sie, Kathrin, von Adam und seiner Familie gehört haben, ist kein Einzelschicksal. Nach den Juden hat kein Volk im Zweiten Weltkrieg so große Verluste an Menschen und Kulturgütern erlitten wie das polnische. Umgekehrt zählen auch die Deutschen ihre Verluste beim Einmarsch der Roten Armee, bei Flucht und Vertreibung von Millionen, um von den Verlusten an Kulturgütern nicht erst zu reden. Den Heimat- und Heimwehschmerz kann überhaupt niemand ermessen.

Aber jeder kennt zunächst einmal nur die eigene Seite des Unheils und Unrechts, kaum die andere. Wir wissen sehr wenig von der deutschen Schreckensherrschaft in Polen; es gibt erstaunlich wenig Literatur. Schon die Tatsache, daß Auschwitz zunächst der Polen- und dann erst der Judenvernichtung diente, ist hierzulande kaum ins Bewußtsein gedrungen. Den Polen wiederum ist zumindest bis zum Sturz der kommunistischen Gewalt immer wieder gesagt worden, daß sie in »urpolnisches« und nun glücklich »wiedergewonnenes« Land zurückgekehrt seien, in dem die Deutschen sich widerrechtlich festgesetzt hatten.

Ja, jeder kennt die eigene Seite der Unheilsgeschichte, und stellt sie anklagend zur Schau. Entsprechend die Datierungen, die sich eingeprägt haben: Für die Polen hört die Zeit des Klagens 1945 auf; für uns beginnt sie mit diesem Schicksalsjahr.

Und wie gelangt man von der halbierten zur ganzen Wahrheit? Zum Beispiel dadurch, daß man einander Geschichten erzählt – und zuhört. Ich kann bezeugen, daß das hilft, sofern es nur ohne Selbstmitleid und Selbstgerechtigkeit geschieht, und das Geschehen im Vordergrund steht. Mein Buch *Die Stunde der Frauen* berichtet von dem, was 1945 über den deutschen Osten hereinbrach, und auch oder gerade für die Polen enthält es schlimme Geschichten. Und dennoch erschien die erste Übersetzung 1990 in Polen; sozusagen am Tatort, in meiner Heimatstadt Stolp, wurde sie der polnischen Öffentlichkeit vorgestellt. Seither sind immer neue Ausgaben erschienen, und daher bin ich zu einem in Polen bekannten Autor geworden.

Sich Geschichte in Geschichten erzählen, einander zuhören: Ja, damit kann ein Anfang gelingen. Aber Geduld ist gefordert, ein langer Atem. Es ist ähnlich wie beim Umgang mit Fremden: Nur langfristig läßt sich ein Vertrauenskapital ansammeln, und schon ein einziges unbedachtes Wort kann es wieder zerstören.

Um es als dringenden Rat für den eigenen Hausgebrauch zu formulieren: Versöhnung verträgt das Irrlichtern nicht. Wer bloß beim jeweils Aktuellen herbeispringt, um »Bewegung« und »Betroffenheit« zu demonstrieren – oder gar durchs eilige Unterschreiben von Aufrufen das eigene Dabei- und Wichtigsein zu bekunden –, der wird wenig erreichen. Auch Kenntnisse gehören zur Sache, und auch die lassen sich nur geduldig und langfristig erwerben. Jedenfalls habe ich mich immer auf die deutsch-polnische Versöhnung konzentriert, weil sie mich persönlich betrifft, nicht als etwas Abstraktes, sondern als Herzensangelegenheit. Als Aufgabe reicht sie ohnehin über die Grenzen eines Menschenlebens hinaus.

Noch eines möchte ich nicht verschweigen. Wer die Versöhnung sucht und sich über die im Streit erstarrten Grenzen und Verschanzungen hinauswagt, stößt auf Unverständnis, auf Empörung, manchmal auf blanken Haß – und zwar nicht so sehr bei denen, deren Versöhnung er sucht, sondern im »eigenen« Lager, bei den angeblichen Freunden, den Landsleuten. »Wie kannst du dich dazu hergeben?« lautet eine typische Frage. Und »wenn du so weitermachst, kennen wir dich nicht mehr!« eine typische Drohung. »Du Schwein, du Verräter, geh doch zu deinem Polenpack, das dich bezahlt!« So oder ähnlich stand es in vielen Briefen, meist tapfer anonym, die ich erhalten habe, solange die Verständigung mit Polen und die Anerkennung der Grenzen noch nicht amtlich besiegelt war.

Sogar die Mordlust drängt aus dem eigenen Lager herbei, zumindest auf der historisch bedeutsamen Bühne. Mahatma Gandhi wurde von einem Hindu, der ägyptische Staatspräsident Anwar as-Sadat von einem Moslem, der israelische Ministerpräsident Jitzhak Rabin von einem Juden erschossen.

Warum? Ich erinnere an das Feindbedürfnis, über das wir nun schon mehrfach gesprochen haben: Menschen mit beschädigtem Selbstbewußtsein klammern sich an den Feind, erfinden ihn sogar, weil er ihnen zur Kampfespose und damit zu einem Bedeutungswahn, zu dem Kraftgefühl verhilft, das sie sonst so bitter entbehren. Dieser Bedeutungswahn müßte sich auflösen, das Kraftgefühl im Nichts versinken, wenn die Versöhnung gelänge.

Und damit, liebe Kathrin, sind wir beim leider Naheliegenden, das Sie beschäftigt: Bald nach der Wiedervereinigung wurde in den neuen Bundesländern ein Polenhaß spürbar, eine Form von Verachtung, wie es sie im Westen kaum noch gab. »Von Frankfurt an der Oder bis Helmstedt nur ja nicht anhalten, sondern durchfahren, erst dann ist man auf sicherem Boden«, hieß damals ein Leitsatz für Besucher aus Polen. Aber wer andere verachtet und angreift, hat seine Selbstachtung verloren und fühlt sich angegriffen; man kann daraus schließen, wie sehr viele »Ossis« von der erbärmlichen Siegerposse vieler »Wessis« getroffen worden waren. Es mag so sein, wie Sie, Kathrin, berichten: daß davon noch immer etwas umgeht. Um einiges, gottlob, hat sich nach meinem Eindruck das Problem inzwischen dennoch gemildert.

Liebe Kathrin und natürlich auch lieber Jan: Ich schreibe Ihnen dies alles nicht, um Sie zu ängstigen, sondern um Sie vorzubereiten und zu ermutigen. Weil der Streit allgegenwärtig ist, brauchen wir die Versöhnung, wenn wir als Männer und Frauen, als Junge und Alte, als Polen oder Niederländer und Deutsche miteinander leben wollen. Kaum etwas Wichtigeres, Edleres kann es geben, als die Versöhnung zu suchen. Und Sie, die Jungen, müssen weiterführen, was uns Alten nicht oder nur unvollkommen gelang.

Ich hoffe, daß Sie mir meine Alterstorheit nachsehen, wenn ich Sie am Ende noch einmal an die Geduld erinnere, die man aufbringen muß. Ich weiß, sie paßt nicht zur Jugend; ungeduldig zu sein ist ihr gutes Recht. »Ich will alles, und zwar sofort«: Das mag zwar in unseren längst schon abgenutzten Ohren abscheulich klingen. Aber wie sonst sollten die Enkel die Welt und sich selbst – ein wenig – voranbringen? Ich verstecke mich darum hinter einem breiteren Rücken und zitiere Martin Luther: »Auf dieser Welt muß entweder bald gestorben oder geduldig gelebt werden.«

Herzlich wie immer grüßt Sie beide Ihr

Christian Krockow

Elftes Kapitel

Ostdeutsche Gespräche

Lieber Herr von Krockow, liebster Jan,

endlich habe ich den richtigen »Ossi« gefunden, der mir erzählt, wie es früher, zu DDR-Zeiten, hier war und wie man sich heute fühlt.

Der Reihe nach: Vor ein paar Tagen saß ich abends in einer Kneipe, als westdeutsches Weltkind in der Mitte zwischen zwei großen und gutaussehenden jungen Männern, mit dem polnischen Adam zur linken und dem ostdeutschen Ewald zur rechten Seite. (Ja, Jan, leider oder Gott sei Dank saß ich da, ich habe nun mal diesen guten Geschmack!) Ewald, so stellte sich heraus, ist Medizinstudent und heißt mit Nachnamen Kummerow.

»Kummerow, ist das nicht?« platze ich heraus.

»Sag bloß nichts weiter«, lächelte Ewald etwas gequält, »ich weiß schon, was jetzt gleich kommt: Ehm Welk und sein Erfolgsbuch *Die Heiden von Kummerow*. Das gibt es ja auch, dieses verdammte Dorf etwas westlich von Stralsund, und gleich daneben noch einmal ›Kummerow-Heide‹. Da kann man nichts machen, das klebt an einem wie Pech und Schwefel.«

Wir reden dann weiter über Ossis und Wessis und die Polen, und am Ende sagt Ewald: »Kathrin, wenn du wirklich etwas über uns wissen willst, mußt du mit meinem Großvater sprechen. Der kennt sich aus, der war LPG-Vorsitzender.«

»Was ist, was war das?«

»Der Leiter einer Landwirtschaftlichen Produktionsgenossenschaft, praktisch eines großen, sehr großen Staatsgutes. Also, mein Großvater ist jetzt ausgemustert und in Rente. Er hat Zeit und möchte erzählen und freut sich über Besucher.«

Gesagt und getan: Am übernächsten Nachmittag radeln wir zu dritt aus Greifswald hinaus, eine gute halbe Stunde Richtung Anklam bis zu Opa Kummerows frisch herausgeputztem Siedlungshaus neben einem halbverfallenen Winkel von Stall und Scheune. Er steht schon auf der Straße, nicht weil er uns erwartet hätte, sondern weil er gerade ein Auto mit polnischem Kennzeichen verabschiedet, stämmig, mit wettergegerbtem Gesicht und schlohweißem Haar. Vorstellung, etwas verlegen, Handkuß von Adam bei Frau Kummerow, Kaffee und Kuchen. Um uns in Gang zu bringen, fragt Klein-Ewald (so nennt der Großvater seinen Enkel, der fast einen Meter neunzig mißt) nach dem polnischen Besuch.

»Das war mein Kollege, einer meiner Freunde von drüben, der einen großen Staatsbetrieb leitete und den man jetzt auch zum alten Eisen geworfen hat. Früher fuhr ich ja oft über die Oder, sogar in der Gewerkschafts- und Kriegsrechtszeit, als das nicht mehr so gern gesehen wurde. Wir erfanden dann Austauschverträge, besonders für Saatkartoffeln.« Groß-Ewald (wie der Enkel ihn nennt) schmunzelt noch im Rückblick.

»Aber die Polenverachtung, das Gerede von der ›polnischen Wirtschaft‹, das überall umgeht?«

»Unsinn, Fräulein!« (Diese altmodische Anrede hört man noch manchmal von den älteren Leuten – wie es überhaupt vieles gibt, was bei uns längst ausgestorben ist wie die Dinosaurier. Manchmal denke ich, daß hier die Zeit stehengeblieben ist und daß man jetzt mühsam versucht, die Uhren aufzuziehen und sie wieder in Gang zu bringen. Häßliches gehört zum Alten – und sehr Schönes, zum Beispiel die Alleebäume, die man noch nicht zugunsten der Autos niedergehauen hat, wie im fortschrittlichen Westen …)

»Ja, natürlich, es gibt dieses Geschwätz, und es ist strohdumm. Die Staatsbetriebe drüben wurden so gut oder so schlecht geführt wie bei uns die LPGs. Doch die Straßen waren in Polen besser, die Autos moderner, die Züge fuhren schneller. Heute berappelt man sich auch dort und kommt voran – und ohne all die West-Milliarden für den ›Aufbau Ost‹. Die Stettiner Werft, bloß ein Beispiel, ist eine der wenigen in Europa, die dem Wettbewerb aus Korea standhält.«

Kurze Pause, Opa Ewald setzt sich in Positur und schaut mich durchdringend an: »Fräulein, denken Sie nur ja nicht, daß ich kein DDR-Mensch gewesen wäre. Das bin und bleibe ich, gestern als SED-Mitglied, inzwischen als Wähler der PDS. Die kümmert sich wenigstens um die Leute, so gut sie kann, und wird nicht von Bonn aus ferngesteuert.«

»Und warum sind Sie ein DDR-Mensch geworden?«

»Ich will es Ihnen erklären. Sehen Sie da drüben das Foto von meinem Vater?« Ein hageres, eher düsteres Gesicht, Bürstenhaarschnitt, steifer Kragen, breite Krawatte. Und ein Backenbart ungefähr wie bei Abraham Lincoln.

»Der war ein kleiner Krauter und hat sich auf seinem schlechten Boden aus fliegendem Sand fast zu Tode geschuftet. Und es doch zu nichts gebracht. Aber ringsum saßen die großmächtigen Herren ›von und zu‹ auf ihren Gütern, gar nicht weit von hier unter anderem die Gnädige Frau Gräfin und der Gnädige Herr Graf Schwerin auf Ziethen. Na ja, es gab Schlimmere.

Dann kam die Wende – nein, nicht die von 1989/90, sondern die von 1945. ›Junkerland in Bauernhand‹ hieß auf einmal die Parole – wie für meinen Vater gemacht. Leider zu spät, er war schon krumm und krank. Um so eifriger habe ich mitgetan, mit meinen 15, 16 Jahren. Ich war ja jung genug, um dem Heldentod für Hitler gerade noch davonzukommen. Und alt genug, um in die Zukunft zu schauen. Etwas später entstanden die Arbeiter- und Bauernfakultäten, und ich durfte nachholen, was ich in der Schule verschlafen hatte, weil ich zu Hause immer helfen und mitarbeiten mußte, sobald und so hart ich nur konnte. Natürlich habe ich mich angestrengt; endlich lohnte es sich. Ich konnte aufsteigen, etwas werden. Verstehen Sie, daß ich begeistert dabei war?«

»Ja, ich glaube schon.«

Doch Adam schüttelt den Kopf und bringt Einwände vor. »Aber die Überorganisation, die es dann gab, diese deutsche Gründlichkeit sogar beim Sozialismus, die alles erstickte! Keine Prise von polnischer Schlamperei, die es den Leuten etwas leichter machte. – Kennen Sie die Geschichte vom polnischen Hund und dem DDR-Hund, die sich an der Grenze begegnen? ›Warum willst du denn zu uns?‹ fragt der DDR-Hund erstaunt. ›Endlich mal satt essen und einkaufen! – Aber du, warum willst du denn nach Polen?‹ – ›Endlich mal wieder bellen dürfen!‹«

Groß-Ewald lacht: »Das haben mir meine polnischen Freunde schon vor zwanzig Jahren erzählt. Und der Witz geht noch weiter. Ein russischer Hund kommt dazu, schaut von einem zum andern und fragt: ›Was ist Sattessen, was ist Bellen?‹«

»Aber im Ernst: Natürlich gab es den deutschen Drang, ein Musterschüler des Sozialismus oder der Sowjetunion zu sein, hundert-, zweihundertprozentig. Und es gab die alles erstickende Bürokratie. Was habe ich mich damit herumgeschlagen! Am liebsten hätten die hohen Planherren in Berlin auch noch vorgeschrieben, an welchem Tag wir mit der Frühjahrsbestellung und mit der Ernte beginnen, wann aufhören sollten, ohne Rücksicht aufs Wetter. Und was das Sattessen betrifft: Viel zu wenig ist investiert, viel zu viel ins Häuserbauen und in den Konsum gesteckt worden, besonders unter Honecker, bloß um die Leute bei Laune zu halten. Trotzdem oder genau darum zog die Bundesrepublik immer weiter davon, und wir saßen schließlich mit all unserer deutschen Gründlichkeit auf einem Riesenhaufen von Schrott.«

»Übrigens hat man oft gesagt, daß wir hier im ›Tal der Ahnungslosen‹ lebten, ähnlich wie die Sachsen bei Dresden, weil nicht einmal das Westfernsehen uns erreichte. Aber wir waren nicht ahnungslos, ich bestimmt nicht. Ich habe mir den Mund zerredet, ich war schon dafür verrufen. Doch niemand wollte hören, je höher hinauf, desto weniger. Alles war doch in Ordnung, wenn nur – auf dem Papier – die Planzahlen stimmten. Bloß nicht bellen!«

Jetzt wage auch ich mich hervor: »Und wie war das mit dem Mauerbau, der Abriegelung, dem Schießbefehl?«

Ein Schatten, eine Art von Sonnenfinsternis drängt sich auf das bisher fast heitere Gesicht. Doch zunächst heißt es: »Mutter, gib uns einen Schnaps, dann redet es sich leichter.«

Der alte Mann sagt: »Ich will das nicht verteidigen, bestimmt nicht. Nein, es war abscheulich, und es hat uns ja auch den Hals gebrochen – und mit Recht. Im Schatten der Mauer haben wir es uns bequem gemacht und vom immerfort siegreichen Sozialismus schwadroniert. Wir haben gegähnt und erwartet, daß uns die gebratenen Tauben ins Maul fliegen, statt den Gürtel enger zu schnallen und zuzupacken, wie es sich gehört. Keine Konkurrenz mehr, die man fürchten und gegen die man sich anstrengen mußte, um vorne dabeizubleiben! – Nur, das ist die eine Geschichte. Ich will Ihnen eine andere erzählen.«

Nochmals wird ein Schnaps bestellt, weil man auf einem Bein so schlecht stehen kann. »Also: Sie sehen hier die Großeltern und ihren etwas lang geratenen Enkel. Aber dazwischen fehlt etwas, das Bindeglied. Mein Sohn hat es einfach gehabt, es war leicht für ihn zu studieren und Arzt zu werden. Aber was er schließlich wurde und was er verdiente, das war ihm nicht genug. Er wollte mehr, viel mehr. Und kaum hatte er geheiratet, kaum war Klein-Ewald geboren, setzte er sich ab. Man ließ ihn ins Ausland reisen, zu einem Kongreß in Schweden – sehr wichtig wahrscheinlich oder jedenfalls wichtigtuerisch. Also, man ließ ihn reisen, es gab ja den SED-Vater und die junge Frau und das kleine Kind als Garantie für die Rückkehr. All das hat ihn nicht gekümmert, er hat sein Schlupfloch gefunden nach drüben, ins gelobte Land. Längst ist er da ein großmächtiger Klinikchef geworden, mit Traumvilla, Traumfrau, Traum-Mercedes und all den Leuten, die vor ihm buckeln. Seine erste Frau hat es allein bei uns auch nicht mehr ausgehalten. Wie sollte sie, so jung wie sie war? Sie hat sich in

Berlin eine neue Arbeit und einen neuen Mann gesucht. Einzig das Kind ist bei uns geblieben, weil es ihr lästig war. Vielleicht auch weil es sie an den falschen Mann erinnerte.«

Herr Kummerow schaut mich durchdringend an, und ich hüte mich, etwas zu sagen. Schließlich, mit viel leiserer Stimme als vorher, bekomme ich noch zu hören: »Sie kennen bloß die Geschichten von den Mauertoten oder von denen, die im Westen ankamen: daß sie es in der DDR nicht mehr ausgehalten hätten und wie glücklich sie seien, in der BRD zu sein. Aber dies ist *meine* Geschichte von der deutschen Trennung – und, glauben Sie mir, es gibt sehr viele solcher Geschichten auf dieser Seite der Mauer. Man müßte sie auch einmal erzählen. Doch wer denkt daran, wer hört da zu, wer will das noch wissen?«

Lieber Herr von Krockow, was sagen Sie dazu? Das ist eine ganz andere Perspektive, als wir sie gewohnt sind, nicht wahr?

Natürlich habe ich dieses Gespräch nur ungefähr aus dem Gedächtnis aufgeschrieben, bloß das Wichtigste. Alles in allem hat der Besuch fast vier Stunden gedauert. Die ganze Zeit über ging es hin und her, wir haben auch gelacht, Ewald Kummerow ist kein verbitterter Mann. »Ich habe meine Chance gehabt, und ich schäme mich nicht dafür«, gibt er zu Protokoll.

Ich werde ausgefragt: Warum ich nach Greifswald gekommen bin, und wie es mir gefällt? »Gut, tatsächlich, weil es so klein ist? Das höre ich zum ersten Mal. Aber ich höre es gern.«

Und wie lebt man, wie fühlt man sich in Holstein? Ich werde auch einer plattdeutschen Sprechprobe unterzogen, und sie fällt zur Zufriedenheit aus.

»Und haben Sie einen Freund? Wie wäre es mit Klein-Ewald?« Als ich – mit Zögern, Jan! – bekenne, daß ich schon einen habe, im niederländischen Utrecht, wiegt Groß-Ewald den Kopf: »Das ist zu weit weg, das geht auf Dauer nicht gut unter jungen Leuten. Das ist, wie es bei uns mit der Überspezialisierung war, mit der Trennung von Viehzucht und Ackerbau. Dort die Schafsböcke und hier die Kartoffeln – nein, darauf würde ich lieber nicht setzen.« Wieder Gelächter.

Sogar auf den fatalen Ehm Welk mit seinen Kummerow-Romanen kommt die Rede. »Dabei war er ein aufrechter Antifaschist, der bei den Nazis im Gefängnis und im KZ saß.«

»Warum heißen die Kummerows alle Ewald?« will ich noch wissen.

»Nun ja, unsere Vorfahren haben bei den von Kleists gedient, die hauptsächlich in Hinterpommern zu Hause waren, und da gab es immer diese Ewalds. Einer war preußischer Offizier beim Alten Fritz und ein Dichter dazu. Wieder einer hat es unter Hitler bis zum Feldmarschall gebracht. Und noch einer, auch er aus Hinterpommern, war ein entschiedener Feind von Hitler und hat das mit seinem Leben bezahlt. Da dachte ich, ein bißchen von solcher preußischer Tradition kann nicht schaden, so verkehrt ist die gar nicht … Überhaupt, dieses Preußen! Bei denen wußte man noch, daß man etwas leisten muß, und wenn man noch so schlecht dafür bezahlt wird. Vielleicht sind wir zu viel und zu lange von Sachsen und Saarländern regiert worden.

»Und wie paßt der Preuße zum DDR-Menschen und zur SED?«

»Wahrscheinlich überhaupt nicht. Aber so ist das Leben – lauter Widersprüche.« Einmal mehr lacht Groß-Ewald.

Zwischendurch machen wir einen Spaziergang, unter neuen Laternen auf einem noch neueren Gehsteig, während Frau Kummerow die Abend-Butterbrote schmiert, »zur Stärkung auf den Heimweg«. Überall wird Ewald Kummerow von den Leuten gegrüßt; er ist hier ein angesehener Mann. Zwischendurch humpelt eine alte Frau aus ihrer Tür und fragt ihn um einen Rat.

Als wir schließlich nach Greifswald zurückradeln, sehr gemächlich, weil wir in der Finsternis mit unserer spärlichen Fahrradbeleuchtung nur ein paar Schritte weit sehen, sagt Ewald: »Weißt du, daß mein Großvater dem eigenen Sohn, meinem Vater, die Tür gewiesen hat, als der 1990 hier wieder auftauchte? Er hat ihm die Republikflucht und vor allem den persönlichen Verrat niemals verziehen … Ja, das sind so die deutschen Risse quer durch Familien – oder Amputationen – die immer noch schmerzen.«

Weiter, nach einer Pause: »Dafür bin ich jetzt Opas Augapfel. Er steckt mir von seiner Rente zu, was möglich ist – oder noch mehr. ›Mutter und ich brauchen nicht viel. Wir haben doch das Haus, unseren Garten und die Hühner.‹ Sich etwas gönnen, verreisen? ›Nein, nicht solange der Junge studiert.‹ Es würde ihm das Herz brechen, wenn ich ihn enttäuschte, und sein Herz ist nicht mehr das beste. Dabei ist er seit der Wende – der von 1990 – ein einsamer Mann und freut sich über jeden Besucher, der ihm zuhört ... Übrigens bist du der erste aus dem Westen, der das tut.«

»Du magst deinen Großvater?«

»Ja, Kathrin, sehr.«

Lieber Herr Krockow, mein lieber Jan, soweit mein Bericht. Fortsetzung folgt; ein zweiter Besuch ist schon vereinbart. Für heute sende ich Ihnen und Dir meine schönsten Grüße,

Kathrin

Liebe Kathrin,

zum Bericht über die Begegnung mit Ewald Kummerow gratuliere ich ihnen als Schriftsteller-Kollege. Sie haben Ihren Besuch und das Gespräch so lebendig geschildert, daß man meint, selbst dabeigewesen zu sein. Und sicher hat auch der Schafskopf im fernen Utrecht Ihre Neuigkeiten gerne mitgelesen, von den gutaussehenden jungen Männern in Greifswald einmal abgesehen. Allenfalls hätte ich noch wissen mögen, wie die gute Stube eines DDR-Menschen eigentlich aussieht.

Nun warten wir schon gespannt auf Ihren zweiten Bericht, und nur eine Anmerkung möchte ich vorweg machen. »Groß-Ewald« hat gefragt, wer seine Geschichten eigentlich hören möchte; der Enkel hat ergänzt, daß der Großvater darauf wartet, erzählen zu können. Und daß Sie der erste Besucher aus dem Westen waren, der tatsächlich zuhörte.

In den letzten Jahren habe ich jede Gelegenheit benutzt, um

durch die neuen Bundesländer zu reisen und dort Vorträge oder Lesungen zu halten. Dabei waren mir die anschließenden Diskussionen besonders wichtig; ich wollte nicht nur westliche Weisheiten verbreiten, sondern zuhören, lernen, etwas mitnehmen. Das mag eine schmale Erfahrungsbasis sein, aber eines kehrte immer wieder: Nach anfänglichem Zögern begannen die Menschen zu sprechen, oft sehr persönlich. Am Ende, schon im Aufbruch, kamen einige zu mir und sagten: »Wir möchten uns bei Ihnen bedanken.« – »Ja, aber wofür denn?« – »Sie waren der erste Besucher aus dem Westen, der nicht bloß selbst geredet, sondern uns zugehört hat.« Jedesmal erschrak ich: Vier, sechs, acht Jahre waren seit dem Fall der Mauer, seit der Siegesfeier der Wiedervereinigung vergangen – und ich sollte der bisher einzige gewesen sein? »Ja, wirklich.«

Falls das wahr ist, muß man eigentlich über die Schwierigkeiten zwischen den Deutschen-Ost und den Deutschen-West, über die Klagen und Anklagen, die verbreitete Mißstimmung kein Wort mehr verlieren. Jeder für sich und Gott – oder der Teufel – für uns alle!

Liebe Kathrin, ich wollte Ihnen damit nur sagen, wie wichtig das ist, was Sie tun, vorweg für sich selbst, aber auch für ein paar andere Menschen, für Ihre hinfälligen alten Wirtinnen zum Beispiel. Oder für Ewald Kummerow.

In diesem Sinne grüßt Sie ganz herzlich Ihr

Christian Krockow

Lieber Herr von Krockow, lieber Jan,

hier nun mein Bericht vom zweiten Besuch bei Ewald Kummerow, der uns diesmal übrigens nicht radeln läßt, sondern uns in seinem betagten Wartburg abholt und in der Nacht wieder nach Greifswald zurückbringt. »Beim letzten Mal hat meine Frau beim Schlafengehen mit mir geschimpft«, sagt er. »Das Radfahren in der Dunkelheit ist viel zu gefährlich; heutzutage gibt es so viele Raser, die ihr Auto gar nicht schnell genug an den nächsten Baum kriegen können. Ja, früher waren wir im bedächtigen Trabi unterwegs, aber das Prinzip der Zukunft heißt ›Tempo, Tempo‹! Und das probieren wir an der falschen Stelle aus. Wissen Sie, was die Statistik errechnet? In den neuen Bundesländern gibt es pro Kopf der Bevölkerung ungefähr doppelt so viele Verkehrstote wie in den alten.«

Jetzt zunächst einmal in die »gute Stube«! Sie sieht wirklich so aus, wie das Wort es sagt. Das Vertiko mit seinem gedrechselten, staubfängerischen Aufsatz, der Bücherschrank, ebenfalls mit gedrechselter Leiste, der Eßtisch und die Stühle stellen sich gediegen altdeutsch dar, dunkel gebeizt. Man könnte sich vorstellen, daß sie schon über mehrere Generationen vererbt wurden. Auf dem Vertiko Familienbilder: das Hochzeitsfoto, Klein-Ewald, als er wirklich noch ganz klein war, bei der Einschulung mit der großen Tüte, bei der Jugendweihe mit einem Buch in der Hand – »über die Errungenschaften der DDR, obwohl die längst abgeschafft waren«, flüstert der Abgebildete mir zu. Hinter Glas die Sammeltassen. An der Wand zwei Bilder: ein Seestück – Dreimaster im Sturm, trotzdem unter vollen Segeln – und ein Landwirtschaftsstück: Frühjahrspflügen mit Traktoren. Gemütlich die Sesselgarnitur, dem modernen Fernseher gegenüber, mit Häkeldeckchen wider das Haarfett, bundesdeutsch zurückgerechnet ungefähr aus den sechziger Jahren. An den beiden Fenstern weiße Rüschengardinen, die Tapeten mit Blumenmuster. Am schönsten ist der grüne Kachelofen mit seiner Bratröhre, der in jedem Sinne Wärme verbreitet. Doch insgesamt fühlt man sich eher eingeengt: Zu düster und wuchtig wirkt die Möblierung im Verhältnis zum Raum.

Indem ich das schreibe, frage ich mich allerdings, ob mir nicht der Hochmut meiner (westdeutschen) Generation die Feder führt. Wir sind es gewohnt, uns hell und preiswert bei IKEA einzurichten, mit finnischer Birke statt deutscher Eiche und anstelle der Ölschinken mit Postern, die das Traummotorrad oder den neuesten Popstar zeigen. Was wohl werden *unsere* Enkel dazu sagen? Aber keine Sorge: Sie werden das nicht zu sehen bekommen, weil wir uns nicht mehr auf die Dauer, sondern für den alsbaldigen Verbrauch einrichten.

Ich lobe den Kachelofen. »Ja«, meint Groß-Ewald, »was sollen wir mit einer Zentralheizung? Holz bekomme ich sehr billig, und mit dem Kleinmachen habe ich eine gesunde Beschäftigung. Der Kaiser im Exil war doch auch solch ein Holzhacker, nicht wahr?«

Später zeigt mir Klein-Ewald sein Zimmer mit den schrägen Wänden unterm Dach. Das hat schon den schwedischen oder finnischen Standard erreicht. Und auf dem neuesten Stand der Technik befinden sich Küche und Bad. »Das wenigstens haben wir uns geleistet«, sagt Frau Kummerow.

Herr Kummerow ergänzt: »Aber immer in Grenzen, immer noch mit Geld auf dem Konto! Bei dem Währungswechsel im Sommer 1990 sind viele Leute durchgedreht und haben sich alles aufschwatzen lassen: das neue Auto und die neuen Möbel, die teuerste Stereoanlage, die Lebensversicherung, die Traumreise und wer weiß was noch. Alles auf einmal und jetzt sofort. Und dann wurden sie arbeitslos und wissen jetzt vor Schulden nicht mehr aus noch ein.«

Bei Kaffee und Kuchen finden wir damit den Ausgangspunkt für unser Gespräch. Die Arbeitslosigkeit liegt hier wirklich sehr hoch, oft bei zwanzig Prozent und in manchen Orten noch viel höher; Besserung ist kaum in Sicht. Ewald Kummerow seufzt und sagt:

»Fräulein Kathrin, wahrscheinlich können Sie sich gar nicht vorstellen, was das bedeutet. Besonders die jungen Leute sind betroffen …«

»Und die Frauen!« mischt, ausnahmsweise, Frau Kummerow sich ein.

»Ja, sicher. Also die Jungen müssen fort, wenn sie eine Chance haben wollen. Oft sieht man bloß noch alte Leute wie mich, die gerade noch die Kurve zur Rente gekriegt haben. Ist Ihnen das schon aufgefallen? Nein, in Greifswald natürlich nicht, da gibt es die Studenten. Aber was wird aus ihnen? Wahrscheinlich muß Klein-Ewald seine Koffer packen, wenn er fertig ist. Fast ist es jetzt wieder wie im 19. Jahrhundert mit den Millionen von Auswanderern nach Amerika. Sie sollten mal die alten Berichte lesen, was für einen Aderlaß es da bei uns in Pommern, in Mecklenburg und überall in den Agrargebieten ohne Industrie gegeben hat. 1990 hieß es übrigens, daß man sich mit der Einführung der D-Mark und der Wiedervereinigung so sehr beeilen müsse, weil sonst die halbe oder die ganze DDR in den Westen davonliefe. Mag sein, obwohl ich es bezweifle. Helmut Kohl sprach von den ›blühenden Landschaften‹, die hier entstehen sollten, und vielleicht glaubte er selbst daran. Jedenfalls glaubte man ihm. Und wer packt die Koffer, wenn er zu Hause eine Zukunft hat? Doch inzwischen geht die Abwanderung unerbittlich weiter, nur tröpfelnd, schleichend, und niemand spricht mehr darüber.«

Atemholen, dann eine Stimme voll Bitterkeit: »Das ist nicht alles und nicht das Schlimmste. Es geht um unseren Stolz, unsere Selbstachtung. Die DDR wollte doch die Heimat der Werktätigen sein, für die Arbeiter und Bauern, auch für die werktätige Intelligenz, nicht für die Nichtstuer und Schmarotzer. Arbeit war unser Leben.«

Mit der Versicherung, daß ich von Wirtschaftsproblemen nichts verstehe, frage ich: »Konnte es denn weitergehen, wie es war? Sie haben doch selbst gesagt, daß die DDR hinter der Bundesrepublik hoffnungslos zurückblieb, in ihrer Mauerbequemlichkeit versunken. Waren die Büros, die Werkhallen, die Kuhställe, die Funktionärs- und Generalsränge nicht heillos überbesetzt?«

Nachdrückliches Nicken: »Das ist wahr. Unser Mangel an Produktivität schrie oder stank zum Himmel. Dabei haben wir noch geglaubt, daß wir zu wenig Arbeitskräfte hätten und daß wir Gastarbeiter brauchten wie ihr die Türken. Wir haben Polen geholt. Oder die Vietnamesen – die haben sich inzwischen zur Zigaretten-Mafia organisiert, um weiter in Deutschland leben zu können.«

Herr Kummerow steht auf, geht zum Schrank, zieht ein Buch hervor, blättert und sagt: »Mangel an Produktivität! Ich habe, als Bauernstudent, natürlich Marxismuskurse mitgemacht, die waren ja Pflicht, und manches habe ich sogar behalten – hier, Karl Marx persönlich: ›Diese Steigerung der Produktivität ist ... auch deswegen eine absolut notwendige praktische Voraussetzung, weil ohne sie nur der *Mangel* verallgemeinert, also mit der *Notdurft* auch der Streit um das Notwendige wieder beginnen und die ganze alte Scheiße sich herstellen müßte.‹ – An anderer Stelle heißt es, daß im Sozialismus, mit der Vergesellschaftung der Produktionsmittel alle ›Springquellen des gesellschaftlichen Reichtums‹ reichlicher fließen. Pustekuchen! Sie vertrockneten mehr und mehr.« Herr Kummerow stellt das Buch zurück, setzt sich wieder und schnauft verächtlich.

»Das heißt aber, daß die DDR zum Tode verurteilt war.«

»Allerdings, und im Grunde ist es ganz einfach. Es gibt nur ein Zaubermittel, um die Springquellen fließen zu lassen, dieses einzige: Wettbewerb. Und gerade die DDR hat das bewiesen. Im Sport war der Wettbewerb nicht nur erlaubt, sondern er wurde nach Kräften gefördert, und damit haben wir nicht bloß Weltniveau, sondern die Weltspitze erreicht.«

»Davon hat mir meine Wirtin in Greifswald auch schon erzählt.«

»Warum nicht? Es stimmt doch. Aber sonst gab es keinen Wettbewerb. Das ganze Gerede um den Wettbewerb der Arbeitsbrigaden oder der Betriebe um die Erfüllung oder Übererfüllung des Plans, das blieb Propaganda und Papierkram, pure Augenwischerei.«

»Im Grunde, Herr Kummerow, rechtfertigen Sie damit den Kapitalismus.«

»Mag sein. Oder die Demokratie, den Parteienwettbewerb um Mehrheit und Macht. Oder die Meinungsvielfalt, den Wettbewerb der Medien. Offenbar gibt es keinen anderen Weg. Oder jedenfalls keinen besseren. Was tun denn die angeblich noch kommunistischen Chinesen? Sie versuchen, die anderen, die noch tüchtigeren Amerikaner zu werden. Aber die Schwächsten bleiben auf der Strecke, wie wir hier in unserem östlichen ›Tal der Ahnungslosen‹.«

Eine Pause tritt ein, Kaffee wird nachgegossen, und die kleinen Gläser mit dem Korn gesellen sich dazu. Ich nutze den Einschnitt, um unser Gespräch auf das Verhältnis oder Mißverhältnis der West- und Ostdeutschen zu bringen, und dabei gerät Groß-Ewald erst richtig in Fahrt:

»Fräulein Kathrin, vergessen Sie bitte alles, was man Ihnen dazu erzählt hat! Daß wir immer bloß jammern und noch mehr Geld haben wollen und keine guten Demokraten sind, wenn wir die PDS wählen. Grober Unfug! Im Kern geht es um ganz etwas anderes; ich nenne es die Arroganz der Macht. Wie die Missionare und Kolonialherren über die Südseeinsulaner auf Tahiti oder wie die Heuschreckenplage über Ägypten sind sie über uns gekommen: die Behördenleiter und Verwaltungsbeamten, die Baugenehmiger oder -verweigerer, die Bankleute, die Steuerfahnder und Steuerberater, die Richter und Anwälte, Professoren und Doktoren jeder Art und Unart, alle mit dicken Akten unter dem Arm und 3000 Vorschriften im Kopf, um uns, die Unwissenden, in die Geheimnisse ihrer Überlegenheit, die Segnungen der westlichen Zivilisation einzuweihen. Ja, das ist es, was verbittert. Gar nicht so sehr die Politiker, die wissen immerhin noch, daß sie wiedergewählt werden wollen und im Wettbewerb stehen. Nein, wirklich schlimm sind all diese kleinen, mittleren, oberen Besserwisser und Wichtigtuer, unabsetzbar, allmächtig in ihrem Paragraphenurwald verschanzt, keinem Zugwind von Konkurrenz ausgesetzt, es sei denn unter sich im Postengerangel.«

Vor Zorn ballt Ewald Kummerow die Fäuste: »Versuchen Sie mal etwas Neues! Schon heißt es: Das haben wir noch nie gemacht, da könnte ja jeder kommen! Oder richten Sie bloß etwas ein, was es drüben, im Westen längst schon gibt. Richten Sie es ein, um konkurrenzfähig zu werden, zum Beispiel eine moderne Hühnerhaltung zur preiswerten Eier- und Hähnchenproduktion. Ein Ämterdutzend wird damit befaßt, von den Bauleuten über die Veterinäre bis zu den Umweltbedenkern, alle brauchen Unterlagen, prüfen, reichen weiter, prüfen wieder, erheben Einwände, machen Auflagen, brauchen neue Unterlagen, verbrauchen dein Geld und noch mehr deine Zeit, die du nicht hast, weil du doch im Wettbewerb stehst und die anderen längst auf der Rennstrecke sind.«

Ich werfe ein, daß diese Massentierhaltung auf engstem Raum nicht gerade schön ist, und Klein-Ewald möchte auch etwas sagen.

Aber Groß-Ewald läßt sich nicht aufhalten: »Die Kumpel an der Ruhr und an der Saar sind längst auf der Rennstrecke, in diesem Fall auf der Subventionsstrecke; wehe, wenn man sie antastet! Hier ist man mit den Arbeitsplätzen nicht so zartfühlend umgegangen. Was die Massentierhaltung betrifft: Darüber mag man streiten. Aber im Westen gibt es sie. Kann man nicht wenigstens Chancengleichheit verlangen, als Voraussetzung für den Wettbewerb, von dem es doch immer heißt, daß er fair sein soll? Oder noch ein Beispiel, eines, das jeder kennt und das alle betrifft: der Streit um die Ladenschlußzeiten, den man in der BRD wer weiß wie lange schon führt. Da gibt es Untersuchungen und Anhörungen, immer neue Gutachten und Gegengutachten, womöglich sogar teure Reisen nach Amerika, um zu sehen, wie es dort ist, obwohl man das längst schon weiß. Ein bißchen zupft man schließlich hier oder dort, und im Prinzip herrschen weiter die Bedenkenträger. Woher aber stammt die Anmaßung, diese Arroganz der Macht, überhaupt etwas vorzuschreiben? Leben wir nun in einem freien Land oder nicht? Und wo bleibt der Wettbewerb, das vielgepriesene Unternehmertum? Anständige Arbeitsverträge für die Angestellten mit Begrenzung ihrer Arbeitszeiten, von den Gewerkschaften ausgehandelt und überwacht, das würde völlig genügen.«

Ich lenke das Gespräch auf die Wiedervereinigung zurück: »Was hätte man denn anders und besser machen sollen?«

»Ein Neuanfang – miteinander – wäre fällig gewesen. Die ›Wessis‹ hätten den ›Ossis‹ nicht alles aufdrängen dürfen, bloß weil es das bei ihnen schon gab, nach dem Motto ›Friß Vogel – oder stirb.‹ Wir sind doch keine Stopfgänse, davon ganz abgesehen, daß in Deutschland wenigstens bei diesem Schnattervieh das Stopfen verboten ist. Eine kritische, selbstkritische Prüfung, entschiedene Rodung des Steuer- und Vorschriftendschungels, Vereinfachung statt Komplizierung! Den Wettbewerb entfesseln, statt ihn einzuschnüren! Freiheit nicht bloß versprechen, sondern sie verwirklichen!«

Jetzt endlich kommt Klein-Ewald zu Wort und frotzelt: »Großer Opa, wir sollten dich zum Wettbewerbshüter ernennen. Auf deine alten Tage entwickelst du dich noch zum Superkapitalisten.«

»Wenn es denn sein muß, wenn es mit dem Sozialismus schon nichts ist, dann will ich wenigstens einen *erfolgreichen* Kapitalismus und nicht diesen miesepetrigen und bürokratischen, der an Krücken geht und von der Arterienverkalkung oder der Schüttellähmung geplagt wird. Nur der erfolgreiche Kapitalismus schafft die neuen Arbeitsplätze und die Vollbeschäftigung, die wir brauchen – so wie es in der BRD früher einmal war, in den Zeiten ihres Wirtschaftswunders in den fünfziger und sechziger Jahren. Aber das ist lange her. Im Westen mag man es mit dieser Verkalkung ja noch eine Weile aushalten; man zehrt dann eben vom Fett, das man in besseren Zeiten angesammelt hat. Aber wir hier halten es nicht aus.«

Unversehens huscht ein Lächeln über Kummerows Gesicht: »Manchmal, wenn ich mich wieder ärgere über das, was geschieht und nicht geschieht, dann male ich mir aus, daß es ein Gespenst, einen Rachegeist gibt, ›auferstanden aus Ruinen‹, wie es in unserer Hymne hieß. Also, ich stelle mir vor, daß wir jetzt *miteinander* unterwegs sind in eine bürokratisch bloß noch perfektere DDR und daß wir uns, aneinandergekettet, für den gesamtdeutschen Niedergang programmieren, wie eben vorweg schon unser Staat es getan hat, sozusagen im Probelauf. Im Traum habe ich sogar schon die Krallenfinger aus dem Grab gesehen, die nach uns greifen.«

»Übertreiben Sie nicht? Und anders betrachtet: Gab es denn hier im Osten keine Illusionen, falsche Vorstellungen, eine D-Mark-Verblendung, als man sich begeistert eingemeinden ließ?«

»Ja, faustdick. Und im Rückblick kann man das sogar verstehen. Was die DDR-Bürger – nicht wir hier, aber die meisten – im Westfernsehen sahen, sehen wollten, das war doch das gelobte Land, in dem die Springquellen für Milch und Honig unerschöpflich fließen. Ungewollt hat unsere eigene Propaganda daran noch mitgewirkt, indem sie das Bild vom leider so mächtigen und abgründig gefährlichen Klassenfeind entwarf, gegen den nichts mehr half außer Mauerbau, Grenzbefestigung und Schießbefehl. Die Leute sind ja nicht dumm, sie sagen sich: Wenn die da drüben wirklich so mächtig sind, dann müssen sie mit Wundermitteln gerüstet sein, und von denen wollen wir etwas abhaben. – Kennen Sie aus dem DDR-Fernsehen noch den ›Schwarzen Kanal‹ mit Karl Eduard von Schnitzler?«

»Leider nein.«

»Das war die finsterste Hetzsendung gegen den Westen, die sich denken ließ. Und – dialektisch betrachtet – die beste Werbung für die Wiedervereinigung im Westsinne, die man erfinden konnte.«

Pause und Spaziergang zum Auslüften. Unterwegs, im Gedanken an die Felder ringsum, von denen man in der Dunkelheit kaum etwas sieht, erzählt Ewald Kummerow von dem LPG-Vorsitzenden, der er einmal war. »Fast auf den Tag zwanzig Jahre, eine lange, mühsame, schöne Zeit. Ich war doch für alles verantwortlich. Und jeder kam mit seinen Problemen zu mir, damit ich sie löste.«

Aus der Ferne tauchen ein paar Neonleuchten auf, und je näher wir kommen, desto lauter dröhnt – an einem Freitagabend – der Disko-Lärm. Ich stichele: »Das ist wohl der Sound der neuen Zeit, über den Sie sich ärgern?«

Groß-Ewald bleibt stehen, schaut mich an, schüttelt den Kopf, lacht: »Kathrin, was glauben Sie denn? Sehe ich so verkalkt aus? Nein, ich selbst habe dafür gesorgt, daß dieser Schuppen eingerichtet wurde, gegen einigen Widerstand. Aber ich habe gesagt: Wenn die jungen Leute nicht auf dumme Gedanken kommen sollen, dann müssen wir ihnen etwas bieten. Und ich habe mich durchgesetzt.«

Es folgen Belehrungen über andere Einrichtungen, von der Kinderkrippe bis zur Altenbetreuung. Als vor uns plötzlich Rehe über die Straße wechseln, erzählt der Jäger von seinen Erlebnissen.

Je länger ich zuhöre, desto mehr drängt sich mir eine Frage auf, die ich am Ende nicht mehr zurückhalten kann: »Herr Kummerow, waren Sie womöglich ein Nachfolger? Ich meine: der direkte Nachfolger der Herren ›von und zu‹? Oder des Gnädigen Herrn Grafen, der so schlimm gar nicht war? Versteckte sich bei der Bodenreform nach 1945 etwa *das* in Ihrem Hinterkopf, nur ohne daß Sie es wußten – dialektisch betrachtet?«

Wieder ein Stillstand, der durchdringende Blick, schließlich Gelächter: »Das hat mir noch keiner gesagt. Aber vielleicht ist etwas dran.«

Beim Abendessen läuft im Fernsehen die Tagesschau, und es ist von Spannungen zwischen den Serben und Albanern im Kosovo die Rede. Es heißt, daß die einen die anderen drangsalieren, daß die Serben ein Einlenken verweigern. Weiter wird gesagt, daß der NATO-Rat zusammengetreten ist und dem jugoslawischen Präsidenten mit dem Eingreifen droht. Vorsorglich sollen Streitkräfte zusammengezogen werden.

Herr Kummerow legt Messer und Gabel beiseite, schüttelt den Kopf und sagt: »Diese NATO! Seit sie die Sowjetunion als ihren Feind verloren hat, sucht sie sich einen neuen, um gegen ihn zusammenzuhalten. Dafür ist das kleine Rest-Jugoslawien gerade gut genug.«

Das sieht Adam ganz anders: »Die NATO ist zur Verteidigung da, und wir sind sehr froh darüber, endlich Mitglied zu sein und die Sicherheit zu finden, die wir vorher nicht hatten.«

Groß-Ewald brummt: »Ach, ihr Polen mit eurem Russenkomplex!«

Adam läßt das nicht auf sich sitzen: »Das ist kein Komplex, sondern bittere Erfahrung über 200 Jahre. Natürlich, in der ostdeutschen Perspektive waren die Russen die Schutzherren, und die DDR war verloren, als sie nicht mehr bereit waren, für Herrn Honecker ihre Panzer rollen zu lassen.«

»Schon gut, ich kenne das von meinen polnischen Freunden drüben in Hinterpommern. Da sind wir eben verschiedener Ansicht. Und womöglich auch die Ost- und die Westdeutschen, jedenfalls was die Mehrheiten betrifft. Hinter der NATO stehen die Amerikaner, so wie es mit der Sowjetunion beim Warschauer Pakt war. Die sind nun die einzig verbliebene Weltmacht, und sie wollen es zeigen. Und wir wiedervereinigten Deutschen? Wir wollen wohl wieder ein ›normaler‹ Staat sein wie alle anderen. Aber wenn das Normalwerden auch das Kriegführen einschließt, dann will ich damit lieber nichts zu tun haben und wähle eben weiter die PDS.«

Was wiederum seinen Enkel auf den Plan ruft: »Was ist mit den Menschenrechten? Soll man einfach zusehen, wie da Leute, Völker geknechtet, Männer massakriert, Frauen vergewaltigt und die gerade noch Überlebenden vertrieben werden?«

Groß-Ewald wiegt den Kopf: »Ich weiß nicht. Aber manchmal denke ich: Es würde so schlimm gar nicht kommen, wenn die einen nicht ermutigt würden, sich aufzulehnen – und die anderen damit in eine Panik gerieten, die sie um sich schlagen und morden läßt. Wenn man es so sieht, dann führt schon die Androhung des Eingreifens zu dem Übel, das man eigentlich abwenden möchte, und um es zu beseitigen, muß man zum bösen Ende dann tatsächlich in den Krieg ziehen. Ein Teufelskreis. Nein, da ist mir doch der olle Bismarck lieber, der einmal gesagt hat, daß diese Affären auf dem Balkan ihm nicht die Knochen eines einzigen pommerschen Grenadiers wert seien. Aber ich fürchte, in Bonn und Brüssel gibt es keinen Bismarck, sondern bloß Leute wie den Husarengeneral Belling. – Den kennt ihr nicht? Nein, natürlich nicht. Im Siebenjährigen Krieg hat er sich hier oben in Vorpommern herumgeschlagen und dem Alten Fritz die Schweden vom Hals gehalten. Dieser Belling war ein frommer Mann, und als der Krieg zu Ende war und ihm das Geld gekappt wurde, hat er gebetet: ›Du siehst,

Vater im Himmel, die betrübten Umstände deines Knechtes Belling, beschere ihm daher bald einen gelinden Krieg, damit er sich verbessern könne und deinen Namen weiterhin preise. Amen.«

Am Ende seiner Rede schaut Herr Kummerow mich an, als suche er nach einer Bestätigung. Ich habe bisher nur zugehört und versuche, mich aus der Affäre zu ziehen: »Eigentlich bin ich ganz froh, daß ich eine Frau bin und mit solchen Männersachen nichts zu tun habe.«

Doch da mischt sich zum zweiten Mal an diesem Tag Frau Kummerow ein: »Kathrin, sagen Sie das nicht! Sie sind noch zu jung, um alles zu wissen, Gott sei Dank! Aber ich habe es bei meiner Mutter erlebt: Erst plustern sich die Männer auf, dann ziehen sie in den Krieg, dann schmücken sie sich mit Orden und Eichenlaub, dann sterben sie ihren Heldentod. Am Ende sitzen wir Frauen ganz allein da, mit den Kindern ringsum, die sich die Seele aus dem Leib schreien nach Brot, das es nicht gibt. Nein, man muß diesen Männern beizeiten das Handwerk legen.«

Der alte Ewald nimmt die Hand seiner Frau und streichelt sie: »Laß gut sein, Muttchen, bei mir hast du es ja schon getan.«

Das bestätigt sich umgehend; der abschließende Umtrunk wird abgelehnt: »Du mußt ja noch fahren.«

Soweit mein Bericht, der ungewollt so lang geworden ist. Gleich in der Nacht habe ich mich hingesetzt, um Stichworte zu notieren, und dann drei Tage gebraucht, um diesen Brief halbwegs in Form zu bringen. Ich habe viel gehört und gelernt und weiß am Ende doch kaum, was ich von alledem halten soll. Erst recht weiß ich nicht, ob Ewald Kummerow nun der »typische« Deutsche aus dem Osten ist oder nicht. Nur darin bin ich mir sicher: Er hat mich beeindruckt, ich mag ihn und beneide Klein-Ewald fast um ihn. So und nicht anders sollte ein Großvater sein.

Mit herzlichsten Grüßen,

Ihre, Deine Kathrin

Zwölftes Kapitel

Von Deutschen und Juden

Lieber Herr von Krockow!

Heute schreibe ich speziell an Sie, weil mich wieder einmal ein Problem plagt und ich hoffe, von Ihnen die richtigen Antworten zu erhalten.

Aber zunächst muß ich fragen: War denn mein zweiter Bericht über den Besuch bei Ewald Kummerow so erschöpfend oder so langweilig, daß er kein Echo verdient? Ich habe mich an Ihre Antwortbriefe schon so gewöhnt, daß ich unruhig werde, wenn sie ausbleiben.

Die Zeit ist geflogen, auf einmal stand Weihnachten vor der Tür; in Greifswald hat es sogar schon geschneit. Ich packte meine Koffer, um für vierzehn Tage nach Hause zu fahren – gegen den Protest meiner lieben Vermieterinnen: »Kathrin, bleiben Sie doch! Wir machen es uns schön gemütlich, das Gebäck ist schon fertig und die Festtagsgans bestellt. Eine polnische natürlich, denn das sind die besten! Sie werden sehen, wie herrlich sie schmeckt, darauf verstehen wir uns. Und natürlich ist auch Herr Jan herzlich eingeladen, der arme Junge muß sich doch endlich wieder richtig satt essen.«

Doch einerseits grauste es den armen Jungen vor dem pommerschen Nötigen, dessen frühere Kostprobe ihm noch auf den Magen drückt. Außerdem meinte er, daß Weihnachten mit »Stille Nacht, heilige Nacht« und »Ihr Kinderlein kommet« zu »typisch deutsch« und zu sentimental sei, um sich da hineinzufinden. Womöglich ist es das wirklich, *das* Fest der Familie; meine Eltern, die Oma und mein kleiner Bruder (er ist zwölf und wächst mir schon über den Kopf) erwarteten mich. Also bin ich jetzt in Ratzeburg.

Stille Tage und nicht nur Nächte, lange Spaziergänge an unserem See entlang, mit seinen Enten und Haubentauchern und zwei oder drei weltverlorenen Fischern darauf. Zeit zum Grübeln: Welch wechselvolles Jahr, angefüllt mit Aufregung, Ärger, Traurigsein, Hoffnung, Ungewißheit geht für mich zu Ende! Und zuletzt die drei Monate in Vorpommern mit neuen Erfahrungen und mit Menschen, die ich mag, die mich mögen.

Was wird das nächste Jahr bringen? Schon Jan zuliebe möchte ich ja gern eine gute und selbstbewußte Deutsche sein – oder eine neue und ganz normale in einem neuen und ganz normalen Nationalstaat.

Und damit wäre ich bei dem Problem, das mich beschäftigt. Ich denke und komme davon nicht los: Herr von Krockow meint es ja gut mit Jan und mit mir; er will uns helfen, wieder zusammenzufinden. Aber gerade indem wir so vieles besprochen haben, blieb eines verschwiegen, und mehr und mehr nähere ich mich einem Abgrund, über den ich nicht hinwegkomme: die Judenvernichtung, für die der Name »Auschwitz« zum Symbol geworden ist. Man mag ja mit Günter Grass über Kreuz geraten, weil er sich auf die Wiedervereinigung nicht einlassen wollte, aber er hat etwas gesagt, was in mich eingeschlagen ist wie ein Blitz, sei es als Erleuchtung oder als Lähmung. Es heißt bei ihm:

»Indem ich meinen Vortrag unter die lastende Überschrift ›Schreiben nach Auschwitz‹ stellte …, will ich zum Schluß die Zäsur, den Zivilisationsbruch Auschwitz dem deutschen Verlangen nach Wiedervereinigung konfrontieren … Ja, auch gegen ein Selbstbestimmungsrecht, das anderen Völkern ungeteilt zusteht, gegen all das spricht Auschwitz, weil eine Voraussetzung für das Ungeheure, neben älteren Triebkräften, ein starkes, das geeinte Deutschland gewesen ist. Wir kommen an Auschwitz nicht vorbei. Wir sollten, sosehr es uns drängt, einen solchen Gewaltakt auch nicht versuchen, weil Auschwitz zu uns gehört, bleibendes Brandmal unserer Geschichte ist und – als Gewinn! – eine Einsicht möglich gemacht hat, die heißen könnte: jetzt endlich kennen wir uns.«

Was soll man dagegen vorbringen, außer vielleicht einen eiskalten Hinweis auf die »Macht der Tatsachen«, mit denen man sich abfinden muß? Aber niemand kann auslöschen, was war; es gibt kein Zurück hinter Auschwitz. Und wenn das unmöglich ist: Wie kann es dann ein frohgemutes Vorwärts geben, in einen neuen und angeblich ganz normalen deutschen Nationalstaat hinein, so als sei nichts gewesen, mit unschuldsvoll neuen Deutschen?

Noch etwas kommt hinzu: Ich verstehe einfach nicht, wie das Entsetzliche möglich wurde, und ich denke, daß es den meisten in meiner Generation ähnlich ergeht. Da bleiben uns nur zwei Möglichkeiten: Entweder schütteln wir ab, was wir nicht begreifen, wie junge Hunde das Wasser, aus dem sie gerade einen Stock ans Ufer gebracht haben – und schnüffeln unbeschwert im Gras herum, um herauszufinden, was die Welt uns an Neuem bietet. Nur nicht sich erinnern an das, was geschehen ist; was geht es uns an? Laßt die Toten ihre Toten begraben.

Oder wir geraten in den Schatten dieser Vergangenheit, und ein Schauder erfaßt uns. Und wir sagen: Ja, wir können vieles sein, Studenten jetzt, später vielleicht Studienräte oder Taxifahrer und am Ende mehr oder weniger zufriedene Rentner, dazu noch Holsteiner und Hanseaten, Bayern und Sachsen, Hessen und Rheinländer, Mecklenburger und Vorpommern, die sich zugleich in Europa einrichten – aber nicht mehr so einfach und nur unter Vorbehalten »die Deutschen«. Ist es nicht das, was Grass meint und womit er im Recht ist?

Nun habe ich zu Büchern gegriffen, zum Beispiel zu dem von Daniel Jonah Goldhagen, *Hitlers willige Vollstrecker. Ganz normale Deutsche und der Holocaust*, das vor wenigen Jahren erschien und so viel Aufsehen erregte. Aber es hat mich nur noch ratloser gemacht. Einerseits heißt es da, wenn ich richtig lese, daß ein unvergleichbar mörderischer Antisemitismus schon immer oder seit langem in den Deutschen steckte und nur auf die Gelegenheit zum Zuschlagen wartete. Andererseits hat der Autor beschwichtigend hinzugefügt, daß die Deutschen sich seit 1945 geändert hätten, so daß man sie nicht mehr fürchten müsse.

Aber woher weiß Goldhagen das eigentlich? Die Juden, so heißt es, haben sich in Deutschland zu Hause gefühlt wie vielleicht nirgendwo sonst, und sie haben einen überragenden Beitrag zu Wissenschaft und Forschung, zu Malerei und Musik, zu Theater und Literatur, kurz zum deutschen Geistesleben geleistet. Warum, wenn sie sozusagen auf einem Vulkan lebten? Gab es von ihm her denn kein Donnergrollen, kein Beben im Boden, keine Vorwarnung, keine Angst vor der kommenden Katastrophe?

Nein, offenbar nicht. Ausschreitungen, Pogrome? Aber nicht hierzulande, sondern weitab im finsteren Rußland! Man fühlte sich sicher, man hob abwehrend die Hände, wenn von einem Judenstaat die Rede war, der in Palästina gegründet werden sollte, man wanderte nicht fort. Ja, aus Polen vielleicht, aber nicht aus diesem schönen, guten und sicheren Deutschland! Selbst nach 1933, so habe ich gehört, sind viele geblieben, statt sich zu retten, weil sie einfach nicht für möglich hielten, was sich vorbereitete.

Doch wenn es so war, wenn niemand das Entsetzliche bemerkte, weil es sich tief im Untergrund der deutschen Seele verborgen hielt: Wer will dann für die Zukunft etwas garantieren und behaupten, daß ein grundlegender Wandel eingetreten ist? Um im Bilde zu bleiben: Ein Vulkan, der einmal ausgebrochen ist, kann es wieder tun. Und auf dem soll ich mich dann ansiedeln, womöglich einmal Kinder aufziehen, zufrieden damit, eine »gute Deutsche« zu sein?

Lieber Herr von Krockow, bitte sehen Sie es mir nach, wenn ich Sie mit meinen Zweifeln belästige. Heute ist der letzte Tag des alten Jahres, es wird dunkel, und hier und da knallt es schon, in der Vorbereitung aufs Mitternachtsfeuerwerk, das die bösen Geister vertreiben soll. Aber lassen sie sich vertreiben?

Dennoch: Es wünscht Ihnen und uns allen ein gutes, ein glückliches Neues Jahr,

Ihre Kathrin

Liebe Kathrin,

ganz schnell und vorweg meine Entschuldigung für die unverzeihlich ausgebliebene Antwort. Wenigstens das Echo, die Bestätigung wäre nötig gewesen, und in einem Satz hole ich sie nach, samt der darin verpackten Bitte um Nachsicht: Ihr Bericht vom Groß-Ewald war so gut und so anschaulich, daß ich mir wie ein eitler alter Esel vorgekommen wäre, wenn ich versucht hätte, ihn mit meinen Kommentaren zu zerreden.

Für die guten Wünsche zum Neuen Jahr danke ich Ihnen sehr. Und noch mehr dafür, daß Sie mir wieder einmal anvertrauen, was Sie bedrückt. Ich will versuchen zu antworten, soweit ich es kann. Dabei ahne ich schon, daß diesmal ein besonders langer Brief entstehen wird.

Das Persönliche zuerst, das hier zur Sache gehört: Vor mehr als fünfzig Jahren, 1947, habe ich in Göttingen mit meinem Studium begonnen, damals ungefähr so alt wie Sie heute – und ratlos wie Sie, getrieben von der Frage: Wie konnte das passieren? Kaum drei Jahre lag es zurück, daß wir gerade erst Siebzehnjährigen als ein letztes Aufgebot dazu aufgerufen wurden, die Heimat, wie es hieß, gegen den Ansturm der Barbaren, gegen die bolschewistischen »Untermenschen« zu verteidigen, und viele von uns sind noch für Deutschland gefallen. Aber jetzt lag das Unvorstellbare, das in den deutschen Konzentrations- und Vernichtungslagern geschehen war, vor aller Augen.

Etwas später wurde zu meinem akademischen Lehrer, nein, mehr: zu meinem geistigen Vater der Philosoph Helmuth Plessner, Heimkehrer aus dem Exil in den Niederlanden, wo er die Zeit des Schreckens im Untergrund überlebt hatte, von Freunden beschützt. Wieder etwas später, zum noch jungen Professor aufgerückt, hieß mein erster und enger Mitarbeiter Artur Levi, heimgekehrt aus England, wohin ihn in den dreißiger Jahren seine Eltern geschickt und damit gerettet hatten. Ja, die Menschen, von denen ich mehr gelernt habe als von anderen und denen ich mich besonders eng verbunden fühlte, waren Juden. Inzwischen habe ich auch den Text zu einem Bildband über Konzentrations- und Vernichtungslager geschrieben. Deutsche und Juden: Mehr als ein halbes Jahrhundert hält mich dieses Thema in seinem Bann. Doch wer darf sagen, daß er damit jemals ans Ende gekommen wäre? Ich ganz gewiß nicht.

Nun eines nach dem anderen und zunächst zu Günter Grass. Ich respektiere seine Meinung, aber ich teile sie nicht. Im Gegenteil! Die deutsche Teilung, so scheint mir, machte es uns bequem, weil sie ablenkte. Man wohnte in einem Teil Europas, sei es östlich oder westlich, aber nicht eigentlich in Deutschland. In der Bundesrepublik wie in der DDR hatte man seinen Feind vor Augen und gehörte Gott sei Dank, nun endlich zum guten statt zum bösen Teil der Menschheit, zu den Kindern des Lichts und nicht mehr zu den Kindern der Finsternis. Im Westen leistete man außerdem Wiedergutmachung und war im Gefolge des Wirtschaftswunders zahlungskräftig genug, um nicht viel davon zu bemerken.

Mit dieser Bequemlichkeit ist es seit der Wiedervereinigung vorbei – und womöglich hat ein Teil unserer Verdrossenheit auch damit zu tun. Als ungeteilte Nation, von Feinden verlassen, müssen wir unsere ganze Geschichte übernehmen. In welche Schwierigkeiten wir damit geraten, zeigt vielleicht beispielhaft der quälende Streit um das »Holocaust«-Mahnmal in Berlin. Um es zugespitzt auszudrücken: Auschwitz verbietet nicht, sondern gebietet, daß wir uns als *ein* Volk, als *die Deutschen* verstehen und annehmen.

Zu dem Buch von Daniel Goldhagen: Ich teile Ihre Zweifel. Der Autor macht nicht einmal den Versuch, vergleichend den Antisemitismus in anderen Ländern aus dem Quellenmaterial darzustellen und von da aus abzuschätzen, wo er denn nun mörderisch oder vielleicht weniger mörderisch war. Jedenfalls hat niemand das Besondere und Explosive an den deutschen Verhältnissen bemerkt, bevor Hitler an die Macht kam, am wenigsten die Juden selbst. Ich zitiere Eberhard Jäckel:

»Nichts schien nach 1945 selbstverständlicher, als die nationalsozialistische Judenverfolgung auf einen besonders ausgeprägten Antisemitismus zurückzuführen. Die Historiker suchten nach Belegen und fanden sie. Inzwischen haben neuere und auch vergleichende Forschungen das Bild relativiert. Gewiß gab es in der wirtschaftlichen Depression nach der Reichsgründung, besonders zwischen 1878 und 1887, antisemitische Bewegungen und Parteien. Doch erfuhren sie zwischen 1903 und 1914 einen Niedergang und waren am Vorabend des Ersten Weltkrieges fast verschwunden. Der Grundsatz der gesetzlichen Gleichberechtigung war trotz mancher gesellschaftlicher Diskriminierung zu keinem Zeitpunkt ernsthaft gefährdet. In Deutschland gab es keine Pogrome wie in Rußland, keine Affäre wie die um Dreyfus in Frankreich, und auch der österreichische Antisemitismus schien ausgeprägter als der deutsche.«

Der amerikanische Historiker George L. Mosse hat 1975 diesen Befund einmal mit einer zugespitzten Hypothese zu verdeutlichen versucht. Wenn man, so sagt er, Leuten im Jahre 1914 erzählt hätte, daß innerhalb einer Generation die meisten europäischen Juden ermordet sein würden, wäre ihre Antwort höchstwahrscheinlich gewesen: »Die Franzosen sind zu jedem Verbrechen fähig. Man könnte sich auch vorstellen, daß die Leute die Russen, die Polen oder die Österreicher verdächtigt hätten. Die Deutschen wären ihnen wohl zuletzt eingefallen.«

Selbst noch in der Weimarer Republik sah es kaum anders aus. Von 1923 bis 1932 registrierte man 125 Friedhofsschändungen und 48 Anschläge auf Synagogen; für die Bundesrepublik würde man zumindest für die Friedhofsschändungen zu vergleichbaren Zahlen kommen. Gewiß, es gab den Mörderspruch »Schlagt tot den Walther Rathenau, die gottverdammte Judensau!« Und Rathenau wurde ermordet. Aber sein Biograph Harry Graf Kessler hat geschildert, was folgte: »Die Gewerkschaften hatten eine allgemeine Arbeitsruhe ... beschlossen. Ungeheure Demonstrationszüge, wie sie Deutschland noch nicht gesehen hatte, durchzogen geordnet unter republikanischen Fahnen alle deutschen Städte. Über eine Million Menschen in Berlin, hundertfünfzigtausend in München, in Chemnitz, hunderttausend in Hamburg, Breslau, Elberfeld, Essen. Nie hatte Deutschland einen seiner Bürger so geehrt. Den Widerhall, den Rathenaus Leben und Denken nicht gefunden hatte, fand jetzt sein Tod.«

Wem hatte überhaupt der Anschlag gegolten? Dem Reichsaußenminister und »Erfüllungspolitiker« oder dem Juden? Ein Zeitzeuge, der später nach Amerika emigrierte Historiker Felix Gilbert, hat gesagt: »Für den Mord an Rathenau hat man in erster Linie den Antisemitismus verantwortlich gemacht; meiner Ansicht nach ist diese Interpretation von dem geprägt, was zehn Jahre später in Deutschland geschah. Zur Zeit des Mordes jedenfalls sahen wir im Antisemitismus nicht das entscheidende Motiv.«

Um eine lange Sache kurz zu machen: Für einen in Deutschland langfristig aufgestauten und einzigartigen mörderischen Antisemitismus gibt es nicht den geringsten Beweis. Doch wenn es ihn nicht gibt und falls man dennoch der Argumentation von Goldhagen folgen wollte, wäre es in der Tat höchst leichtfertig – nein, mehr noch, es wäre absolut unverantwortlich –, für die Zeit nach 1945 einen Wandel zu unterstellen und für die Zukunft sich in Sicherheit zu wiegen. Nur eben: Daniel Goldhagen geht meiner Meinung nach von vollkommen falschen Voraussetzungen aus; ich komme darauf noch zurück.

Jetzt zum Beitrag der Juden zum deutschen Geistesleben, der seinesgleichen sucht. Vielleicht nie und nirgendwo sonst, sagt Fritz Stern in seinem Buch über Bismarck und seinen Bankier Bleichröder, ist eine Minderheit so erfolgreich und so schnell aufgestiegen wie im 19. Jahrhundert die deutschen Juden. Paradox genug kam ihnen dabei ihre frühere Benachteiligung zur Hilfe. Traditionelle Berufe in der Landwirtschaft oder im Handwerk blieben ihnen weitgehend verschlossen, ebenso die Laufbahn des Staatsbeamten und erst recht die des Offiziers. Die übrigens bis zuletzt. In Frankreich gab es den Dreyfus-Skandal, in Deutschland nicht, weil man hier die jüdischen Hauptleute vergeblich suchte. Doch mit der Verstädterung und der industriellen Entwicklung des 19. Jahrhunderts entstanden neue Berufe, und um so stärker drängten die Juden in sie hinein. Sie wurden Rechtsanwälte, Ärzte, Journalisten, Künstler, Schauspieler, Gelehrte, Schriftsteller, Kritiker.

Aber gab es anderswo nicht auch die moderne Gesellschaftsentwicklung, ohne daß der jüdische Kulturbeitrag so überragend ausfiel wie in Deutschland? Ja, selbstverständlich. Etwas Besonderes muß hier also noch hinzugekommen sein. Liebe Kathrin, Sie kennen mich inzwischen wohl gut genug, um schon zu wissen, wo ich es finde: in Preußen. Um Anschauung zu vermitteln, schreibe ich Ihnen wieder einmal ein Gedicht auf. Theodor Fontane verfaßte es nach seinem 75. Geburtstag. Es ist mit Recht berühmt und schon oft zitiert worden, auch von mir. Doch in die Schulbücher ist es leider nicht gelangt, und Sie und Ihre Generation kennen es wahrscheinlich nicht mehr, und darum scheue ich die Wiederholung nicht.

»Hundert Briefe sind angekommen,
Ich war vor Freude wie benommen,
Nur etwas verwundert über die Namen
Und über die Plätze, woher sie kamen.

Ich dachte, von Eitelkeit eingesungen:
Du bist der Mann der ›Wanderungen‹,
Du bist der Mann der märk'schen Gedichte,
Du bist der Mann der märk'schen Geschichte,
Du bist der Mann des Alten Fritzen
Und derer, die mit ihm bei Tafel sitzen,
Einige plaudernd, andere stumm,
Erst in Sanssouci, dann in Elysium;

Du bist der Mann der Jagow und Lochow,
Der Stechow und Bredow, der Quitzow und Rochow,
Du kanntest keine größeren Meriten
Als die von Schwerin und vom alten Zieten,
Du fandest in der Welt nichts so zu rühmen
Als Oppen und Groeben und Kracht und Thümen;
An der Schlachten und meiner Begeisterung Spitze
Marschierten die Pfuels und Itzenplitze,
Marschierten aus Uckermark, Havelland, Barnim
Die Ribbecks und Kattes, die Bülow und Arnim,
Marschierten die Treskows und Schlieffen und Schlieben –
Und über alle hab ich geschrieben.

Aber die zum Jubeltag kamen,
Das waren doch sehr, sehr andre Namen,
Auch ›sans peur et reproche‹, ohne Furcht und Tadel,
Aber fast schon von prähistorischem Adel;
Die auf ›berg‹ und ›heim‹ sind gar nicht zu fassen,
Sie stürmen ein in ganzen Massen,
Meyers kommen in Bataillonen,
Auch Pollacks und die noch östlicher wohnen;
Abram, Isack, Israel,
Alle Patriarchen sind zur Stell',
Stellen mich freundlich an ihre Spitze,
Was sollen mir da noch die Itzenplitze!
Jedem bin ich was gewesen,
Alle haben sie mich gelesen,
Alle kannten mich lange schon,
Und das ist die Hauptsache … ›Kommen Sie, Cohn.‹«

Preußen hat seine Juden niemals mit besonderer Rücksicht behandelt, und bevorzugt hat es sie schon gar nicht. Das Reformedikt vom 11. März 1812, das ihnen Gleichstellung versprach, war eine sehr persönliche Sache des Staatskanzlers Hardenberg. Übrigens wurde es von heftigen Adelsprotesten empfangen, von der Klage darüber, daß das »ehrliche, brandenburgische Preußen ein neumodischer Judenstaat werden solle«. Rückschritte folgten unter den Vorzeichen der Restauration; das volle Bürgerrecht brachte erst Bismarcks Reichsgründung. Dennoch liebten die Juden dieses Preußen, und sie lasen und liebten den brandenburg-preußischen Autor, der davon erzählte. Für diese Liebe lassen sich viele Zeugnisse beibringen. Um nur eines anzuführen, den wehmütigen Rückblick Walther Rathenaus im Jahre 1919:

»Vergessen ist das Maß organisatorischer Kraft, das Preußen dem Reich zugeführt hat, vergessen die außerordentliche Willensstärke und Willensklarheit, die Fähigkeit des Erledigens und Fertigmachens, die unerhörte Wirtschaftskraft und selbstverzehrende Sachlichkeit. Vergleicht das Heilige Römische Reich und das Deutsche Reich: Was bleibt? Preußen. Vergleicht Österreich und Deutschland: Was bleibt? Preußen. Zieht Preußen von Deutschland ab: Was bleibt? Der Rheinbund. Ein verlängertes Österreich. Eine klerikale Republik.«

Wie soll man diese einseitige und ausdauernde, kaum jemals erwiderte Liebe erklären? Zunächst muß man bedenken, daß Preußen kein Stammesland wie Sachsen oder Bayern und auch kein deutscher Nationalstaat mit »natürlich« vorgegebenen Grenzen und Volksgrundlagen war. Als beinahe traditionsloser Emporkömmling wuchs es als eine unerhörte Willensanspannung seiner großen Könige zur Macht; es war Staat und nichts außerdem. Daher konnte es Fremde – oder Menschen, die man fremd gehalten hatte – leichter aufnehmen und stärker an sich binden als andere Länder. Und unwillkürlich richteten diese Fremden oder Fremdgehaltenen sich stärker auf den Staat hin aus als die seit jeher Einheimischen, die noch in ihren brandenburgischen, pommerschen, ostpreußischen oder niederrheinischen Besonderheiten zu Hause waren. Nicht sie, sondern die Neuankömmlinge waren gleichsam zu Modellpreußen bestimmt. Ein berühmtes Beispiel liefern die Glaubensflüchtlinge aus Frankreich, die Hugenotten (von denen übrigens auch Theodor Fontane abstammte). In der Gedrücktheit, in die die Städte und das Bürgertum seit der Katastrophe des Dreißigjährigen Krieges geraten waren, stellten sie eine Art von Ersatzbürgertum dar. Die Juden kamen – aus ihrer Absonderung – ein gutes Jahrhundert später als die Hugenotten, aber auch sie übernahmen eine ähnliche Funktion, zum Beispiel im Handel, im Bankwesen und in all den modernen Berufen, die ich erwähnte.

Was für die Juden insgesamt galt, steigerte und konzentrierte sich noch einmal in Berlin; ein volles Drittel aller deutschen Juden hat am Ende hier gelebt. Berlin war eben ein traditionsloser Emporkömmling wie Preußen. Der Staat bestimmte das Schicksal der Stadt; niemals hat hier ein alteingesessenes Patriziat regiert wie etwa in den Hansestädten. Niemand behinderte das Neue und die Neuankömmlinge, und so ist es nur folgerichtig, wenn Willy Haas in seinen Erinnerungen sagt: »In Berlin, und fast nur in Berlin, gab es einen wirklichen Aufstieg, eine wirkliche Entfaltung der Begabung, sei sie nun klein oder groß.«

Übrigens, liebe Kathrin, ich will Sie ja nicht erschrecken, aber zum deutschen Reichtum der Vielfalt, diesem von Ihnen so freundlich beleuchteten Zuhausesein im Besonderen, sozusagen der Ratzeburg-Idylle (oder der von Greifswald, Oranienburg, Bautzen, Passau und Dachau, Dinkelsbühl und Bad Pyrmont), gehört leider sehr leicht und in unserer neueren Geschichte nur zu oft eine dumme und dumpfe Kehrseite: eine Fremdenfeindlichkeit, in der der Anspruch auf »Heimat« wider die Weltoffenheit ausgespielt wird. Schon in der Weimarer Republik und erst recht natürlich im »Dritten Reich« hat man »Blut und Boden« gegen die angebliche Sittenverwilderung, gegen »Blutschande«, Wurzellosigkeit und »Asphaltliteratur« der Großstadt in Stellung gebracht, und besonders Berlin erschien als das Sinnbild des modernen Babylon, wenn nicht gar als Sodom und Gomorrha, dazu verurteilt, im Feuerregen vertilgt zu werden. Ja, die Gefolgsleute Hitlers, mit dem Propagandaleiter Dr. Joseph Goebbels voran, wußten nur zu gut, wie man unsere besten Gefühle in ihrem Mißbrauch mobilisiert, und kaum zufällig sind im Vorfeld der »Machtergreifung« traditionsbestimmte ländliche Regionen – wie Ostpreußen, Pommern, Schlesien und auch Schleswig-Holstein – mit fliegenden Fahnen zu den Nazis übergelaufen, indessen sie in Berlin selbst noch bei den letzten halbwegs freien Wahlen vom März 1933 weit in der Minderheit blieben.

Zur Traditionslosigkeit kam ein zweiter Faktor hinzu, der in Preußen eine besondere, beinahe einzigartige Rolle spielte: *Bildung*. Kaum zufällig handelt es sich um einen Begriff, den man in andere Sprachen kaum übersetzen kann, ohne daß er seinen Bedeutungsgehalt verliert.

Zur Erklärung: Die Gedrücktheit, in die das Bürgertum mit der Katastrophe des Dreißigjährigen Krieges geraten war, brachte es mit sich, daß dieses Bürgertum nicht – wie es seit Adam Smith und Karl Marx in den Lehrbüchern steht und anderswo auch zutrifft – der Motor der Modernisierung war; dazu fehlten ihm die wirtschaftliche Kraft und das Selbstbewußtsein. Diese Aufgabe fiel dem Staat zu, vor allem in dem besonders armen und rückständigen Preußen. »Der Staat« aber waren praktisch und wurden immer mehr: die Beamten. Als Beamter, und bis ins 19. Jahrhundert hinein beinahe nur als Beamter, gewann man Ansehen, materielle Sicherheit und Aufstiegschancen. Und sofern man nicht zum Adel gehörte, gab es nur einen Schlüssel, um das Tor zu den höheren Beamtenrängen zu öffnen: Bildungspatente. Daher gewann Bildung für tüchtige und leistungsbereite junge Leute eine Dringlichkeit und einen handfesten Wert wie sonst vielleicht bloß noch im klassischen China der Mandarine.

Und nun zu den Juden! Sie waren doppelt benachteiligt, nicht nur wie gewöhnliche Bürgersöhne gegenüber dem Adel, sondern durch Behinderungen und Vorurteile noch einmal gegenüber dem Bürgertum. Um so mehr mußten sie leisten, um voranzukommen – und das hieß unter den preußischen Bedingungen: sich noch intensiver um Bildung zu bemühen als andere. Selbst wenn ihnen dann die Beamtenlaufbahn noch weithin verwehrt blieb (sofern sie sich nicht taufen ließen), so kamen sie doch gerade rechtzeitig, um sich die akademischen Berufe zu erschließen, die seit dem 19. Jahrhundert so rasch an Bedeutung gewannen. Antisemiten haben später vorwurfsvoll nachgezählt und festgestellt, daß der Anteil der Juden an Abiturienten, Studenten und Akademikern um ein vielfaches höher lag als bei der übrigen Bevölkerung. Aber wie sollte er nicht? Bildung war nun einmal das preußisch-deutsche Mittel zum Aufstieg, und der überragende Beitrag der Juden zum deutschen Geistesleben hört damit auf, ein Rätsel zu sein. Nicht einmal von einer besonderen Begabung muß man sprechen, nur vom Zwang und vom Ansporn zur Hochleistung, der in den Umständen angelegt war.

Genügt das, liebe Kathrin, um Ihnen zu erklären, was Fontane an seinem 75. Geburtstag widerfuhr? Um einen Adelswitz zu erzählen – der, wenn er gut war, ebenso hausgemacht zu sein pflegte wie der Judenwitz von Juden: Da wurde jemand von seinen Gutsnachbarn »der Bücherwurm« genannt, weil er sich eine *Probenummer* der Zeitschrift *Wild und Hund* hatte kommen lassen. Natürlich ist das exotisch zugespitzt, aber Fontane hat von dem hochachtbaren Titelhelden seines Altersromans, dem *Stechlin*, charakteristisch erzählt: »Von jung an lieber im Sattel als bei den Büchern, war er erst nach zweimaliger Scheiterung siegreich durch das Fähnrichsexamen gesteuert ...«

Die Juden lasen und liebten den brandenburg-preußischen Autor, weil er ihnen von einer Welt erzählte, aus der sie nicht stammten – und doch von dem Staat zugleich, der ihren Aufstieg ermöglichte. Sie entwickelten sich zu einer einzigartigen Bildungsschicht, und die Worte fehlen, das Herz verkrampft sich, wenn man daran denkt, daß ausgerechnet diese deutschen Kulturträger von den Deutschen ausgestoßen, vertrieben, vernichtet worden sind.

Wie konnte es nur dazu kommen? Schon bald nach der Reichsgründung entwickelte sich ein neudeutscher, »moderner« Antisemitismus, und einer seiner Verkünder war der gelehrte Demagoge Heinrich von Treitschke. Von ihm stammt das Schlagwort »Die Juden sind unser Unglück«, und wie dieser akademische Lehrer wirkte, hat Heinrich Claß (1868–1953) beschrieben, von 1908 bis 1939 der Vorsitzende des 1891 gegründeten, scharf imperialistischen und scharf antisemitischen Alldeutschen Verbandes:

»Ein Schatten fiel für beide Eltern auf mein Berliner Erlebnis: meine Ablehnung des Judentums. Man muß bedenken, daß drei Worte über dem Denken und Trachten von Häusern wie dem unseren standen – drei Fremdworte: Patriotismus, Toleranz, Humanität. Das waren die politischen und menschlichen Ideale jener beiden Geschlechterfolgen, die ganz unter liberalen Einflüssen standen und auf die Gleichberechtigung aller Staatsangehörigen schwuren. Wir Jungen waren fortgeschritten: wir waren national schlechthin; wir wollten von Toleranz nichts wissen, wenn sie Volks- und Staatsfeinde schonte ... Das trug ich den Eltern vor, und meinem gütigen Vater sagte ich: Er habe mich zu Treitschke geschickt, und nun habe ich von dem großen Manne gelernt, was dieser sich erst unter schweren Kämpfen habe erarbeiten müssen. Da sei nichts zu machen, er müsse sich damit abfinden, daß ich auf Treitschkes Erkenntnisse schwöre.«

Der Wandel vom älteren Patriotismus zum modernen Nationalismus, die Aufkündigung von Toleranz und Humanität, dummdreist als »Fortschritt« verkündet, und damit verbunden eine Feinderklärung an die Juden, die der älteren, noch mit den Idealen von 1848 vertrauten Generation schmerzlich und unverständlich bleibt: Der Text zeigt exemplarisch eine nachpreußische und neudeutsche Wendung zum Schlechten. Allerdings muß man daran erinnern und es wiederholen: Der Einfluß der Antisemiten blieb immer begrenzt. Das Kaiserreich war ein Rechtsstaat, der keine Verfolgungen duldete, und wie Bismarck mit seinem Bankier Gerson Bleichröder verkehrte der Kaiser selbst freundschaftlich mit dem jüdischen Reeder Albert Ballin. Erst nach seiner Abdankung, im niederländischen Exil, hat auch Wilhelm II. sich eines Schlechteren besonnen und gegen die Juden gewütet, so als hätten sie ihn, Hand in Hand mit Marxisten, vom Thron gestoßen.

Aber gab es in der Weimarer Republik nicht die nationalsozialistische Bewegung? Ja, natürlich. Doch Hitler ist als Prediger von Judenhaß und Judenvernichtung weitgehend erfolglos geblieben. Noch 1928, nach jahrelangem Trommeln, errangen die Nationalsozialisten bei den Reichstagswahlen nur 2,6 Prozent der abgegebenen Stimmen; sie blieben eine Splitterpartei, die gar nicht in den Reichstag gelangt wäre, wenn es damals schon eine Fünfprozentklausel gegeben hätte. Der Umschwung kam mit der Weltwirtschaftskrise, die 1929 begann. Also kaum der Antisemitismus, vielmehr das sprunghafte Anschwellen der Arbeitslosigkeit brachte den Durchbruch zur Massenbewegung, und die Verzweiflung von Millionen, die sich ausgestoßen sahen, die Hoffnung auf den Retter, der die Vollbeschäftigung wiederherstellte, begleitete Hitlers Weg an die Macht.

Und wie eigentlich war es dann im Dritten Reich? Der »spontane«, in Wahrheit wohlorganisierte Boykott jüdischer Geschäfte am 1. April 1933 erwies sich als Mißerfolg, und niemals ist später versucht worden, ihn zu wiederholen. Oder kam dann am 9. November 1938 der so lange zurückgestaute mörderische Antisemitismus der Deutschen endlich ans Ziel? Nein, keineswegs. Formationen der SA, nur schlecht getarnt, wurden zum Zerstören der Geschäfte und zur Brandstiftung an den Häusern Gottes, den Synagogen, *befohlen.* Wie es in Berlin zuging, hat ein unverdächtiger Zeuge, Erich Kästner, beschrieben:

»Als ich am 10. November, morgens gegen drei Uhr, in einem Taxi den Berliner Tauentzien hinauffuhr, hörte ich zu beiden Seiten der Straße Glas klirren. Es klang, als würden Dutzende von Waggons voller Glas umgekippt. Ich blickte aus dem Taxi und sah, links wie rechts, vor etwa jedem fünften Haus einen Mann stehen, der, mächtig ausholend, mit einer langen Eisenstange ein Schaufenster einschlug. War das besorgt, schritt er gemessen zum nächsten Laden und widmete sich, mit gelassener Kraft, dessen noch intakten Scheiben. – Außer diesen Männern, die schwarze Breeches, Reitstiefel und

Ziviljacketts trugen, war weit und breit kein Mensch zu entdecken. Das Taxi bog in den Kurfürstendamm ein. Auch hier standen in regelmäßigen Abständen Männer und schlugen mit langen Stangen ›jüdische‹ Schaufenster ein. Jeder schien etwa fünf bis zehn Häuser als Pensum zu haben. Glaskaskaden stürzten berstend aufs Pflaster. Es klang, als bestünde die ganze Stadt aus nichts wie krachendes Glas. Es war eine Fahrt wie quer durch den Traum eines Wahnsinnigen. – Zwischen Uhland- und Knesebeckstraße ließ ich halten, öffnete die Wagentür und setzte gerade den rechten Fuß auf die Erde, als sich ein Mann vom nächsten Baum löste und leise und energisch zu mir sagte: ›Nicht aussteigen! Auf der Stelle weiterfahren!‹ Es war ein Mann in Hut und Mantel. ›Na hören Sie mal‹, begann ich, ›ich werde doch wohl noch ...‹ ›Nein‹, unterbrach er drohend, ›Aussteigen ist verboten! Machen Sie, daß Sie sofort weiterkommen!‹ Er stieß mich in den Wagen zurück, gab dem Chauffeur einen Wink, schlug die Tür zu, und der Chauffeur gehorchte. Weiter ging es durch die gespenstische ›Nacht der Scherben‹. An der Wilmersdorfer Straße ließ ich wieder halten. Wieder kam ein Mann in Zivil leise auf uns zu. ›Polizei! Weiterfahren! Wird's bald?‹ – Am nächsten Tag stand in den Blättern, daß die kochende Volksseele, infolge der behördlichen Geduld mit den jüdischen Geschäften, spontan zur Selbsthilfe gegriffen habe.«

Aber wie konnte denn nun der Vernichtungswille sich durchsetzen und von Hitler, von der Staatsspitze her, bis in alle Verästelungen der Gewaltherrschaft zur Wirkung gelangen? Zu den Dokumenten, die Goldhagen geprüft hat, gehören die Akten eines Polizeibataillons, das an den Massenerschießungen im Osten beteiligt war. Die Angehörigen waren keine jungen und auserlesenen SS-Leute, sondern meist schon ältere Männer, Durchschnittsbürger, brave Familienväter, eben »ganz gewöhnliche Deutsche«. Was brachte sie zu ihrem mörderischen Tun? Etwa der Judenhaß, der in ihnen steckte?

Eine andere Deutung liegt weitaus näher: Das Töten wurde *angeordnet*, und man *gehorchte*. Denn Befehl ist Befehl und verlangt seine Ausführung. Später, in Strafprozessen nach 1945, ist immer wieder die Frage gestellt worden, ob denn eine Befehlsverweigerung möglich gewesen wäre, ohne für das eigene Leben etwas befürchten zu müssen. Ja, hieß zumeist die Antwort, schon um einen Schuldspruch begründen zu können. Aber am Kern des Problems zielt die Frage vorbei. Denn den meisten der Beteiligten ist gar nicht in den Sinn gekommen, aus dem Gehorsam auszubrechen, den sie als Pflichterfüllung verstanden.

Sieht man es so, dann entrollt sich auf einmal das Panorama der Vernichtung, wie sie tatsächlich ablief. Kein Gefühl, auch nicht Haß bestimmte das Geschehen, sondern die Gefühllosigkeit, die kalte, bürokratische, mit deutscher Präzision vollzogene Arbeitsleistung im Räderwerk von Befehl und Gehorsam. Man studiere Protokollnotizen der berüchtigten »Wannseekonferenz« vom Januar 1942, in der die »Endlösung der Judenfrage« mit den Behördenspitzen abgestimmt wurde, man lese, was der Kommandant von Auschwitz, Rudolf Höss (auch er ein braver, seine Kinder liebender Familienvater), vor seiner Hinrichtung als Lebensbericht aufgeschrieben hat, man höre Adolf Eichmann vor dem Richter in Jerusalem: Jeder tat nur seine Pflicht und war stolz darauf, sie so genau wie möglich zu erfüllen. Hannah Arendt hat in ihrem Bericht über *Eichmann in Jerusalem* die mißverständliche Formel von der »Banalität des Bösen« geprägt und damit Anstoß erregt. Zu Recht, wie ich meine. Denn banal war das Böse gewiß nicht, sondern gerade darum ungeheuerlich, weil es die persönlichen Gefühle des einzelnen beiseite schob, die, einmal ins Spiel gebracht, gewiß in Verwirrung und Widerstreit geraten wären und die Perfektion des Handelns niemals ermöglicht hätten, die es tatsächlich gab.

Weil der deutsche Gehorsamsmechanismus mit dem Untergang der Gewaltherrschaft 1945 zerbrochen ist, verstehen wir kaum mehr, daß es ihn einmal gegeben hat und wie perfekt er funktionierte. Unwillkürlich leuchten wir in die Abgründe der Gefühle hinunter: Es muß da doch der mörderische Haß am

Werk gewesen sein. Daher stammt wohl Goldhagens Wirkung, besonders bei den Jüngeren, zu denen er selbst gehört: Endlich ist da jemand, der uns erklärt, was wir nicht begreifen.

Der *bedingungslose* Gehorsam, der die persönliche Verantwortung aufhebt, stellt übrigens eine Neuerung des Dritten Reiches dar. Aber er stammt nicht aus dem *SS-Staat*, den Eugen Kogon beschrieben hat und der Schritt um Schritt als das schließlich allmächtige Zentralstück der Gewaltherrschaft erst entwickelt wurde. Nein, die Wehrmacht hat ihn in ihre Eidesformel eingeführt, als sie sich 1934 nach dem Tode des Reichspräsidenten Hindenburg auf Adolf Hitler einschwor – wohlgemerkt nicht auf dessen Anstoß, sondern aus eigenem Antrieb und mit verheerenden Folgen.

Wenn man weiter nach den Ursprüngen des Unheils fragt, stößt man leider noch einmal auf Preußen. Dessen oft gerühmte Tugenden hat Sebastian Haffner so beschrieben: »Pflichterfüllung war in Preußen das erste und oberste Gebot und zugleich die ganze Rechtfertigungslehre. Wer seine Pflicht tat, sündigte nicht, mochte er tun, was er wollte. Die Pflicht gegen den Staat kam zuerst. Mit diesem Religionsersatz ließ sich leben, und sogar ordentlich und anständig leben – solange der Staat, dem man diente, ordentlich und anständig blieb. Die Grenzen und Gefahren der preußischen Pflichtreligion haben sich erst unter Hitler gezeigt.«

Doch da war es natürlich zu spät. Eine über Generationen hin eingeübte Pflichterfüllung machte weithin hilflos und unfähig zum Widerstand, als der Staat eben nicht mehr anständig, sondern von Verbrechern regiert wurde. Oder noch schlimmer. Dieser Religionsersatz verhalf dem Verbrechen zum guten Gewissen. Denn darauf, im bedingungslosen Gehorsam nur ihre Pflicht getan zu haben, konnten sogar die sich berufen, die die Mordmaschine bedienten. Darauf haben sie sich berufen.

Gewiß, es handelte sich um eine Verengung und Verzerrung, am Ende um eine Perversion der ursprünglich gemeinten Tugend. Denn Pflichterfüllung ist etwas anderes als der erblindete Gehorsam. Auch die Preußen, die sich gegen Hitler verschworen und den Umsturz vom 20. Juli 1944 versuchten, folgten ihrem Pflichtgefühl – und mit weitaus besserer Begründung. Aber die Deformation hatte leider lange schon vor der »Machtergreifung« von 1933 begonnen, und Hitlers Gefolgsleute, wie der »Reichsführer SS« Heinrich Himmler, haben sie nur bis zu ihrem fatalen Endpunkt hin fortentwickelt.

Noch anderes ließe sich nennen. Wo Preußen ist, liegt auch das Luthertum nicht fern. In der Kirchenverfassung, wie die Reformation sie mit sich brachte, nahm der Landesherr die Position eines »obersten Bischofs« ein. Daraus entstand ein Verständnis von Obrigkeit und Gehorsam, das die preußische Tugend schon vorwegnahm. Immer wieder wurde zitiert und von den Kanzeln gepredigt, was im Brief des Apostels Paulus an die Römer, Kapitel 14, Vers 1 und 2, geschrieben steht: »Jedermann sei untertan der Obrigkeit, die Gewalt über ihn hat. Denn es ist keine Obrigkeit außer von Gott; wo aber Obrigkeit ist, ist sie von Gott verordnet. – Wer sich nun der Obrigkeit widersetzt, der widerstrebt der Anordnung Gottes; die ihr aber widerstreben, ziehen sich selbst das Urteil zu.«

Meine liebe Kathrin, wie schon angekündigt, ist dieser Brief sehr lang geworden, obwohl ich mich um Knappheit bemüht habe. Und heiter konnte er angesichts des Themas schon gar nicht sein. Vieles mehr müßte man besprechen, aber nur zweierlei möchte ich noch erwähnen.

Erstens: Wenn es im Ursprung und Kern wirklich um den mörderischen Haß gegen die Juden gegangen wäre, der in unserer Volksseele angelegt war und aus ihrer Tiefe hervorbrach, dann hätte man die Mordmaschine nicht mit der gleichen kaltblütigen Perfektion gegen andere richten können, wie es jeweils befohlen war. Aber Auschwitz wurde zunächst nicht eingerichtet, um die Juden zu vernichten – das kam später hinzu –, sondern um die polnische Oberschicht auszurotten. Und nach den vorhandenen Dokumenten kann man nur mit Entsetzen sich ausmalen, was mit den Polen oder den Russen geschehen wäre, wenn wir – oder Hitler – den »Endsieg« errungen hätten. Ebenso muß man an das Schicksal der »Zigeuner« erinnern, wie an das der deutschen Kommunisten, der Homosexuellen, der geistig Erkrankten.

Zweitens: Hitler wollte die *absolute* Macht und ließ seine Gefolgschaft an ihr teilnehmen. Aber woran erweist sich diese Macht? An der Verfügung über Leben und Tod ganz nach dem eigenen Belieben, an dem Tabubruch, der Aufhebung des Gottesgebots: »Du sollst nicht töten.« Der »Führer«, der die absolute Macht in den Händen hält, tritt an die Stelle Gottes und wird entsprechend verehrt. Zu den Bedingungen absoluter Macht gehört die Zerstörung des überkommenen Rechtsstaates, die ja auch zielbewußt betrieben worden ist. Bereits am Anfang des Dritten Reiches steht die Einrichtung der Konzentrationslager als zwar bekannten, aber sorgfältig abgeschirmten rechtsfreien Zonen, in denen die Lagermannschaften über ihre Opfer nach Gutdünken verfügen und gedeckt werden, wenn sie töten.

Im Verlauf des Krieges, als seine Wende, die Niederlage sich abzeichnet, wird das Töten um so wichtiger: Wenigstens im Vernichten beweist sich weiterhin die absolute Macht, die man noch immer und fast bis zum Ende in Händen hielt. Es ist kaum ein Zufall, daß die Wannsee-Konferenz zur »Endlösung« im Januar 1942 stattfindet; einen Monat zuvor scheitert das »Unternehmen Barbarossa«, der Feldzug gegen die Sowjetunion, im russischen Winter, und die Vereinigten Staaten treten in den Krieg ein.

Nochmals, liebe Kathrin, ein heiteres Thema ist das wirklich nicht. Aber vielleicht ist es mir dennoch gelungen, Sie zu beruhigen. Wir leben und tanzen nicht auf dem Vulkan, der jederzeit wieder ausbrechen kann, weil es den niemals gegeben hat. Und ich meine, daß wir auf andere Weise, als Daniel Goldhagen es meint, von einem grundlegenden Wandel ausgehen dürfen, der sich seit 1945 vollzogen hat. Wie der Glanz der Uniformen dahin ist und wir zu einer zivilen Nation geworden sind, so ist auch der Glaube zerbrochen, daß man nicht sündigt, sondern sich rechtfertigt und zu Ehren gelangt, wenn man nur blindlings im Gefüge von Befehl und Gehorsam seine Pflicht erfüllt.

Manchmal könnte man sogar meinen, daß wir inzwischen

ins andere Extrem verfallen sind. Kein öffentliches Gelöbnis der Bundeswehr, kein Bebauungsplan und kein Entwurf für eine Umgehungsstraße, kein Bäumefällen, keine neue Schnelltrasse für die Deutsche Bahn und schon gar kein Transport von Atommüll nach Gorleben, ohne daß es Proteste hagelt und widerborstige Bürgerbewegungen sich formieren. Nein, die deutsche Obrigkeitsgläubigkeit und der Untertanengehorsam haben sich wohl unwiderruflich aufgelöst.

Um noch eines zu erwähnen: Ich war und ich bin kein Anwalt der Studentenrevolte und deutschen Jugendbewegung von 1968, und schon gar nicht mag ich die nachträgliche Ruhmrednerei ihrer inzwischen ergrauten Veteranen. Aber in einem Punkt hat diese Bewegung Wichtiges geleistet: Sie hat jede Form von unbefragter Autorität verworfen und der überlieferten Gehorsamsbereitschaft den Todesstoß versetzt. Und erst recht ist ihr Wichtiges gefolgt, zum Beispiel die Frauenbewegung in ihrer Auflehnung gegen die Vorherrschaft der Männer.

Alles in allem, liebe Kathrin: Wir dürfen nicht vergessen, was in Deutschland geschehen ist. Dafür übrigens wäre mir von Dachau über Buchenwald bis Sachsenhausen die sorgsame Pflege aller Erinnerungsstätten an das wirkliche Geschehen weitaus sinnvoller als ein zentrales Mahnmal in Berlin, an dem dann die Staatsmänner ihre Kränze niederlegen und die Schleifen zurechtzupfen, damit der liebe Gott oder wer immer sie lesen kann, weiß, daß soeben der Herr Bundeskanzler, Seite an Seite mit dem Regierenden Bürgermeister oder der britischen Königin, etwas Gutes getan hat.

Doch wie das auch sein mag. Es besteht kein Anlaß dazu, sich von den rückwärtsgewandten Propheten des deutschen Unheils einschüchtern zu lassen. Wir sind nicht mehr die, die wir bis 1945 einmal waren, sondern wir sind zu anderen, wenn man so will, zu *neuen* Deutschen geworden. Darum gibt es eine Zukunft, sogar dafür, eine Familie zu gründen und Kinder großzuziehen.

In diesem Sinne grüßt Sie wie immer sehr herzlich Ihr

Christian Krockow

Dreizehntes Kapitel

Das neue Deutschland und die neuen Deutschen

Lieber Herr von Krockow, liebste Kathrin

für Wochen habe ich geschwiegen, weil ich mit meinen eigenen Angelegenheiten beschäftigt war; darüber will ich in diesem Brief noch berichten. Vorweg, leider sehr verspätet, wünsche ich Ihnen, lieber Herr von Krockow, ein gutes und gesundes Neues Jahr. Und Dir natürlich, liebste Kathrin – oder viel besser und dringender uns beiden zusammen; Du wirst gleich sehen, was ich damit meine und im Schilde führe. Aber erst einmal möchte ich Dich noch ein wenig auf die Folter Deiner Neugier spannen. Im übrigen schließe ich mich Herrn von Krockow an: Wie anschaulich hast Du von den Gesprächen mit Ewald Kummerow berichtet! Meine Reaktion beim Lesen war: Da möchte ich mit dabeigewesen sein. Hätte es nicht das Herumscharwenzeln von Klein-Ewald und diesem polnischen Adam gegeben, wäre ich restlos zufrieden gewesen.

Ja, und dann das Schicksalsthema: die Deutschen und die Juden. Wer von uns jungen Leuten begreift, wer kann sich wirklich vorstellen, was da geschah? Eine eiskalte, bürokratisch vollzogene Vernichtung von Millionen Menschen, die präzise arbeitende, fast reibungslos funktionierende Mordmaschine, von diesem einen Mann namens Hitler in Gang gesetzt: Nein, es ist unvorstellbar. Darum denke ich immer, daß man das Tagebuch der Anne Frank lesen sollte, nicht weil es – eher zufällig – in den Niederlanden geschrieben wurde, sondern weil die exemplarische Geschichte *eines* Menschen uns anrührt und nicht mehr losläßt. Diesem Prinzip, Herr von Krockow, sind ja auch Sie mit Ihrer *Stunde der Frauen* gefolgt.

Ich werde mich nun hüten, meinen calvinistischen Zeigefinger zu heben und ihn auf andere, auf »die« Deutschen zu richten. War es nicht Ihr Bundespräsident Gustav Heinemann, der gesagt hat, daß dabei immer drei Finger auf einen selbst zurückweisen? Wer ohne Fehl ist, werfe den ersten Stein. Und wir Niederländer waren nicht ohne Fehl. Zwar sind viele Juden versteckt und gerettet worden – wie Helmuth Plessner. Aber andere wurden verraten und getötet – wie Anne Frank.

Und wie war es sonst in Europa? Man muß wohl sagen: kaum besser, eher schlimmer, zum Beispiel in Frankreich. Oder was soll man von den kleinmütigen, hartherzigen Eidgenossen halten, die, statt die Ertrinkenden zu retten, abweisend erklärten, daß »das Boot schon voll« sei? Von Osteuropa, etwa von den Letten oder den Ukrainern, will ich gar nicht erst reden.

Oder wie war das denn mit den Kirchen? Warum haben sie geschwiegen? Ich habe gehört, daß der Bischof von Münster, Clemens August Graf Galen, sehr mutige Predigten gegen die Tötung der Geisteskranken gehalten und tatsächlich etwas erreicht hat. Aber wo blieben die entsprechenden Predigten gegen die Judenverfolgung, sei es nun in Deutschland oder sonst irgendwo in Europa? Warum überhaupt hat niemand daran gedacht, eine Arche Noah zu bauen, also die Bedrohten großzügig aufzunehmen, als es noch Zeit dazu war? Fragen über Fragen. Allenfalls die Dänen wären zu rühmen, weil sie in einer Nacht-und-Nebel-Aktion fast alle ihre Juden mit Fischerkähnen nach Schweden retteten.

Am Ende folgt dann noch eine, die ganz und gar bange Frage: Wie hätten wir jungen Leute reagiert, wenn wir damals gelebt hätten? Wie hätte *ich* mich verhalten? Es ist so leicht, sich im nachhinein zu entrüsten – und so schwer, sich selbst zu kennen, wenn man nicht auf die Probe gestellt worden ist.

Erlauben Sie dem jungen Mann aus Utrecht, Jahrgang 1974, noch einen niederländischen Kommentar und dann eine Beobachtung. Als Kathrin in ihrem Neujahrsbrief nach der Judenvernichtung fragte, habe ich zuerst erschrocken gedacht: Um Himmels willen, jetzt sind wir wieder dabei angelangt, daß die Deutschen etwas anderes und Besonderes sind und es unbedingt bleiben wollen, ausgezeichnet vor ihren Nachbarn und vor der ganzen Welt, wenn schon nicht mehr als die exemplarischen Helden, dann eben als die exemplarische Mördernation. Siehe Günter Grass! Um so mehr hat mich beruhigt, was Sie, Herr von Krockow, geschrieben haben: daß wir es seit 1945 und heute erst recht mit *neuen* Deutschen zu tun haben, die sich von denen von 1945 unterscheiden und ganz normale Menschen sind.

Meine Beobachtung fügt sich an die Stelle mit dem Brief des Apostels Paulus an die Römer an, wo es um das Verhältnis von Obrigkeit und pflichtschuldig gehorsamen Untertanen geht. Gibt es diese Untertanen noch, kann man sie in Uniformen stecken und sie dann marschieren lassen, wie man will? Sie erinnern sich vielleicht an meinen Bericht über die unmilitärischen deutschen Mitstudenten in Göttingen. Alle hatten den Wehrdienst verweigert – mit einer Ausnahme. Diese Ausnahme interessierte mich, und ich habe den Herrn Leutnant der Reserve, der er inzwischen war, nach seiner Begründung gefragt. Er hat geantwortet, daß die Bundeswehr doch dem Frieden diene, und er hat einen schönen Witz aus den Zeiten des Kalten Krieges erzählt, als die Rote Armee noch an Elbe und Werra stand, bloß ein paar Kilometer von Göttingen entfernt:

Ein Offiziersbewerber wird gefragt: »Angenommen, Sie sind gerade in Ihrem Auto unterwegs und hören im Radio, daß die Armeen des Warschauer Pakts die Grenzen überschritten haben und uns angreifen. Was tun Sie?« Antwort: »Ich begebe mich umgehend nach Hause und ziehe die Uniform aus.« – »Warum denn das?« – »Weil meine Aufgabe, den Frieden zu sichern, beendet ist.«

Das klang sehr beruhigend, und es beruhigt mich noch heute. Im Grunde, so scheint mir, steckt auch in diesen neuen deutschen Soldaten ein pazifistisches Prinzip, und es unterscheidet sich nur um Grade von dem der Wehrdienstverweigerer.

Die letzte halbwegs schneidige, für Paraden und sonstige Märsche geeignete Truppe war die Nationale Volksarmee der DDR. Doch sogar sie hat mit ihrem Obrigkeitsstaat kapituliert, ohne einen Schuß abzufeuern. Oder soweit sie in die Bundeswehr eingegliedert wurde, hat sie erst einmal lernen müssen, daß das Wochenende der Familie, der Freundin, der Disko und nicht der Einsatzbereitschaft gehört. Nein, mit diesen Soldaten ist kein Krieg mehr zu machen, jedenfalls keiner von der Art, wie wir ihn in bitterer Erinnerung haben. Ein Einsatz auf dem Balkan, in Bosnien oder im Kosovo, Kriegseinsatz gegen den Krieg, um Menschen zu retten und den Frieden zu sichern? Ja, vielleicht, aber mit Bedenken, Zaudern, Vorbehalten, wenn es denn unbedingt sein muß – und am liebsten doch nur mit Pionieren und Sanitätern, die sich nützlich machen, statt mit Panzern. Darum findet der einzig populäre Fronteinsatz der Bundeswehr an der Oder statt, wenn da bei einer Hochflut die Deiche zu brechen drohen und um jeden Preis verteidigt werden müssen. Da läßt sich dann beobachten, daß alle mit Begeisterung dabei sind und bis zum Umfallen kämpfen, um den Feind zu besiegen.

Etwas weniger einleuchtend fand ich, was im Gespräch mit dem Leutnant der Reserve noch folgte: ein Vortrag über den »Staatsbürger in Uniform«. Er sei, so hörte ich, beim Neuaufbau nach dem Krieg von Reformern wie dem Grafen Baudissin erfunden worden, eine für die »innere Führung« erdachte Kunstfigur. Sie sollte verdeutlichen, daß die Bundeswehr nicht mehr ein »Staat im Staate« ist, wie zum Beispiel die Reichswehr in der Weimarer Republik es gewesen war, sondern eine Sache der ganzen demokratischen Gesellschaft. Eine Sache eben der Staatsbürger, die nur einen besonderen Beruf ausüben und dafür die Uniform anziehen, im Grunde wie die Polizei oder die Feuerwehr.

Aber warum eigentlich keine schlichten »Bürger in Uniform«? Warum Staatsbürger? Spukt darin nicht noch immer ein Obrigkeitsbann, den es unter den demokratischen Vorzeichen nicht mehr geben sollte? Übersetzungen wirken manchmal entlarvend. Wie seltsam würde sich im Französischen ein »citoyen d'état« oder im Englischen ein »state citizen« ausnehmen!

Um Mißverständnissen vorzubeugen: Ich nehme die Sache nicht weiter tragisch. Wahrscheinlich handelt es sich bloß um ein Überbleibsel, ein zufällig vergessenes Wort-Denkmal aus den fünfziger Jahren, das heißt vor der deutschen Revolution von 1968, in der junge Leute den Vätern und überhaupt aller hergebrachten Autorität so respektlos den Kopf abschlugen, wie nach 1789 die Schreckensmänner der Französischen Revolution den Herren von Adel und den Kirchenheiligen. Bei den Ostdeutschen scheint es inzwischen ähnlich zu sein, falls wir Kathrins Berichten vertrauen dürfen.

Aber jetzt, wie angekündigt, muß ich auf etwas völlig anderes zu sprechen kommen. Lieber Herr von Krockow, allerliebste Kathrin: Ich melde hiermit, daß ich mein Abschlußexamen mit den Schwerpunkten in deutscher Literatur und neuerer deutschen Geschichte bestanden habe – und das sogar »mit Auszeichnung«. Doch das habe ich vor allem Kathrins Nachhilfe in der Literatur – Goethes *Faust* und *Die Blechtrommel* von Günter Grass kamen zur Sprache – und der preußisch-deutschen Nachhilfe des Herrn von Krockow zu verdanken. Meine schriftliche Arbeit betraf die Beziehungen zwischen den Niederlanden und Brandenburg-Preußen im 17. und 18. Jahrhundert. Unter uns gesagt: Da habe ich gehörig abgeschrieben oder ganz ungehörig geklaut. Schließlich liegt die Leidener Rede des Grafen Krockow in mundgerechter Übersetzung vor: *Over de geschiedenis en toekomst van de Duits-Nederlandse betrekkingen.* Offenbar hatten meine Prüfer das nicht gelesen oder schon wieder vergessen. Oder, wenn sie es kannten, haben sie zustimmend genickt.

Aber nun kommt die eigentliche Neuigkeit: Seit meinem Studienjahr in Göttingen habe ich mehr oder weniger regelmäßig für eine niederländische Zeitung – und für eine Rundfunkstation, die durch die Eigentumsverhältnisse mit der Zeitung verbunden ist – über »Eindrücke aus Deutschland« berichtet. Sie müssen dem Chefredakteur gefallen haben. Jedenfalls rief er mich gleich nach meinem Examen zu sich und sagte: Wir haben einen Korrespondenten in Basel mit einer sehr interessanten und mehrfachen Aufgabe: Er blickt auf die Schweiz, dann auf das Elsaß, das heißt besonders auf Straßburg mit seinen europäischen Institutionen, außerdem noch auf den deutschen Südwesten, auf Baden und Württemberg. Aber dieser Mann erreicht bald die Altersgrenze und geht in Pension. Wollen Sie seinen Posten übernehmen?

Ich habe erst geschluckt: Was für eine Herausforderung für einen Anfänger wie mich! Und dann habe ich ja gesagt.

Der Chefredakteur hat geschmunzelt: »Sie haben aber Mut!« Zum Glück fiel mir ein, was Sie, Herr von Krockow, von Bismarck erzählt haben, als Seine Majestät, der König von Preußen, den diplomatischen Neuling gleich auf den wichtigsten und schwierigsten Posten als Gesandter beim Bundesrat in Frankfurt berief. Und entsprechend habe ich geantwortet: »Der Mut ist ganz auf Ihrer Seite.« Übermorgen schon setze ich mich in den Intercity und fahre nach Basel, um mich mit meinem Vorgänger bekannt zu machen und von ihm in die Arbeit einweisen zu lassen, die in wenigen Wochen beginnen soll.

Zum guten oder schlimmen Ende folgt Jans Antrag: Meine liebe, liebe Kathrin, wie wäre es, wenn Du Dich für die letzten ein oder zwei Jahre Deines Studiums an der Universität Basel einschreiben würdest? Ich könnte Dir und Du könntest mir helfen. Es wäre wunderbar, *miteinander* einen neuen Anfang zu machen. Zum Teufel mit den lieben Verwandten oder Nachbarn in Utrecht und mit ihrem Naserümpfen über »diese Deutsche«! Daß Du eine *gute* Deutsche bist – und wenn es sein muß sogar eine leidenschaftliche, zum Beispiel in der Verteidigung der westdeutschen Lebensfreude und der ostdeutschen Besinnlichkeit –, das habe ich längst schon eingesehen. Und zum Teufel auch mit den Stopfgänsen in Greifswald.

Lieber Herr von Krockow, Sie haben Kathrin und mir schon über manche Hürde hinweggeholfen. Könnten Sie es nicht noch einmal tun und dem holsteinischen Dickschädel ins Gewissen reden, damit er – oder vielmehr sie – über seinen, ihren Schatten springt?

Ganz ungeduldig und mit einigem Bangen wartet auf Ihre, auf Deine Antwort der glückliche oder unglückliche

Jan

Lieber Herr von Krockow!

Bevor es in Vergessenheit gerät: Vielen, vielen Dank für Ihren letzten und langen Brief. Um es ganz knapp in einem Satz auszudrücken: Sie haben mich überzeugt und beruhigt.

Aber was nur soll man zu diesem Utrechter Schlitzohr sagen? Noch keine zwei Monate ist es her, daß er mich hier in Greifswald besuchte, und nicht einmal mit einer Andeutung hat er erwähnt, daß sein Examen schon so nahe bevorstand. Auch von den »Berichten aus Deutschland« habe ich bisher nichts gewußt. Wer weiß, welchen Unsinn er da verzapft hat. Also auch noch mit einem Taschendieb, einem Kleptomanen haben wir es zu tun!

Und dann soll ich holterdiepolter nach Basel kommen. Es mag eine schöne Stadt sein, mit einer so alten wie angesehenen Universität. Doch das einzige, was ich persönlich mit der Stadt verbinde, ist ein Zwischenaufenthalt mit meinen Eltern auf dem Weg nach Davos, wo ich einen Keuchhusten auskurieren sollte. Wir besuchten den »Zolli«, den zoologischen Garten. Wenn ich mich richtig erinnere, liegt er nicht weit vom Bundesbahnhof in einer Schlucht unter schönen alten Bäumen. Aber genügt das?

Und was um Himmels willen soll ich meiner Frau Professor und der Frau Schulmeisterin sagen? So hinfällig, wie sie sind, werden sie sich das Herz oder zumindest wieder einmal den

Oberschenkelhals brechen. Und »Wessi«-Ersatz ist schwer zu beschaffen. Was ich kenne, ist durchweg zu brav und zu langweilig, weder zum Teetrinken noch zu Streitgesprächen über die Errungenschaften der DDR in der Frauenfrage geeignet. Oder wie soll ich mich vor Herrn und Frau Kummerow rechtfertigen? Wie vor Klein-Ewald und Adam?

Es ist merkwürdig: Noch kein halbes Jahr bin ich in Greifswald und habe schon Wurzeln geschlagen. Und Freunde gefunden – mehr als auf dem Göttinger Pflaster in drei Jahren. Vielleicht hängt das damit zusammen, daß im Osten die inneren Uhren bis heute noch langsamer laufen als bei uns im Westen; man weiß, wie wichtig die Zeit fürs Beisammensein und für Gespräche ist – wichtiger als die für Geschäftstermine. Womöglich läßt sich daraus sogar einiges von den Ärgernissen und Mißverständnissen zwischen »Wessis« und »Ossis« erklären. Hier wartet man auf die Bereitschaft zum persönlichen Gespräch – und trifft bloß auf die gehetzten Amtsträger und Vorschriftenverkünder, die Ewald Kummerow erbittern. Umgekehrt erwartet man Sachlichkeit und legt es als Neigung zum Jammern aus, wenn beim östlichen Partner Dinge oder Gefühle ins Spiel kommen, die nach der westlichen Auffassung nicht zur Sache gehören.

Am liebsten würde ich jetzt, angeregt durch Adam, nach Stettin wechseln und mich bei unseren Nachbarn im Osten näher umschauen. Aber ich verstehe die Sprache nicht, und über Nacht kann ich sie mir nicht aneignen. Ich bin schon genug damit beschäftigt, mich ins Niederländische einzuarbeiten. Ja, Jan, ich habe auch meine Geheimnisse!

Ich eile zum Schluß und belagere Sie, lieber Herr von Krockow, gleich noch einmal um Rat: Was soll ich tun? Es auf einen neuen Versuch mit dem Utrechter oder Baseler Schlitzohr ankommen lassen? Das Ärgerliche ist, daß ich ihn so sehr mag.

Mit allen meinen Herzensgrüßen,

Ihre und Deine Kathrin

Als Nachwort nur für Jan: Obwohl Adam sozusagen mein Kellner in Calais ist, der einzige Pole, den ich näher kenne, hat er gar keine roten, sondern blonde Haare. Ich glaube, ich sagte es schon: Er sieht überhaupt sehr gut aus, und meine beiden alten Damen sind hingerissen von seinen guten Manieren und vom Charme seiner Handküsse. Was zählen noch die Vorurteile von gestern? Kürzlich, nach Adams Handkußabschied, hat die Frau Professor geseufzt und vieldeutig gesagt: »Wissen Sie, Kathrin, wenn ich es recht bedenke, liegt Stettin doch viel näher bei Greifswald als Utrecht.« Und die Frau Schulmeisterin hat genickt.

Lieber Jan,

herzlichen Glückwunsch zum gelungenen Examen. Und wenn ich dabei ein klein wenig mitgeholfen habe – um so besser! Abschreiben (dies für Kathrin) gehört zur Sache; prüfende Professoren, ich weiß es aus eigener Erfahrung, wollen lesen und hören, was sie selbst geschrieben oder jedenfalls, ausnahmsweise, bei anderen Professoren für gut befunden haben.

Meinen Glückwunsch auch zu der Herausforderung, die Sie in Basel erwartet. Man wächst mit seinen Aufgaben, und ich bin sicher, daß Sie nachhaltig wachsen werden, trotz der Körpergröße, die Sie schon erreicht haben.

Liebe Kathrin,

mein Rat ist einfach und eindeutig: Folgen Sie dem Herzensruf, und wechseln Sie nach Basel. Sie lieben doch Ihren Jan, und er liebt Sie. Außerdem kann er Ihre Hilfe, Ihren Widerspruch gerade jetzt sehr dringend gebrauchen.

Für den unwahrscheinlichen Fall, daß Sie noch Zweifel haben, nenne ich Ihnen ein Vorbild: Marion Gräfin Dönhoff ist 1933 nach Basel gegangen, weil sie es in Deutschland, im nationalen »Aufbruch« der Deutschen und der Universitäten nicht mehr aushielt. Allerdings weiß ich nicht, ob sie dort ihrer Liebe begegnet ist, aber ich bezweifle es. Um so besser nun für Sie! Aber die Gräfin hat einen weisen Professor gefunden, Edgar Salin, der ihr Karl Marx ausredete und zum richtigen Thema für ihre Doktorarbeit verhalf: einer Wirtschaftsgeschichte der Dönhoffschen Güter. Und so wissen wir heute, dank Salin und Marion Dönhoff, etwas über den großen Grundbesitz in Ostpreußen, was sonst seit 1945 für immer verloren wäre.

Übrigens wird es sehr nützlich sein, Deutschland und die Deutschen einmal von außen zu sehen. Man erkennt nur, was man aus einem anderen Blickwinkel als bloß dem gewohnten betrachtet. Kaum zufällig stammen die boshaftesten und klügsten Bemerkungen über die neuen Deutschen – den damals, seit Bismarcks Reichsgründung, neuen – aus der Baseler Beobachtungsstation Jacob Burckhardts. Es würden, meinte er, künftig wohl alle Darstellungen der modernen Geschichte »auf 1870/71 orientiert« werden, bis am Ende »die ganze Weltgeschichte von Adam an siegesdeutsch angestrichen« sei.

Wir nähern uns damit dem Thema, das Sie, Jan, schon angesprochen haben und das ich heute ausbreiten möchte: die neuen Deutschen. Wir sind uns einig: Sie sind anders als die, die man bis 1945 zu sehen bekam. Sie sind zivil geworden, die Macht- und Militärgläubigkeit ist dahin, die Aussicht auf Krieg weckt abgründige Erinnerungen und Ängste, statt zu begeistern, und der Männlichkeitswahn, zum Heldentum und Heldentod programmiert, zerfiel zu den Scherben, die man bloß noch im Geschichtsmuseum besichtigen kann.

Allerdings sind Menschen, also auch die Deutschen, komplizierte, oft widersprüchliche Wesen; manchmal mischt sich das Neue bei ihnen wunderlich mit dem Alten. Stichwort »Staatsbürger« – statt Bürger – mit oder ohne Uniform: Da bin ich nicht ganz sicher, ob es sich nur um ein Begriffs-Denkmal aus den fünfziger Jahren handelt. Ausgerechnet die Rebellen, die akademischen Schreckensmänner und -frauen von 1968, die die deutschen Denkmäler stürzten, sind auch gleich wieder bei ihnen aufmarschiert. Sie proklamierten den »langen Marsch durch die Institutionen«, eine Termitenstrategie, um den verhaßten Staat der Väter von innen her zu zernagen und zum Einsturz zu bringen. Das hieß aber, daß man mit bestem Gewissen erst einmal nach den gutbesoldeten, pensionsberechtigten Beamtenstellungen verlangte, die der Staat zu bieten hatte – in dieser erhebenden Zeit fast unfehlbar für jeden, der nur irgendwie sein Examen bestand. Denn der öffentliche Dienst und besonders das Bildungswesen befanden sich in einer Phase des Ausbaus.

Zu Beginn der siebziger Jahre hat sich daraus ein lange schwelender Konflikt entwickelt, kurios und aufschlußreich genug. Auf der einen Seite geriet das konservative Lager – das »Establishment«, wie man es nannte – in Panik: Wehe uns, wenn »Radikale« sich in den öffentlichen Dienst einschleichen, die womöglich nicht »auf dem Boden des Grundgesetzes« stehen! Folgerichtig setzte der »Radikalenerlaß« von 1972 eine gewaltige Prüfmaschine in Gang, und weil der Begriff des öffentlichen Dienstes sich sehr weit spannte, gerieten nicht nur die künftigen Richter, Lehrer und Professoren in ihr Räderwerk, sondern auch die Postbeamten und Lokomotivführer.

Sieht man das Ergebnis an, so fällt das Mißverhältnis zwischen Aufwand und Ertrag ins Auge. Bis 1978 gab es etwa eine Million Routineüberprüfungen. Dabei lagen in rund 20 000 Fällen »Erkenntnisse« vor, die Untersuchungen auslösten. Aber nur in ungefähr 2000 Fällen führten sie zu Ablehnungsbescheiden.

Auf der Gegenseite reagierte man mit blanker Empörung und sprach von verfassungswidrigen »Berufsverboten«. (Ich war von 1971 bis 1974 an der Gründung einer neuen Universität beteiligt und habe das aus der Nähe miterlebt.) Wenn schon der Umsturz des Staates das Ziel war, dann gefälligst mit Besoldung und Pensionsberechtigung. Aber wie es uns Menschen beim Älterwerden ergeht: Am Ende siegt der Versorgungsanspruch über die Weltverbesserung.

So merkwürdig das alles sich anhört, es hat Tradition und kommt von weither. Im Frankfurter Revolutionsparlament von 1848 stellte die »beamtete Intelligenz« den Hauptteil der Abgeordneten. Ähnlich war es in Preußen. Und ob nun revolutionär, liberal, konservativ oder wie immer: So ist es bis heute geblieben. Die größte Fraktion im Bundestag, in den Land- und Kreistagen und unter den Stadtverordneten stellt nicht manchmal die CDU und manchmal die SPD, sondern immer der öffentliche Dienst, und der Auftritt der Grünen hat dieser Fraktion noch mehr Zuzug verschafft.

Da probieren Sie einmal, am Dienstrecht, an den Besoldungsordnungen, an den Pensionsprivilegien etwas zu ändern! Oder versuchen Sie – wie Ewald Kummerow es möchte – den Gesetzes- und Verordnungsdschungel zu roden. Je komplizierter, desto besser, denn um so mehr Steuer- und Zollfahnder, Polizisten und Richter, Bauprüfer und Veterinäre, Sonderschullehrer und Sozialfürsorger werden gebraucht. Und um so geheimnisvoller hebt sich das Fachwissen, das sie verwalten, von der Ahnungslosigkeit gewöhnlicher Menschen ab.

Mit anderen Worten: Wir sind nicht schlichte Bürger, sondern Staatsbürger, und das zeichnet uns aus und unterscheidet uns noch immer von unseren Nachbarn. »Für die Franzosen«, hat Maurice Duverger geschrieben, »ist Demokratie zunächst einmal und vor allen Dingen ein System, in dem der Bürger frei ist, in dem Sinne, daß er die weitestgehende Möglichkeit hat, dem Druck der Autorität, also dem Staat, Widerstand zu leisten ... Demokratie, das ist der Bürger gegen die Staatsgewalt, und nicht der Staatsbürger als Teilhaber der Staatsgewalt.« Nein, das sehen wir anders.

Doch man muß uns verstehen; wir sind die Erben unserer schlechten Erfahrungen. Um nicht noch einmal weit in die Geschichte zu schweifen, bis zum Bürgerelend nach dem Dreißigjährigen Krieg und von da aus zu den Königen von Preußen: In dem Jahrhundert, das nun seinem Ende entgegengeht, haben wir vier politische Umbrüche erlebt, die Menschen im Osten sogar fünf. Und jedes neue Regime war des vorhergehenden

Feind. Außerdem haben wir zwei Weltkriege und zwei große Inflationen erlebt. Kaum etwas war von Dauer, nichts erwies sich als sicher. Das Geld verlor seinen Wert, in die Häuser regneten die Bomben, man mußte flüchten, oder Grund und Boden wurden enteignet. Doch um einen Stalin-Satz abzuwandeln: »Die Regime kommen und gehen, aber das deutsche Beamtentum bleibt bestehen.« Der aus Ostpreußen, Pommern, Schlesien vertriebene Bauer, Gutsherr, Kaufmann oder Fabrikant besaß nichts mehr; der aus Königsberg, Stettin oder Breslau davongekommene Beamte durfte mit seiner baldigen Wiedereinstellung oder der angemessenen Pension rechnen.

Kurt Tucholsky hat gesagt, daß die Deutschen in zwei Klassen oder Menschensorten zerfallen: Die einen stehen Schlange vor einem Schalter oder einer Tür, die anderen sitzen dahinter, mit Stempeln und Stempelkissen versehen, und die Hoffnung der Schlangesteher ist es, daß sie, oder wenigstens ihre Kinder, auch einmal im Dahinter Platz nehmen dürfen. Aber Tucholsky schrieb seine Glosse nach einem Regimewechsel, nicht nach vier oder fünf Umbrüchen. Die eben stecken noch mehr in den deutschen Knochen und Hinterköpfen des 20. Jahrhunderts als alles übrige. Kurzum, mit der Bitte um Verständnis auch in der Utrechter oder Basler Perspektive: Gebrannte Kinder scheuen das Feuer und wer nur gehörig sucht, der findet die ersehnte Sicherheit im Öffentlichen Dienst.

Vielleicht hat es eine böse Ausnahme von der guten Regel gegeben: In der DDR siegte im Zweifelsfall die Parteilichkeit über die Dienstrechte – mit verheerenden Folgen für den Diensteifer und den Sachverstand. Denn es gibt ja eine glänzende Kehr-, vielmehr Vorderseite der preußisch-deutschen Traditionen; um mit Max Weber zu reden: »Glänzend bewährt hat sich das Beamtentum überall da, wo es an amtlichen, festumschriebenen Aufgaben *fachlicher* Art sein Pflichtgefühl, seine Sachlichkeit und seine Kraft der Beherrschung organisatorischer Probleme zu beweisen hatte.« Arme DDR! Wegen des Vorrangs der Parteilichkeit haftete an ihr ein fremdartiger, beinahe undeutscher Geruch, der sich nie ganz fortwaschen ließ.

Aber in der Wirklichkeit siegt wie im Märchen das Gute. Der Vollzug der Wiedervereinigung war nicht zuletzt das Werk von Beamtenstäben, unter der Leitung des Bundesinnenministers Wolfgang Schäuble und des Parlamentarischen Staatssekretärs beim Ministerpräsidenten der DDR, Günther Krause: Beamtenstäben, die unter hohem Zeitdruck und angesichts einer unerhört vielschichtigen Materie ihre organisatorische Kraft bewiesen. Der Einigungsvertrag wurde am 31. August 1990 unterzeichnet und stellte sich umfangreich genug dar; im Bundesgesetzblatt füllte er 360 Seiten. Es folgte die Ratifizierung durch die Parlamente und der festliche Vollzug am 3. Oktober. Dieser Termin ist durch die Fertigstellung der Vertragsarbeit bestimmt worden, und wenn wir ihn inzwischen als unseren neuen Nationalfeiertag begehen, sozusagen als den zivilen Sedantag oder die republikanische Kaiserproklamation der deutschen Einheit, dann befürchte ich manchmal, daß nicht genügend gekennzeichnet ist, wem die Ehre gebührt. Es sollte sich um einen Feiertag speziell für Beamte handeln – oder, wenn es anders nicht möglich ist, auch noch für die Angestellten und Arbeiter im öffentlichen Dienst, aber für niemanden sonst.

Nur zu den Verlierern des deutschen Sieges darf man dann nicht gehören, wie Herr Kummerow und Genossen. Weil es – anders als im Dritten Reich – in der DDR keine deutlich umrissenen Beamtenrechte gab, gelang das Aussortieren um so leichter.

Lieber Jan, ich möchte Ihnen ein öffentliches Geheimnis anvertrauen, vielleicht zu Ihrer Aktenablage unter dem Stichwort »typisch deutsch«. In Artikel 132, Absatz 1 des Bonner Grundgesetzes von 1949 heißt es: »Beamte und Richter, die im Zeitpunkt des Inkrafttretens dieses Grundgesetzes auf Lebenszeit angestellt sind, können binnen sechs Monaten nach dem ersten Zusammentritt des Bundestages in den Ruhestand oder Wartestand oder in ein Amt mit niedrigerem Diensteinkommen versetzt werden, wenn ihnen die persönliche oder fachliche Eignung für ihr Amt fehlt. Auf Angestellte, die in einem unkündbaren Dienstverhältnis stehen, findet diese Vorschrift entsprechend Anwendung.« Sechs Monate, um die Riesenarbeit einer Säuberung des öffentlichen Dienstes von den nationalsozialistischen Hinterlassenschaften zu leisten, die mit der fehlenden Eignung einfühlsam umschrieben wurden!

Sechs Monate? Absatz 4 des Artikels 132 besagte: »Das Nähere regelt eine Verordnung der Bundesregierung, die der Zustimmung des Bundesrates bedarf.« Der erste Bundestag trat am 7. September 1949 zusammen; die Frist lief also bis zum 7. März 1950. Um aber anfangen zu können, brauchte man die Verordnung und Durchführungsbestimmungen. Die Verordnung erging am 17. Februar 1950, die Durchführungsbestimmungen folgten am 23. Februar.

Damit wir uns nicht mißverstehen: Ich wollte nur andeuten, um der Anschauung willen mit einiger Zuspitzung, daß Altes und Neues sich niemals so deutlich unterscheiden, wie wir es möchten. Nur als Gedankenkonstruktion gibt es eine »Stunde Null«; immer holt uns hinterrücks die Geschichte ein und am meisten dann, wenn wir uns einbilden, ihr entkommen zu sein.

Mit diesem Vorbehalt stimme ich dennoch und mit Nachdruck zu, wenn wir im Rückblick auf die Zeit seit 1945 von neuen Deutschen in einem neuen Deutschland sprechen. Oder von der Normalität einer demokratischen Zivilgesellschaft, die sich inzwischen entwickelt hat. Schon 1979, nach dreißig Jahren Bundesrepublik, lautete das Fazit einer großangelegten, die Ergebnisse der Sozial- und Meinungsforschung systematisch auswertenden und den internationalen Vergleich einbeziehenden Untersuchung von Martin und Sylvia Greiffenhagen, daß eine politische Kultur entstanden ist, »die sich in kurzer Zeit nicht mehr von den alten Demokratien Europas und Nordamerikas unterscheiden wird«.

Aber noch etwas ist hinzugekommen, das Entscheidende: die Umstände und die Vorgeschichte der deutschen Wiedervereinigung. Dabei ist es meine Überzeugung, daß man den Beitrag der Menschen in der DDR gar nicht hoch genug einschätzen kann. Sie haben sich erhoben und einen Staat der selbsternannten Vormünder zum Einsturz gebracht – den hoffentlich letzten auf deutschem Boden, der die Überwachung seiner Bevölkerung mit deutscher Gründlichkeit bis zur Perfektion entwickelte. Natürlich ist es leicht zu sagen: Dieser Staat war längst morsch und sein Zusammenbruch bloß noch eine Frage der Zeit. Aber wer konnte das damals, im September und Oktober 1989, wirklich schon wissen? Alle sind von den Ereignissen überrascht worden, das Politbüro der SED ebenso wie die westlichen Geheimdienste. Die Stärke der Bürgerbewegung blieb vom Anfang bis zum Ende, daß sie so schwach organisiert war und sich vielköpfig, weithin spontan und beinahe anarchisch entwickelte.

Übrigens wäre eine »chinesische Lösung«, das heißt eine blutige Niederwerfung der Bürgerbewegung, zumindest denkbar gewesen. Es gab drohende Ankündigungen, es gab die bewaffnete Macht, und sie stand bereit. Wäre sie eingesetzt worden, so hätten wir Deutschen in der Bundesrepublik nur ohnmächtig zuschauen können, wie beim Arbeiteraufstand von 1953, beim ungarischen Aufstand von 1956, dem Mauerbau 1961 oder der Niederwerfung des »Prager Frühlings« 1968.

Bürger – nicht Staatsbürger – haben sich erhoben, nicht mit Gewehren und Gewalt, sondern einzig mit ihrem Mut, mit ihrer Zivilcourage gewappnet, und sie haben die Freiheit zum Sieg geführt. Noch niemals zuvor war das hierzulande gelungen, immer blieb die deutsche Geschichte der Freiheit die ihrer Niederlagen. Die Revolution von 1848 scheiterte, und es triumphierte der alte Obrigkeitsstaat im Glanz seiner Waffen. Er und nichts außerdem begründete unseren ersten Nationalstaat. Gescheitert ist auch die Weimarer Republik, gescheitert der Versuch, Hitlers Gewaltherrschaft zu stürzen. Scheitern, immer nur Scheitern – um an die bittere Zeile von Erich Kästner über Deutschland zu erinnern: »Dort reift die Freiheit nicht, dort bleibt sie grün.« Doch nun, endlich, hat sie Frucht getragen.

Wir haben in früheren Briefwechseln darüber gesprochen, wie wichtig für das Selbstverständnis der Nationen und für ihre Standfestigkeit in Zeiten der Krise der Ursprung, das Gründungsgeschehen ist. Seit der »glorreichen« Revolution von 1688 ergibt sich für die Engländer, von 1789 aus für die Franzosen, mit der Unabhängigkeitserklärung im Jahre 1776 und dem anschließenden Unabhängigkeitskrieg für die Amerikaner, was wir mit dem Begriff der Identität bezeichnen. Und zugleich entsteht Kontinuität: bei allen Konflikten, Weiterentwicklungen und geschichtlichen Wechselfällen doch so etwas wie ein Nationalcharakter. Man hat – aus eigener Kraft – sich Freiheit erkämpft und ist politisch mündig geworden, indem man die Vormünder vertrieb.

Bei uns hat es das nicht gegeben, sondern immer wieder die Unsicherheiten, die Abbrüche und Neuanfänge. Und damit auch die Charakterumschwünge, am markantesten nach 1870 und seit 1945. Im Herbst 1989 jedoch haben wir nachgeholt und gewonnen, was uns bisher fehlte.

Immer wenn ich das sage – und oft genug habe ich es ausprobiert –, höre ich allerdings das Mäkeln ringsum: Haben denn alle Deutschen sich an der Bürgerbewegung beteiligt? Nein, natürlich nicht, bloß die Ostdeutschen. Handelte es sich nicht auch bei ihnen nur um eine Minderheit, jedenfalls solange der Ausgang noch ungewiß schien? Ja, selbstverständlich.

Aber kommt es darauf denn an? Hat man jemals nachgerechnet, wie viele Amerikaner sich für die Unabhängigkeitserklärung begeisterten, als sie geschrieben, beschlossen, veröffentlicht wurde – und rasch in einen Krieg mit zunächst höchst ungewissem Ausgang führte? Oder wie viele Franzosen haben am Sturm auf die Bastille teilgenommen? Wie viele ihn gebilligt? Die Bürgerbewegung in der DDR und ihr Sieg über den Überwachungsstaat stehen direkt und ursächlich am Anfang der deutschen Wiedervereinigung, also der Begründung unseres neuen Nationalstaates, und das ist es, was zählt.

Ähnlich verhält es sich mit der Gunst der Stunde. Ganz gewiß haben Polen und Tschechen Beihilfe geleistet; kaum etwas wäre gelungen ohne den Mann in Moskau, Michail Gorbatschow, ohne den Mut der Ungarn, ihre Grenze zu öffnen und damit die Berliner Mauer hinfällig zu machen, noch bevor sie fiel. Aber man kann die Gunst der Stunde nutzen oder sie schmählich versäumen.

Die Frage ist freilich, und je länger, desto dringender, was man im Rückblick aus der deutschen Erhebung macht. Ein Heiligtum – wie die Amerikaner aus ihrer Unabhängigkeitserklärung? Ein Volksfest mit Tanz auf den Straßen – wie die Franzosen aus dem Jahrestag des Bastillesturmes?

Den Sieg der Freiheit aus der Zivilcourage einer Bürgerbewegung ins Bewußtsein heben: Das wäre wohl auch eine Aufgabe der Dichter und Denker. Aber sie üben sich in vornehmer oder verdrossener Zurückhaltung; die Trauergesänge über verlorene Utopien scheinen vielen von ihnen eher über die Lippen zu kommen.

Noch eines möchte ich mir hier von der Seele schreiben, meinen Ärger über verfehlte oder mißachtete Symbole. Sie sind wichtig, weil sie Gefühle anrühren und oft mehr in den Herzen der Menschen bewegen als Worte. Adolf Hitler hat das gewußt und Symbole virtuos für seine Zwecke genutzt. Darum sollten wir aus dem Schaden, dem Unheil klug werden, nicht die Kraft der Symbole gedankenlos wegschenken – und dann beklagen, daß andere, womöglich die Feinde der Freiheit, die Leerstellen besetzen. Symbole sind Zeichen einer Gemeinschaft, des Zusammengehörens – heute sinnfällig sichtbar besonders bei Fußballvereinen. Aber wiegt die Nation nicht noch mehr als Schalke 04, Borussia Dortmund oder Bayern München? Ich meine: Auch deutsche Demokraten dürfen auf Symbole nicht verzichten, wenn sie wehrhaft sein wollen.

Warum zum Beispiel hat man den 3. Oktober als neuen Nationalfeiertag gewählt? Ich sagte schon, daß man ihn eigentlich als einen Festtag für Beamte ausrufen müßte, und der sei ihnen von Herzen gegönnt, wie inzwischen die üppigen Beihilfen beim Umzug oder beim Pendeln von Bonn nach Berlin. Doch wo bleibt das Volk, von dem angeblich alle Staatsgewalt ausgeht und von dem auf den Spruchbändern wie in den Sprechchören der Bürgerdemonstrationen in der DDR so werbewirksam die Rede war?

Der Tag des Volkes war der 9. November 1989, der Augenblick des Glücks, der Umarmungen und Freudentränen, des fassungslosen Staunens darüber, daß man am Ziel und die Mauer gefallen war wie einst die von Jericho unter dem Schall der Posaunen. Noch heute lohnt es sich, die Fernsehbilder dieses Tages oder dieser Nacht anzusehen; sie berühren den Zuschauer, als seien sie gerade gestern entstanden. Warum also haben wir den 3. Oktober und nicht den 9. November auserkoren? Ging es an jenem Tag überraschender, chaotischer, gefühlstiefer zu, als dem deutschen Ordnungssinn angenehm ist? Steckt irgendwo in uns etwa noch immer der Untertan, dem der Sturz seiner gottgewollten Obrigkeit sozusagen aus Versehen und mit einem Nachhall von schlechtem Gewissen passierte? Nein, das kann ich nicht glauben.

Indem ich so lästig daherfrage, sehe ich bereits das Köpfeschütteln und höre wieder die Einwände: Dieser 9. November, wird mir in Erinnerung gebracht, ist ein *vorbelasteter* Schicksalstag unserer neueren Geschichte. Am 9. November 1918 wurde die Republik ausgerufen – gleich zweifach als deutsche und als sozialistische Republik. Der letzte kaiserliche Kanzler, Prinz Max von Baden, übergab die Regierungsgeschäfte an den Sozialdemokraten Friedrich Ebert. Am nächsten Tag floh Wilhelm II. ins Exil, und die »herrlichen Tage« seines Reiches samt Heeresmacht, Schlachtflotte und dem Traum von der Weltmacht waren auf einmal dahin.

Doch nur zu bald entstand die Legende vom »Dolchstoß« der »Novemberverbrecher«. Hitler, weil er sich wie kein zweiter auf die Macht der Symbole verstand, hat sich zielstrebig zum Rächer der plötzlich Enterbten, der deutschen Schmach stilisiert und bereits seinen Münchner Bierkellerputsch von 1923 auf den 9. November angelegt. Dieser Putsch mißlang zwar kläglich, aber seit der »Machtergreifung« von 1933 wurde der »Marsch auf die Feldherrnhalle« alljährlich so düster wie triumphal nachinszeniert, gewissermaßen als das nationalsozialistische, das deutsche Karfreitags- und Ostergeschehen: vom Blutopfer und Tod zur Auferstehung in Macht und in Herrlichkeit. Und zum 20. Jahrestag, am 9. November 1938, brannten die Synagogen als Feuerzeichen des Sieges der Gewalt, der Tilgung eines eingebildeten Verbrechens durch das nun wirklich verübte.

Es gibt Einwände, die ich respektiere. Ignatz Bubis zum Beispiel, der ehemalige Vorsitzende des Zentralrats der Juden in Deutschland, hat mir nach einer Feierstunde in der Frankfurter Paulskirche (am 3. Oktober) gesagt: »Herr von Krockow, das mit dem 9. November bringe ich nicht zusammen. Erst soll ich hier an die Wiedervereinigung denken und mich freuen, um anschließend in der Synagoge zu trauern. Nein, das geht für mich nicht.«

Aber manchmal muß man das eine in Kauf nehmen, um das andere zu sichern. Ohnehin wollen wir ja nicht zu einem »unbelasteten« Hurrapatriotismus des 19. Jahrhunderts und zu den Triumphgefühlen von Sedan zurückkehren, wie sie zur Gründung unseres ersten Nationalstaates und zum Kaiserreich gehörten. Am Ende könnte sich die Vorbelastung sogar als ein Vorteil erweisen. Denn wenn sich in die Freude über das in Deutschland endlich Geglückte zugleich die Nachdenklichkeit mischte, das Erinnern an die Abgründe, die die Menschen und die Völker bedrohen, in die *wir* einmal geraten sind: Was wäre daran falsch? Um so genauer würden wir erkennen, was wir gewonnen haben und was es wert ist, angenommen, bewahrt, verteidigt und in die Zukunft getragen zu werden.

Genug jetzt: Wieder einmal ist mein Brief sehr lang geworden. Aber lang war ja auch der deutsche Weg zur eigenen, nicht geborgten oder von anderen Siegern uns aufgedrängten Freiheit.

Liebe Kathrin, lieber Jan, in der Hoffnung auf *Ihre* Wiedervereinigung, Ihren Neuanfang grüßt Sie Ihr

Christian Krockow

Liebe Kathrin, lieber Jan,

meinem letzten Brief möchte ich ein paar Gedanken noch hinterherschicken, zunächst zur Vollkommenheit und zum Scheitern.

Ja, Scheitern: Das ist doch nicht nur ein Schicksalsthema der Deutschen Demokratischen Republik, sondern unserer Geschichte im 20. Jahrhundert. Ein Wahn, aus Unsicherheit, aus Ängsten geboren, hat uns dazu getrieben, das Vollkommene, das Absolute, und das heißt das Unmögliche, zu erstreben: den »Platz an der Sonne« und die Beherrschung der Meere, die totale Pflichterfüllung und Opferbereitschaft, den bedingungslosen Gehorsam, die Macht ohne Grenzen, die Endlösung und den Endsieg. So haben wir die Welt mit Bewunderung und Entsetzen erfüllt, und eine Weltanstrengung war nötig, um uns von diesem Wahn zu befreien.

Kennen Sie von Saint-Exupéry das Gespräch zwischen dem kleinen Prinzen und dem Fuchs?

> »Man trifft auf der Erde alle möglichen Dinge«, sagt der.
> »Oh, das ist nicht auf der Erde«, sagte der kleine Prinz.
> Der Fuchs schien sehr aufgeregt: »Auf einem anderen Planeten?«
> »Ja.«
> »Gibt es Jäger auf diesem Planeten?«
> »Nein.«
> »Das ist interessant! Und Hühner?«
> »Nein.«
> »Nichts ist vollkommen!« seufzte der Fuchs.

Nein, nichts ist vollkommen, jedenfalls nicht auf unserer Welt, sondern einzig im Nirgendwo der Utopie. Natürlich kann man diese füchsische Einsicht auch anspruchsvoller formulieren, zum Beispiel mit dem großen Aufklärer Immanuel Kant: »Aus so krummem Holze, als woraus der Mensch gemacht ist, kann nichts ganz Gerades gezimmert werden.« Und dagegen hilft kein noch so wütender Axtschlag und kein Hobeln – davon ganz abgesehen, daß die Späne, die dann fallen, allemal Menschen sind.

Wir haben nun immer wieder von dem Wandel gesprochen, der sich seit 1945 vollzogen hat. Ich hege freilich den Verdacht, daß zunächst dieser Abschied vom Vollkommenheitswahn nur halb gelang – oder daß er bloß andere Gestalten annahm. Haben wir – im Westen – denn nicht von der Arbeitsgesellschaft geträumt, daß sie perfekt sein sollte, vom Erfolg beflügelt und ausgewiesen, an ihren Früchten erkennbar, samt garantierter Vollbeschäftigung, beispielhafter Sozialpartnerschaft und exemplarischem Sozialstaat? Sogar vom »Modell Deutschland« war die Rede, exportfähig womöglich wie unsere Werkzeugmaschinen oder die Autos. Und andererseits: Verhieß nicht auch die DDR die perfekte, endlich und für immer gerechte Arbeitsgesellschaft?

Vieles ließe sich jetzt noch anschließen, das wir in unseren Briefen zumindest gestreift haben, von den utopischen Elementen in der Jugendrevolte von 1968 über die »grünen« Hoffnungen auf den Frieden mit der Natur bis hin zu den »blühenden Landschaften«, die Helmut Kohl als Kanzler der Wiedervereinigung den neuen Bundesländern versprach. Doch ob in der grünen oder der Kanzlervision: Klang das nicht so, als solle einmal mehr ein »Modell Deutschland« geschaffen werden, diesmal für den Garten Eden?

Aber die Verhältnisse erzwingen den Wandel, den Abschied nicht nur vom sozialistischen, sondern auch vom rheinischen Modell. In der Altersgesellschaft, der wir entgegengehen, müssen immer mehr Menschen zu neuen Lebensformen finden, die ihre Selbstachtung auch jenseits der Arbeit noch tragen. Die Vollbeschäftigung ist dahin und wird sich kaum wiederherstellen lassen. Mit ihr gerät zugleich der Sozialstaat aus den Fugen und wird ohne tiefe Einschnitte nicht in die Zukunft zu retten sein. Ähnlich kritisch entwickelt sich oder zerfällt die einst vielgepriesene Sozialpartnerschaft. Und alle Naturliebe, jedes Bemühen um den Umweltschutz muß Kompromisse mit den

Ansprüchen des Wohlstands, den Erfordernissen einer mobilen Gesellschaft eingehen.

Mit anderen Worten: Wir müssen uns, jeder für sich und alle miteinander, mit dem wesenhaft Unvollkommenen bescheiden und darin einrichten. Manche Murrköpfigkeit mag hier ihre Wurzel haben und nicht nur bei den Dichtern und Denkern. Aber nach meinem Eindruck sind die meisten Deutschen dazu bereit, diese Unvollkommenheit anzunehmen. (Die oft beredete und beklagte »Glaubwürdigkeitslücke«, in die Parteien und Parlamente geraten sind, hat vielleicht damit zu tun, daß die Menschen das längst schon einsehen, die Politiker aber nur zu oft noch versprechen, was sie nicht halten können.)

Liebe Kathrin und lieber Jan: Wenn zutrifft was ich sage, dann begegnen wir hier und hoffnungsvoll genug den wirklich *neuen* Deutschen: Menschen, die vollkommen weder sind, noch es sein wollen und denen man, eben darum, vertrauen, zu denen man gehören, mit denen man umgehen kann, ohne an Abgründe zu geraten.

Etwas langweiliger mögen die Deutschen damit ja sein als bisher, weniger anstrengend für sich selbst und für ihre Nachbarn, wahrscheinlich auch weniger erfolgreich – und ganz bestimmt weit weniger katastrophenträchtig. Vielleicht werden sie es eines Tages sogar lernen, weniger verbissen dreinzuschauen und nicht nur ihre holsteinischen, hessischen, pommerschen, bayerischen, sächsischen und pfälzischen Krähwinkel, sondern das ganze Deutschland zu mögen.

Dreierlei möchte ich gerne noch anfügen. Erstens könnte mit dem Abschied von den Vollkommenheitsträumen auch ein Abschied von den Feinderfindungen gelingen. Denn eines hängt mit dem anderen untrennbar zusammen. Wer das Vollkommene will, muß zunächst ergründen und sagen, wer das Gute mit welchen Mitteln und welch bösen Interessen verhindert. Die Kinder des Lichts und die Kinder der Finsternis müssen in ihrem Kontrast sichtbar werden, um den Kampf zu eröffnen und auszutragen, koste es, was es wolle, bis zum Endsieg oder zum Untergang.

Was Jules Monnerot in seiner *Soziologie des Kommunismus* über den Stalinismus gesagt hat, gilt überall, also auch für Deutschland und die Deutschen: »Um mitten im Frieden die kriegerischen Aktionen, die konzentrationären Praktiken und das Wiederauftauchen der Sklaverei zu entschuldigen, braucht man nichts Geringeres als eine Verheißung des Paradieses. Auf diese Weise kommt es zu einer unmittelbaren Verbindung zwischen Heilsgewißheit und menschlicher Scheußlichkeit.« Oder wie Aldous Huxley gesagt hat: »Ein Denken in Grundprinzipien bringt ein Tun mit Maschinengewehren mit sich. Eine Regierung mit einem umfassenden Plan zur Verbesserung der menschlichen Gesellschaft ist eine Regierung, die die Folter anwendet. Per contra, wenn man nie Grundprinzipien bedenkt und keinen Plan hat, sondern Situationen behandelt, wie sie entstehen, eine nach der anderen, kann man sich unbewaffnete Polizisten, Redefreiheit und Habeas-corpus-Akte leisten.«

Zweitens bedeutet das Sichabfinden mit dem Unvollkommenen nicht, daß man verzagt und die Hände in den Schoß legt. Im Gegenteil: Die Einsicht ins Unvollkommene des Bestehenden öffnet die Horizonte der Zukunft, drängt zu Reformen, zur Veränderung, Verbesserung in Teilschritten, freilich ohne den Irrglauben, das Vollkommene jemals erreichen zu können. Wer dagegen mit dem einen großen Schlag *alles* erreichen möchte, gerät fast folgerichtig ins Nichts, vom Radikalismus in die Resignation. Schon vor mehr als 200 Jahren hat das der Engländer Edmund Burke einmal so ausgedrückt:

»Wann immer wir verbessern, sollten wir Raum für weitere Verbesserungen lassen. Wir sollten uns umblicken und prüfen, um festzustellen, was wir bewirkt haben. Dann können wir mit Zuversicht fortfahren, weil wir es mit Klugheit tun. Bei überhasteten Reformen dagegen, bei dem, was man mit mehr Eifer als Überlegung ›ganze Arbeit‹ nennt, ist alles meist so unausgereift, schroff und unverdaulich, so sehr mit Unüberlegtheit und Ungerechtigkeit vermischt […], daß die gleichen Leute, die eben noch die größten Eiferer waren, bald abscheulich finden, was sie angerichtet haben. Dann ruft man das gerade aus der Welt geschaffte Übel aus seinem Exil zurück, um es als Korrektur der Korrektur einzusetzen; das Übel selbst gewinnt die Glaubwürdigkeit einer Reform; das Ideal guter Politik gerät als Utopie unerfahrener Hitzköpfe in Mißkredit. So werden schließlich die Übel unheilbar, nicht aus sich selbst, sondern wegen der falschen und gewaltsamen Heilmittel.«

Drittens: Das Neue an den Deutschen bedeutet zugleich eine Heimkehr zu den ehrwürdigen Überlieferungen, die Europa geprägt haben – sogar dann, wenn man sie kaum mehr kennt. Denn zum Kern der christlichen Botschaft gehört, daß in dieser Welt das Vollkommene, die Erlösung zum Heil, aus menschlicher Macht nicht zu erreichen ist. Die Deutschen – nicht nur sie, aber sie besonders – hatten sich von dieser Wahrheit gelöst und sind im Irrglauben an das innerweltliche Heil ins Verderben gestürzt. Man muß nun nicht unterstellen, daß sie zur frommen Bescheidenheit ihrer Vorväter zurückfinden; dafür gibt es keinerlei Anzeichen. Um so zuversichtlicher stimmt es, wenn das Neue, das sich entwickelt und durchsetzt, im Grunde etwas Altes ist, das längst schon erprobt wurde.

Liebe Kathrin und lieber Jan: Indem ich diesen Brief vor dem Abschicken noch einmal lese, stelle ich fest, daß er eigentlich eine Schlußfolgerung zieht aus all den Zweifeln und Fragen, mit denen wir uns geplagt haben. Um es in einem Satz zu sagen: Mit den neuen Deutschen sieht es so schlecht nicht aus, wie die Murrköpfe meinen.

Natürlich kennt niemand die Zukunft. »Wachet und betet, daß ihr nicht in Anfechtung fallet!« sagt schon die Bibel. Aber es gibt Anlaß zur Hoffnung – Anlaß auch für Sie, liebe Kathrin, mit Selbstbewußtsein eine Deutsche zu sein. Sie müssen darüber ja weder Holstein noch Europa vergessen; das eine relativiert heilsam das andere, und nur wer alles auf eine Karte setzt, gerät in den Wahn und ins Unheil.

Ich hoffe, daß auch Ihnen das einleuchtet und bleibe mit meinen Grüßen und guten Wünschen Ihr

Christian Krockow

PS: Ganz ungeduldig warte ich auf Ihre Nachrichten. Gibt es nun eine niederländisch-deutsche Wiedervereinigung unter dem Schutz der schweizerischen Neutralität oder nicht? Bitte bedenken Sie: Alte Leute sind um so neugieriger, je weniger sie selbst noch erleben.

Epilog

Lieber Herr von Krockow,

von Jan fast handgreiflich gezogen und von Ihnen kupplerisch geschoben, bin ich nun also in Basel, und vorläufig geht es eher chaotisch als geordnet zu. Wir wohnen oder vielmehr nächtigen in einer Absteige, die sich den Namen Hotel mehr erschwindelt als verdient hat. Man muß sich weit aus dem Fenster lehnen und den Kopf verrenken, um einen Baum zu sehen und schon sehr die Ohren spitzen, um eine Amsel zu hören. Die Zimmernachbarn rechts und links hört man dafür um so besser.

Jan ist heute nach Straßburg gefahren, um sich mit Europa bekannt zu machen und darüber seinen ersten »Bericht aus Basel« vorzubereiten. Dabei läge anderes näher und würde die niederländischen Leser bestimmt viel mehr interessieren, zum Beispiel das Preisgefälle im Dreiländereck. In Basel-Stadt und selbst noch in Basel-Land ist alles sehr teuer, nicht bloß die Wohnungsmieten. Drüben, in der badischen Nachbarschaft, geht es etwas menschenfreundlicher zu. Und wie sieht es im Elsaß aus? Das müssen wir erkunden, bevor wir uns fürs Verbluten entscheiden.

Auf Europa könnte man dann immer noch zu sprechen kommen: Sind in der Schweiz die Preise etwa darum so hoch, weil man sich hier dem Beitritt zur Europäischen Union hartnäckig verweigert? Handelt es sich im Heiligtum der eidgenössischen Neutralität womöglich um eine Verschwörung der vereinigten Fleisch-, Käse- und Wurstverkäufer gegen ihre Kunden? Oder um eine Hinterlist der »Gnomen von Zürich«, der Geldherren in der dortigen Bahnhofstraße, um die Leute mit der D-Mark, die sich vor dem Euro fürchten, ins gelobte Fränkli-Land mit seinem Bankgeheimnis zu locken? Lauter Fragen, die dringend geklärt werden sollten.

Gestritten haben wir uns natürlich auch schon, zum Beispiel über Erasmus von Rotterdem, den Sie verehren und der hier im Münster begraben liegt. Mein niederländischer Nationalist behauptet, daß es sich um seinen Landsmann handelt – wieso sonst »von Rotterdam«? Erasmus hat die meisten Jahre seines Lebens in Frankreich, Italien und England, in Basel und auch im badischen Freiburg verbracht. »Ich wünsche ein Weltbürger zu sein und allen zu gehören«, hat er als der Humanist gesagt, der er war. Und keinem wollte er ganz gehören. Man sollte ihn als Kronzeugen fürs multikulturelle Leben mit mehreren Pässen und Staatsbürgerschaften einsetzen.

Wenn ich es unterm »Hotel«-Dach nicht mehr aushalte, gehe ich in den »Zolli«. Dieser Tiergarten in seiner Schlucht unter den alten Bäumen sieht tatsächlich noch so aus wie in meiner Kindererinnerung. Außerdem lernt man etwas über den Bürgergeist von Basel: An vielen Gehegen steht geschrieben, wer sie oder ihre Bewohner gestiftet hat. Im übrigen ist der Ausblick vom Altstadthügel auf den Rhein herab hinreißend schön. Vielleicht werden wir einmal, mit Erasmus und mit Ihnen, ein Schiff besteigen und stromab nach Rüdesheim fahren, um dort, wie Sie es wünschten, dem deutschen Niederwald-Weib einen Besuch abzustatten. Und morgen werde ich mich in der Universität anmelden, schon sehr gespannt darauf, was die Holsteinerin sozusagen als Nachfolgerin einer ostpreußischen Gräfin erwartet.

Für heute grüßt Sie und diesmal besonders herzlich

Ihre Kathrin

Nachwort von Jan nach seiner Rückkehr aus Straßburg:

Lieber Herr von Krockow, hören Sie bloß nicht auf das, was Kathrin Ihnen vorschwatzt. Zwar hat sie wahrscheinlich recht, wenn sie sagt, daß wir unsere Baseler Berichte besser mit einer Durchsicht der Preise im »Dreiländereck« als mit dem undurchsichtigen Straßburg anfangen sollten. Die Wahlen zum europäischen Parlament werfen ihre Schatten voraus, und wenn meine Landsleute hören, daß Europa billiger ist als die Schweiz, sind sie wahrscheinlich eher bereit, zur Wahlurne zu gehen, als wenn man von der Macht und Ohnmacht einer Versammlung redet, von der niemand recht weiß, was sie tut.

Hiervon abgesehen ärgert Kathrin sich nur, weil durch ihre niederländischen Gehversuche noch zu sehr das Deutsche durchscheint. Leider ist nicht jeder so sprachbegabt wie Ihr Claus von Amsberg, der, als er unsere Kronprinzessin Beatrix heiratete und sich in den Prinzen der Niederlande verwandelte, es in wenigen Monaten weiter brachte als sein Schwiegervater Prinz Bernhard in Jahrzehnten. Oder vielleicht sollte ich sagen: Gott sei Dank ist es so, sonst wäre mir Kathrin womöglich noch mit diesem polnischen Handkußritter Adam durchgebrannt. (Wie die neuesten Nachrichten aus Greifswald besagen, hat er sich dort bei der Frau Professor und der Frau Schulmeisterin schon als ihr Nachfolger eingenistet.)

Darüber beglückt, daß ihm das nicht gelungen ist, grüßt Sie vielmals

Ihr Jan

Liebe Kindsköpfe!

Der Kuppler macht es sich jetzt im Lehnstuhl bequem und betrachtet wohlgefällig sein unmoralisches Werk. Sollte es sich – wider Erwarten – in das moralische einer Ehestiftung verwandeln, so ist er sogar bereit, als Trauzeuge aufzutreten, über seinen altmodischen »Sie«-Schatten zu springen und dem deutsch-niederländischen Paar, das vor nichts zurückschreckt, das »Du« anzubieten. Aber nur unter dieser Kuppler-Bedingung!

Und was Basel betrifft: Es kann ja kaum einen besseren Ort geben, um die Unterschiede und Eigenarten der Nationen zu studieren. Vielleicht lassen Sie mich bei der einen oder anderen Gelegenheit an Ihren Beobachtungen teilhaben und schicken mir Ihre »Berichte aus Basel« – wenn möglich in deutscher Übersetzung. Denn leider bin ich im Unterschied zu meinem Jugendfreund, dem Prinzen Claus, mit Sprachbegabung so wenig gesegnet wie Prinz Bernhard. Im übrigen verspreche ich, mich aufs Lesen zu beschränken.

Mit anderen Worten: Ich werde mich fortan davor hüten, an den Arbeitstisch zurückzukehren, um dort viel zu lange Briefe zu schreiben. Wie Sie schon bei Immanuel Kant nachlesen können, sind die selbsternannten Vormünder des Teufels. Dagegen, so sagt der Weise aus Königsberg, werden die Menschen »durch einigemal Fallen wohl endlich gehen lernen« – falls man damit aufhört, sie immerfort und besserwisserisch zu gängeln.

Fahren Sie also oder, besser noch, wandern Sie rheinauf und rheinab; an diesem schweizerischen, französischen, deutschen und niederländischen Schicksalsstrom übt sich das Miteinander-Gehen fast wie von selbst ein. Und womöglich sogar die Kunst der Versöhnung nach allem Streit.

Da ich kürzlich eine Biographie über Winston Churchill geschrieben habe, füge ich noch eine Weisheit aus fremder Feder hinzu. Der große Brite sagt in seinen Jugenderinnerungen:

»Vorwärts, all ihr jungen Leute, alle auf der ganzen Welt ... Nicht eine Stunde habt ihr zu verlieren. Ihr müßt euren Platz in der Kampffront des Daseins besetzen. Zwanzig bis fünfundzwanzig: Das sind die richtigen Jahre. Begnügt euch nicht damit, die Dinge hinzunehmen, wie sie sind. ›Euer ist die Erde mit all ihrer Fülle.‹ Tretet das Erbe an, übernehmt die Verantwortung! Erhebt wieder die ruhmreichen Fahnen, tragt sie gegen die Feinde, die sich vor den Fronten der Menschheit stets neu versammeln. Ihr braucht sie nur mutig anzugreifen, dann stieben sie davon. Unterwerft euch nie dem Mißlingen. Laßt euch nicht abspeisen mit Erfolg und Anerkennung für eure Person allein. Ihr werdet Irrtümer jeder Art begehen, aber solange ihr groß denkt, wahrhaftig bleibt und angreift, werdet Ihr die Welt nicht zu Schaden bringen oder ernsthaft gefährden. Sie ist dazu gemacht, daß die Jugend sie begehrt und gewinnt.«

Von ganzem Herzen wünsche ich Ihnen, liebe Kathrin und lieber Jan, daß Sie all das Glück finden, das diese unvollkommene Welt uns Menschen zu bieten hat, und grüße Sie als Ihr alter

Christian Krockow

Ein deutsches Lesebuch

Prosatexte und Gedichte

Immanuel Kant: Beantwortung der Frage: Was ist Aufklärung? (1784)

Aufklärung ist der Ausgang des Menschen aus seiner selbst verschuldeten Unmündigkeit. Unmündigkeit ist das Unvermögen, sich seines Verstandes ohne Leitung eines anderen zu bedienen. *Selbstverschuldet* ist diese Unmündigkeit, wenn die Ursache derselben nicht am Mangel des Verstandes, sondern der Entschließung und des Mutes liegt, sich seiner ohne Leitung eines andern zu bedienen. Sapere aude! Habe Mut, dich deines *eigenen* Verstandes zu bedienen! ist also der Wahlspruch der Aufklärung.

Faulheit und Feigheit sind die Ursachen, warum ein so großer Teil der Menschen, nachdem sie die Natur längst von fremder Leitung freigesprochen (naturaliter maiorennes), dennoch gerne zeitlebens unmündig bleiben; und warum es anderen so leicht wird, sich zu deren Vormündern aufzuwerfen. Es ist so bequem, unmündig zu sein. Habe ich ein Buch, das für mich Verstand hat, einen Seelsorger, der für mich Gewissen hat, einen Arzt, der für mich die Diät beurteilt, usw.: so brauche ich mich ja nicht selbst zu bemühen. Ich habe nicht nötig zu denken, wenn ich nur bezahlen kann; andere werden das verdrießliche Geschäft schon für mich übernehmen. Daß der bei weitem größte Teil der Menschen (darunter das ganze schöne Geschlecht) den Schritt zur Mündigkeit, außer dem daß er beschwerlich ist, auch für sehr gefährlich halte: dafür sorgen schon jene Vormünder, die die Oberaufsicht über sie gütigst auf sich genommen haben. Nachdem sie ihr Hausvieh zuerst dumm gemacht haben, und sorgfältig verhüteten, daß diese ruhigen Geschöpfe ja keinen Schritt außer dem Gängelwagen, darin sie sie einsperrten, wagen durften: so zeigen sie ihnen nachher die Gefahr, die ihnen drohet, wenn sie es versuchen, allein zu gehen. Nun ist diese Gefahr zwar eben so groß nicht, denn sie würden durch einigemal Fallen wohl endlich gehen lernen; allein ein Beispiel von der Art macht doch schüchtern, und schreckt gemeiniglich von allen ferneren Versuchen ab.

Ernst Moritz Arndt: Katechismus für den deutschen Wehrmann (1813)

Es sind elende und kalte Klügler aufgestanden in diesen Tagen, die sprechen in der Nichtigkeit ihrer Herzen:

Vaterland und Freiheit, leere Namen ohne Sinn, schöne Klänge, womit man die Einfältigen betört! Wo es dem Menschen wohlgeht, da ist sein Vaterland, wo er am wenigsten geplagt wird, da blüht seine Freiheit.

Diese sind wie die dummen Tiere nur auf den Bauch und auf seine Gelüste gerichtet und vernehmen nichts von dem Wehen des himmlischen Geistes …

Darum, o Mensch, hast du ein Vaterland, ein heiliges Land, ein geliebtes Land, eine Erde, wonach deine Sehnsucht ewig dichtet und trachtet.

Wo dir Gottes Sonne zuerst schien, wo dir die Sterne des Himmels zuerst leuchteten, wo seine Blitze dir zuerst seine Allmacht offenbarten, und seine Sturmwinde dir mit heiligem Schrecken durch die Seele brauseten, da ist deine Liebe, da ist dein Vaterland.

Wo das erste Menschenaug sich liebend über deine Wiege neigte, wo deine Mutter dich zuerst mit Freuden auf dem Schoße trug, und dein Vater dir die Lehren der Weisheit und des Christentums ins Herz grub, da ist deine Liebe, da ist dein Vaterland.

Und seien es kahle Felsen und öde Inseln, und wohne Armut und Mühe dort mit dir, du mußt das Land ewig lieb haben; denn du bist ein Mensch und sollst nicht vergessen, sondern behalten in deinem Herzen.

Auch ist die Freiheit kein leerer Traum und kein wüster Wahn, sondern in dir lebt dein Mut und dein Stolz und die Gewißheit, daß du vom Himmel stammest.

Da ist Freiheit, wo du leben darfst, wo dich beglücket, was schon deinen Ureltervater beglückte, wo keine fremden Henker über dich gebieten und keine fremden Treiber dich treiben, wie man das Vieh mit dem Stecken treibt.

Dieses Vaterland und diese Freiheit sind das Allerheiligste auf Erden ... Auf denn, redlicher Deutscher! Bete täglich zu Gott, daß er dir das Herz mit Stärke fülle und deine Seele entflamme mit Zuversicht und Mut.

Daß keine Liebe dir heiliger sei als die Liebe zum Vaterland und keine Freude dir süßer als die Freude der Freiheit ...«

Heinrich Heine: Zur Geschichte der Religion und Philosophie in Deutschland (1835)

Die deutsche Revolution wird darum nicht milder und sanfter ausfallen, weil ihr die Kantsche Kritik, der Fichtesche Transzendentalidealismus und gar die Naturphilosophie vorausging. Durch diese Doktrinen haben sich revolutionäre Kräfte entwickelt, die nur des Tages harren, wo sie hervorbrechen und die Welt mit Entsetzen und Bewunderung erfüllen können ... Denn wenn die Hand des Kantianers stark und sicher zuschlägt, weil sein Herz von keiner traditionellen Ehrfurcht bewegt wird; wenn der Fichteaner mutvoll jeder Gefahr trotzt, weil sie für ihn in der Realität gar nicht existiert: so wird der Naturphilosoph dadurch furchtbar sein, daß er mit den ursprünglichen Gewalten der Natur in Verbindung tritt, daß er die dämonischen Kräfte des altgermanischen Pantheismus beschwören kann und daß in ihm jene Kampflust erwacht, die wir bei den alten Deutschen finden und die nicht kämpft, um zu zerstören noch um zu siegen, sondern bloß, um zu kämpfen. Das Christentum – und das ist sein schönstes Verdienst – hat jene brutale germanische Kampflust einigermaßen besänftigt, konnte sie jedoch nicht zerstören, und wenn einst der zähmende Talisman, das Kreuz, zerbricht, dann rasselt wieder empor die Wildheit der alten Kämpfer, die unsinnige Berserkerwut, wovon die nordischen Dichter soviel singen und sagen. Jener Talisman ist morsch, und kommen wird der Tag, wo er kläglich zusammenbricht. Die alten steinernen Götter erheben sich dann aus dem verschollenen Schutt und reiben sich den tausendjährigen Staub aus den Augen, und Thor mit dem Riesenhammer springt endlich empor und zerschlägt die gotischen Dome … Lächelt nicht über den Phantasten, der im Reiche der Erscheinungen dieselbe Revolution erwartet, die im Gebiete des Geistes stattgefunden. Der Gedanke geht der Tat voraus, wie der Blitz dem Donner. Der deutsche Donner ist freilich auch ein Deutscher und ist nicht sehr gelenkig und kommt etwas langsam herangerollt; aber kommen wird er, und wenn ihr es einst krachen hört, wie es noch niemals in der Weltgeschichte gekracht hat, so wißt: der deutsche Donner hat endlich sein Ziel erreicht. Bei diesem Geräusche werden die Adler aus der Luft tot niederfallen, und die Löwen in der fernsten Wüste Afrikas werden die Schwänze einkneifen und sich in ihren königlichen Höhlen verkriechen. Es wird ein Stück aufgeführt werden in Deutschland, wogegen die französische Revolution nur wie eine harmlose Idylle erscheinen möchte.

Karl Marx: Die deutsche Ideologie (1845/46)

Wie deutsche Ideologen melden, hat Deutschland in den letzten Jahren eine Umwälzung ohne gleichen durchgemacht. Der Verwesungsprozeß des Hegelschen Systems, der mit Strauß begann, hat sich zu einer Weltgärung entwickelt, in welche alle »Mächte der Vergangenheit« hineingerissen sind. In dem allgemeinen Chaos haben sich gewaltige Reiche gebildet, um alsbald wieder unterzugehen, sind Heroen momentan aufgetaucht, um von kühneren und mächtigeren Nebenbuhlern wieder in die Finsternis zurückgeschleudert zu werden. Es war eine Revolution, wogegen die französische ein Kinderspiel ist, ein Weltkampf, vor dem die Kämpfe der Diadochen kleinlich erscheinen. Die Prinzipien verdrängten, die Gedankenhelden überstürzten einander mit unerhörter Hast, und in den wenigen Jahren 1842–1845 wurde in Deutschland mehr aufgeräumt als sonst in drei Jahrhunderten. – Alles dies soll sich im reinen Gedanken zugetragen haben.

Nikolaus Becker: Der deutsche Rhein (1840)

Sie sollen ihn nicht haben,
den freien deutschen Rhein,
ob sie wie gier'ge Raben
sich heiser danach schrein,

Solang er ruhig wallend
sein grünes Kleid noch trägt,
solang ein Ruder schallend
in seine Woge schlägt.

Sie sollen ihn nicht haben,
den freien deutschen Rhein
solang sich Herzen laben
an seinem Feuerwein;

Solang in seinem Strome
noch fest die Felsen stehn,
solang sich hohe Dome
in seinem Spiegel sehn.

Sie sollen ihn nicht haben,
den freien deutschen Rhein,
solang dort kühne Knaben
um schlanke Dirnen frein;

Solang die Flosse hebet
ein Fisch auf seinem Grund,
solang ein Lied noch lebet
in seiner Sänger Mund.

Sie sollen ihn nicht haben,
den freien deutschen Rhein,
bis seine Flut begraben
des letzten Manns Gebein!

Das Hecker-Lied (anonym, 1848)

Dreiunddreißig Jahre
Währt die Knechtschaft schon.
Nieder mit die Hunde
Von der Reaktion.
Blut – Blut muß fließen
Knüppelhageldick,
Damit wollen wir begießen
Die freie Republik.

Schmiert die Guillotine
Mit der Pfaffen Fett,
Schmeißt die Konkubine
Aus des Fürsten Bett.
An dem Darm des Pfaffen
Hängt den Edelmann,
Laßt ihn dran erschlaffen
Bis er nicht mehr kann.

Wenn euch die Leute fragen:
Lebet Hecker noch?
So sollt ihr ihnen sagen:
Ja, ja, er lebet noch.
Er hängt an keinem Baume,
Er hängt an keinem Strick,
Er hängt an seinem Traume
Der freien Republik.

Otto von Bismarck: Das Jahr 1848 (Gedanken und Erinnerungen, 1898)

Am 20. [März 1848] meldeten mir die Bauern in Schönhausen, es seien Deputierte auf dem dreiviertel Meilen entfernten Tangermünde angekommen, mit der Aufforderung, wie in der genannten Stadt geschehn war, auf dem Turme die schwarz-rot-goldne Fahne aufzuziehn, und mit der Drohung, im Weigerungsfalle mit Verstärkung wiederzukommen. Ich fragte die Bauern, ob sie sich wehren wollten: sie antworteten mit einem einstimmigen und lebhaften »Ja«, und ich empfahl ihnen, die Städter aus dem Dorfe zu treiben, was unter eifriger Beteiligung der Weiber besorgt wurde. Ich ließ dann eine in der Kirche vorhandne weiße Fahne mit schwarzem Kreuz, in Form des eisernen, auf dem Turm aufziehn und ermitteln, was an Gewehren und Schießbedarf im Dorfe vorhanden war, wobei etwa fünfzig bäuerlich Jagdgewehre zum Vorschein kamen. Ich selbst besaß mit Einrechnung der altertümlichen einige zwanzig und ließ Pulver durch reitende Boten von Jerichow und Rathenow holen.

Dann fuhr ich mit meiner Frau durch umliegende Dörfer und fand die Bauern eifrig bereit, dem Könige nach Berlin zur Hilfe zu ziehn, besonders begeistert einen alten Dorfschulzen Krause in Neuermark, der in meines Vaters Regiments »Carabiniers« Wachtmeister gewesen war. Nur mein nächster Nachbar sympathisierte mit der Berliner Bewegung, warf mir vor, eine Brandfackel in das Land zu schleudern, und erklärte, wenn die Bauern sich wirklich zum Abmarsch anschicken sollten, so werde er auftreten und abwiegeln. Ich erwiderte: »Sie kennen mich als einen ruhigen Mann, aber wenn Sie das tun, so schieße ich Sie nieder.« – »Das werden Sie nicht«, meinte er. – »Ich gebe mein Ehrenwort darauf«, versetzte ich, »und Sie wissen, daß ich das halte, also lassen Sie das.«

Reichsverfassung der Frankfurter Nationalversammlung vom 28. März 1849, § 137 (Die Grundrechte des deutschen Volks, Artikel II)

Vor dem Gesetz gibt es keinen Unterschied der Stände. Der Adel als Stand ist aufgehoben.

Alle Standesvorrechte sind abgeschafft.

Die Deutschen sind vor dem Gesetze gleich.

Alle Titel, soweit sie nicht mit einem Amte verbunden sind, sind aufgehoben und dürfen nie wieder eingeführt werden.

Kein Staatsangehöriger darf von einem auswärtigen Staate einen Orden annehmen.

Die öffentlichen Ämter sind für alle Befähigten gleich zugänglich.

Die Wehrpflicht ist für alle gleich; Stellvertretung bei derselben findet nicht statt.

Emanuel Geibel: Deutschlands Beruf (1861)

Soll's denn ewig von Gewittern
am umwölkten Himmel braun?
Soll denn stets der Boden zittern,
drauf wir unsre Hütten baun?
Oder wollt ihr mit den Waffen
Endlich Rast und Frieden schaffen?

Daß die Welt nicht mehr in Sorgen
um ihr leichterschüttert Glück,
täglich bebe vor dem Morgen,
gebt ihr ihren Kern zurück!
Macht Europas Herz gesunden,
und das Heil ist euch gefunden.

Einen Hort geht aufzurichten,
einen Hort im deutschen Land!
Sucht zum Lenken und zum Schlichten
eine schwerterprobte Hand,
die den güldnen Apfel halte
und des Reichs in Treuen walte.

Sein gefürstet Banner trage
jeder Stamm, wie er's erkor,
aber über alle rage
stolzentfaltet eins empor,
hoch, im Schmuck der Eichenreiser
wall es vor dem deutschen Kaiser.

Wenn die heil'ge Krone wieder
einen hohen Scheitel schmückt,
aus dem Haupt durch alle Glieder
stark ein ein'ger Wille zückt,
wird im Völkerrat vor allen
deutscher Spruch aufs neu erschallen.

Dann nicht mehr zum Weltgesetze
wird die Laun' am Seinestrom,
dann vergeblich seine Netze
wirft der Fischer aus in Rom,
länger nicht mit seinen Horden
schreckt uns der Koloß im Norden.

Macht und Freiheit, Recht und Sitte,
klarer Geist und scharfer Hieb
zügeln dann aus starker Mitte
jeder Selbstsucht wilden Trieb,
und es mag am deutschen Wesen
einmal noch die Welt genesen.

Emanuel Geibel: Am dritten September (1870)

Nun laßt die Glocken
von Turm zu Turm
durchs Land frohlocken
im Jubelsturm!
Des Flammenstoßes
Geleucht facht an!
Der Herr hat Großes
an uns getan.
Ehre sei Gott in der Höhe!

Es zog von Westen
Der Unhold aus,
sein Reich zu festen
in Blut und Graus;
mit allen Mächten
der Höll im Bund,
die Welt zu knechten
das schwur sein Mund.
Furchtbar dräute der Erbfeind.

Vom Rhein gefahren
kam fromm und stark
mit Deutschlands Scharen
der Held der Mark.
Die Banner flogen
und über ihm

in Wolken zogen die Cherubim.
Ehre sei Gott in der Höhe!

Drei Tage brüllte
die Völkerschlacht,
ihr Blutrauch hüllte
die Sonn in Nacht.
Drei Tage rauschte
der Würfel Fall,
und bangend lauschte
der Erdenball.
Furchtbar dräute der Erbfeind.

Da hub die Waage
des Weltgerichts
am dritten Tage
der Herr des Lichts
und warf den Drachen
vom güldnen Stuhl
mit Donnerskrachen
hinab zum Pfuhl.
Ehre sei Gott in der Höhe!

Nun bebt vor Gottes
Und Deutschlands Schwert
die Stadt des Spottes,
der Blutschuld Herd.
Ihr Blendwerk lodert
wie bald! zu Staub
und heimgefordert
wird all ihr Raub.
Nimmermehr dräut uns der Erbfeind.

Drum laßt die Glocken
von Turm zu Turm
durchs Land frohlocken

im Jubelsturm!
Des Flammenstoßes
Geleucht facht an!
Der Herr hat Großes
an uns getan.
Ehre sei Gott in der Höhe!

Bismarck, aus einem Brief an seine Gattin, Versailles, 7. Dezember 1870

Ich habe keine Seele hier zum Reden über Zukunft oder Vergangenheit. Wenn man zu lange Minister ist, und dabei nach Gottes Fügung Erfolge hat, so fühlt man deutlich, wie der kalte Sumpf von Mißgunst und Haß einem allmählich höher und höher bis ans Herz steigt; man gewinnt keine neuen Freunde, die alten sterben oder treten in verstimmter Bescheidenheit zurück, und die Kälte von oben wächst, wie das die Naturgeschichte der Fürsten, auch der besten, so mit sich bringt; alle Zuneigungen aber bedürfen der Gegenseitigkeit, wenn sie dauern sollen. Kurz mich friert, geistig, und ich sehne mich, bei Dir zu sein und mit Dir in Einsamkeit auf dem Lande. Dieses Hofleben erträgt kein gesundes Herz auf die Dauer.

Bismarck, Brief an die Gattin, Versailles, 21. Januar 1871

Mein Liebling,
ich habe Dir schrecklich lange nicht geschrieben, verzeih, aber diese Kaisergeburt war eine schwere, und Könige haben in solchen Zeiten ihre wunderlichsten Gelüste, wie Frauen, bevor sie der Welt hergeben, was sie doch nicht behalten können. Ich hatte als Accoucheur mehrmals das dringende Bedürfnis eine Bombe zu sein und zu platzen, daß der ganze Bau in Trümmer gegangen wäre. *Nötige* Geschäfte greifen mich wenig an, aber die unnötigen verbittern.

Heinrich von Sybel, am 27. Januar 1871 (nach der Meldung von der bevorstehenden Kapitulation von Paris)

Meine Augen gehen immer hinüber zu dem Extrablatt, und die Tränen fließen mir über die Backen. Wodurch hat man die Gnade Gottes verdient, so große und so mächtige Dinge erleben zu dürfen? Und wie wird man nachher leben? Was zwanzig Jahre lang der Inhalt alles Wünschens und Strebens gewesen, ist nun in so unendlich herrlicher Weise erfüllt!

Georg Herwegh: Epilog zum Krieg, 1871

Germania, der Sieg ist dein!
Die Fahnen wehn, die Glocken klingen,
Elsaß ist dein und Lotharingen:
Du sprichst: »Jetzt muß der Bau gelingen,
Bald holen wir den letzten Stein.«

Gestützt auf deines Schwertes Knauf,
Lobst du in frommen Telegrammen
Den Herrn, von dem die Herren stammen,
Und aus Zerstörung, Tod und Flammen
Steigt heiß dein Dank zum Himmel auf.

Nach vierundzwanzig Schlachten liegt
Der Feind am Boden, überwunden;
Bis in die Stadt voll Blut und Wunden,
Die keinen Retterarm gefunden,
Brichst du dir Bahn – du hast gesiegt!

Schwarz, weiß und rot! Um ein Panier
Vereinigt stehen Süd und Norden;
Du bist im ruhmgekrönten Morden
Das erste Land der Welt geworden:
Germania, mir graut vor dir!

Mir graut vor dir, ich glaube fast,
Daß du, in argen Wahn versunken
Mit falscher Größe suchst zu prunken,
Und daß du, gottesgnadentrunken,
Das Menschenrecht vergessen hast.

Schon lenkt ein Kaiser dich am Zaum,
Ein strammer, strenger Zepterhalter.
Hofbarden singen dir die Psalter
Dem auferstandnen Mittelalter,
und 89 wird ein Traum.

Ein Traum! Du sahst, wie Frankreich fiel
Durch einen Cäsar, sahst die Sühne
Vollzogen auf der Schreckensbühne –
Deutschland, gedeihe, wachse, grüne
Geläutert durch dies Trauerspiel!

Bismarck, Ende einer Reichstagsrede vom 6. Februar 1888

Wir Deutschen fürchten Gott, aber sonst nichts auf der Welt; und die Gottesfurcht ist es schon, die uns den Frieden leben und pflegen läßt. Wer ihn aber trotzdem bricht, der wird sich überzeugen, daß die kampfesfreudige Vaterlandsliebe, welche 1813 die gesamte Bevölkerung des damals schwachen, kleinen und ausgesogenen Preußen unter die Fahnen rief, heutzutage ein Gemeingut der ganzen deutschen Nation ist und daß derjenige, welcher die deutsche Nation irgendwie angreift, sie einheitlich gewaffnet finden wird und jeden Wehrmann mit dem festen Glauben im Herzen: Gott wird mit uns sein!

Kaiser Wilhelm II., Rede beim Festmahl des Brandenburgischen Provinziallandtages, 24. Februar 1892

Wir leben in einem Übergangszustande! Deutschland wächst allmählich aus den Kinderschuhen heraus, um in das Jünglingsalter einzutreten. Da wäre es wohl an der Zeit, daß wir uns von unsern Kinderkrankheiten frei machten. Wir gehen durch bewegte und anregende Tage hindurch, in denen das Urteil der großen Menge der Menschen der Objektivität leider zu sehr entbehrt. Ihnen werden ruhigere Tage folgen, insofern unser Volks sich ernstlich zusammennimmt, in sich geht und unbeirrt von fremden Stimmen auf Gott baut und die ehrliche fürsorgliche Arbeit seines angestammtenn Herrschers.

Ich möchte dieses Übergangsstadium mit einer kleinen Geschichte vergleichend erleuchten, welche ich einmal gehört habe. Der berühmte englischen Admiral Sir Francis Drake war in Zentralamerika gelandet nach schwerer, stürmisch bewegter Reise; er suchte und forschte nach dem anderen Ozean, von dem er überzeugt war, daß er vorhanden sei, den die meisten seiner Begleiter jedoch als nicht existierend annahmen. Der Häuptling eines Stammes, dem das eindringliche Fragen und Forschen des Admirals aufgefallen, von der Macht seines Wesens eingenommen, sagte ihm: »Du suchst das große Wasser, folge mir, ich werde es dir zeigen«, und nun stiegen die beiden trotz warnenden Zurufs der übrigen Begleiter einen gewaltigen Berg hinan. Nach furchtbaren Beschwerden an der Spitze angekommen, wies der Häuptling auf die Wasserfläche hinter ihnen, und Drake sah die wildbewegten Wogen des zuletzt von ihm durchschifften Meeres vor sich. Darauf drehte sich der Häuptling um, führte den Admiral um einen kleinen Felsvorsprung herum, und plötzlich tat sich vor seinem Blick der vom Gold der aufgehenden Sonne bestrahlte Wasserspiegel des in majestätischer Ruhe sich ausbreitenden Stillen Ozeans auf.

So sei es auch mit uns! Das feste Bewußtsein Ihre Meine Arbeit treu begleitenden Sympathie flößt Mir stets neue Kraft ein, bei der Arbeit zu beharren und auf dem Wege vorwärtszuschreiten, der Mir vom Himmel gewiesen ist.

Dazu kommt das Gefühl der Verantwortung unserm obersten Herrn dort oben gegenüber und Meine felsenfeste Überzeugung, daß unser Alliierter von Roßbach und Dennewitz Mich dabei nicht im Stich lassen wird. Er hat sich solch unendliche Mühe mit unserer alten Mark und Unserem Haus gegeben, daß wir nicht annehmen können, daß er dies für nichts getan hat. Nein, im Gegenteil, Brandenburger, zu Großem sind wir noch bestimmt, und herrlichen Tagen führe Ich euch noch entgegen.«

Kaiser Wilhelm II.: An den Prinzen Rupprecht von Bayern, 3. Juli 1900

Eure Königliche Hoheit haben sich ... überzeugen können, wie mächtig der Wellenschlag des Ozeans an unseres Volkes Tore klopft und es zwingt, als ein großes Volk seinen Platz in der Welt zu behaupten, mit anderen Worten: zur Weltpolitik.

Der Ozean ist unentbehrlich für Deutschlands Größe. Aber der Ozean beweist auch, daß auf ihm in der Ferne, jenseits von ihm, ohne Deutschland und ohne den Deutschen Kaiser keine große Entscheidung mehr fallen darf.

Ich bin nicht der Meinung, daß unser deutsches Volk vor dreißig Jahren unter der Führung seiner Fürsten gesiegt und geblutet hat, um sich bei großen auswärtigen Entscheidungen beiseite schieben zu lassen. Hierfür die geeigneten und, wenn es sein muß, auch die schärfsten Mittel rücksichtslos anzuwenden, ist Meine Pflicht nur, Mein schönstes Vorrecht. Ich bin überzeugt, daß Ich hierbei Deutschlands Fürsten und das gesamte deutsche Volks festgeschlossen hinter Mir habe.

Arthur Schopenhauer sagt: »Der Stil ist die Physiognomie des Geistes. Sie ist untrüglicher als die des Leibes.«

Der Stil zeigt die formelle Beschaffenheit aller Gedanken eines Menschen, welche sich stets gleichbleiben muß, *was* und *worüber* er auch denke möge.

Der Stil Kaiser Wilhelms ist beherrscht vom Superlative.

In kurzen Trinksprüchen finden sich zwei oder mehr; in keiner Rede fehlen sie gänzlich.

Der Kaiser legt seinen herzlichsten, tiefgefühltesten Dank zu Füßen des Prinzen Albrecht von Braunschweig für huldreiche Worte, dem König Karl von Württemberg den herzlichsten, innigsten Dank aus tiefbewegtem Herzen für das soeben ausgebrachte Hoch ...

Der Superlativ ist auch als rhetorische Form nicht gut. Ein Gedanke soll einfach und wahr ausgedrückt werden. Der Superlativ ist überschwenglich und darum unwahr.

Er widerstreitet der Simplizität, welche als erste Forderung jeder Kunstform zu gelten hat. Der Kaiser liebt ferner das schmückende Beiwort; er fügt es zu jedem Hauptworte, und wo er begeistern will, häuft er die Adjektiva.

Voltaire sagt: »L'adjectif est l'ennemi du substantif.« Er will damit sagen, daß durch Beiwörter die Klarheit des Hauptwortes Schaden leidet.

Zudem: schmückende, ausmalende Beiworte lassen die Form schwülstig erscheinen; außerdem beweisen sie, daß ein Redner sich selbst nicht zutraut, eine Empfindung oder einen Gedanken knapp mit dem treffenden Worte auszudrücken. Wie uns die Sammlung [der Reden Wilhelms II.] zeigt, sind die meisten Kundgebungen des Kaisers Festreden und als solche zu beurteilen. Der deutsche Festredner von gewöhnlicher Qualität hat die Eigentümlichkeit, Schlagworte aus Festspielen oder Festgedichten in seiner Prosa zu verwenden. Kein anderer Stamm von Festrednern hat eine solche Menge klingender Phrasen geprägt, wie der deutsche. Das trifft besonders auf schmückende Beiworte zu, die deshalb gänzlich ungeeignet sind, ein wirkliches, persönliches Empfinden wiederzugeben. Aber obgleich sie durch den allgemeinsten Gebrauch entwertet sind, heißt doch der Deutsche von heute eine Rede schwungvoll, feurig, wenn sie mit ihnen gespickt ist. Er unterscheidet sich hierin von seinen Vorfahren, denen der Satz galt, daß der *Gedanke* den Stil schön macht. Wer nun die festlichen Reden des Kaisers prüft, kann darin weder Eigenart des Empfindens, noch Eigenart des Ausdrucks finden. Wir sehen häufige Wiederholung von Worten, die hochgespannte Empfindung ausdrücken sollen. Dadurch erhalten sie konventionelles Gepräge, die Gedanken wie die Gefühle.

Josef Tal: Der Sohn des Rabbiners – Ein Weg von Berlin nach Jerusalem (1885 – Bericht vom Kindergeburtstag im Kaiserreich)

Mutter rief mich zum Fenster von Vaters Arbeitszimmer, das zur Straße hin lag. Unten stand ein großer Lieferwagen des Warenhauses »Wertheim« in der Leipziger Straße; man brachte das Geschenk der Eltern. Es war eine Offiziersuniform aus zwei Teilen, einem Brust- und einem Rückenstück aus Hartpappe, die mit schwarzen Bändern zusammengeschnürt wurden. Auf dem gewellten Bruststück waren herrliche goldene Knöpfe, rechts und links zwei funkelnde Orden. Dazu gab es einen schwarz lackierten Kunstledergürtel, in dem ein veritabler Säbel hing, den man ungefährdet aus der Scheide ziehen konnte, da er stumpf war. Zu allem noch ein silber- und goldumrandeter Pickelhelm. Mir gingen die Augen über. Ich habe bald in dieser Uniform schwere Schlachten siegreich ausgefochten, während die Eltern in ihrem Schlafzimmer wohlverdienten Mittagsschlaf hielten. Aber der Geburtstag endete beinahe tragisch. Als ich abends ins Bett mußte, wollte ich um keinen Preis die Uniform ausziehen. Es gab großes Geheule, bis Mutter ihre ganze Energie entfaltete, um den jungen Offizier aus der Uniform herauszukriegen. Aber sie hatte die Rechnung ohne den Wirt gemacht. Mein mörderisches Geschrei ließ Vater zu Hilfe rennen und ein salomonisches Urteil fällen: »Laß ihn doch in der Uniform schlafen. Wenn es ihn drückt, wird er von alleine alles abnehmen.« Und tatsächlich schlief ich selig ein in der Pappgarnitur inklusive Pickelhelm und träumte wahrscheinlich von großen Siegen.

Über eine etwas spätere Zeit heißt es im gleichen Buch:

Meine Schwester besuchte das Fürstin-Bismarck-Lyzeum, ich begann diese neue und einschneidende Periode meines Lebens im Kaiser-Friedrich-Real-Gymnasium, das auch eine humanistische Abteilung hatte. Beide waren wir also im Hohenzollernschoß wohlgeborgen, charakteristisch für das Ideal eines deutschen Juden dieser Zeit.

Eduard Bernstein: Die Geschichte der Berliner Arbeiterbewegung (1910)

Der 25. November 1895 sah die ganze politische Polizei Berlins samt Hilfsmannschaften vom frühen Morgen an auf den Beinen, überall Hausdurchsuchungen vorzunehmen, wo man hoffen konnte, Material für strafbare Verbindungen innerhalb der Sozialdemokratie aufzutreiben. Auf dem Büro des Parteivorstands, in der Redaktion des »Vorwärts«, in den Privatwohnungen der Abgeordneten Bebel und Singer sowie bei fast sämtlichen Parteigenossen, die in der Berliner Parteibewegung ein Vertrauensamt innehatten, bei den Vorstandsmitgliedern der Wahlvereine, bei den Mitgliedern der Lokalkommission, der Preßkommission, der Agitationskommission und selbstverständlich bei den Vertrauenspersonen der Partei wurde hausgesucht. Wer nach dem Anlaß der Haussuchung fragte, erhielt den Bescheid, es handle sich um den Nachweis, daß die Paragraphen 8 und 14 des Vereingesetzes vom 11. März 1850 verletzt worden seien, und was nur irgend darauf aussah, als könne es einen solchen Nachweis unterstützen, wie Kassenbücher der Wahlvereine, Abrechnungstabellen von Sammlungen für irgendwelche Zwecke, Sammellisten, Notizbücher, Sammelbons sowie in vielen Fällen auch Privatbriefe wurden beschlagnahmt. Wo man nicht gründlich genug gesucht zu haben glaubte, ward einige Tage später noch eine Nachdurchsuchung gehalten.

Bertrand Russell: Die deutsche Sozialdemokratie (1978, zuerst 1896)

Wenn die Sozialdemokraten ihre kompromißlose Haltung aufgeben können, ohne ihre Stärke einzubüßen; *wenn* andere Parteien, diese Veränderung wahrnehmend, einen versöhnlicheren Ton anschlagen; und *wenn* ein Kaiser oder Kanzler auftauchen sollte, der weniger kompromißlos feindlich gegen jeden Fortschritt an Zivilisation oder Freiheit ist als Bismarck oder Wilhelm II. – wenn alle diese glücklichen Umstände eintreten sollten, dann mag Deutschland sich auf friedlichem Wege, wie England, zu einer freien und zivilisierten Demokratie entwickeln. Wenn aber nicht, wenn die Regierung und die anderen Parteien ihre derzeitige bigotte Verfolgung fortsetzen, dann scheint es keine Macht zu geben, die das Anwachsen der Sozialdemokratie stoppen oder ihre kompromißlose Opposition mildern könnte ... Für alle jene aber, die die derzeitige gespannte Feindschaft zwischen Reich und Arm in Deutschland auf friedlichem Wege vermindert sehen möchten, kann es nur eine einzige Hoffnung geben: daß die herrschenden Klassen zuguterletzt ein gewisses Maß an politischer Einsicht, an Mut und Generosität zeigen werden. Sie haben in der Vergangenheit nichts davon gezeigt, und sie zeigen im Augenblick wenig davon; aber Furcht mag sie einsichtig machen, oder neue Männer mit einem besseren Geist mögen heranwachsen. Einstellung der Verfolgung, vollständige und uneingeschränkte Demokratie, absolute Koalitions-, Rede- und Pressefreiheit – sie allein können Deutschland retten, und wir hoffen ganz inständig, daß die deutschen Herrscher sie gewähren werden, ehe es zu spät ist. Tun sie es nicht, so sind Krieg und eine Auslöschung des nationalen Lebens das unvermeidliche Schicksal des deutschen Kaiserreiches.

Adolf Hitler: Mein Kampf (1925/27)

Der Kampf des Jahres 1914 wurde den Massen, wahrhaftiger Gott, nicht aufgezwungen, sondern von dem gesamten Volke selbst begehrt.

Man wollte einer allgemeinen Unsicherheit endlich ein Ende bereiten. Nur so kann man auch verstehen, daß zu diesem schwersten Ringen sich über zwei Millionen deutscher Männer und Knaben freiwillig zur Fahne stellten, bereit, sie zu schirmen mit dem letzten Tropfen Blutes.

Mir selber kamen die damaligen Stunden wie eine Erlösung aus den ärgerlichen Empfindungen der Jugend vor. Ich schäme mich auch heute nicht, es zu sagen, daß ich, überwältigt von stürmischer Begeisterung, in die Knie gesunken war und dem Himmel aus übervollem Herzen dankte, daß er mir das Glück geschenkt, in dieser Zeit leben zu dürfen.

Hermann Timmermann: Der Sturm auf Langemarck (8. Auflage München 1941)

Und ein Gesang löst sich los von der tödlichen, verfluchten Erde, aus Äckern und aus den Wiesen steigt es auf, das Lied, das Lied!!! Offizier und Mann, Freiwillige und Landwehrleute – – – »Deutschland – – – Deutschland – – – über – – – alles – – – über – – – alles – – – in – – – der – – – Welt«. Und die Übriggebliebenen, die Unversehrten, denen bis jetzt noch nichts geschehen ist, klammern die erdverklebten Hände um ihr Gewehr, heben die Köpfe hoch, furchtlos, und singen die heiligen Worte. Manche haben Tränen der Wut und der namenlosen

Erbitterung in den Augen, sie lassen die Tränen über das Gesicht rinnen und singen. Und wer unter ihnen nicht mehr imstande ist, sich zu bewegen, singt, die blassen Lippen dicht am Boden, in die Erde hinein.

»wenn – – – es – – – steht – – – zu – – – Schutz – – – und – – – Trutze – – –«

Und das Wunder geschieht, das unvorstellbare Wunder. Schon steht, inmitten des neu ausbrechenden Vulkans von Eisenklumpen und Stahlregen, steht einer aufrecht, und jetzt noch einer und noch einer, ein Fünfter, Zehnter, da und dort, und noch mehr, manche ohne Helm, mit wehenden Haaren und freien Stirnen, manche mit blutenden Verbänden um die Hand, um den Arm, um den Kopf – und jetzt ist es eine dünne, ganz dünne todesentschlossene Sturmreihe geworden – ein Offizier, dem der Rock in Fetzen gerissen ist, reißt sich den hemmenden Verband von der Schulter, stürzt vorwärts und mit ihm die anderen und mit allen – das Lied, das Lied.

»– – – brü – – – der – – – lich«

Es sind keine Menschen mehr, keine Kinder, Jünglinge und Männer mehr, die da ankommen, mehr schwankend und fallend als laufend, mit dem Sturmgesang auf den Lippen. Schritt um Schritt, unaufhaltsam, unhemmbar – auf diesen gespenstischen, teuflischen, feuerspeienden Häuserrand zu, es sind unwirkliche Gestalten aus einer Sage, mit glühenden Gesichtern, mit brennenden Augen –

»– – – zu – – – sam – – – men – – – hält – – –«

Und einen Augenblick scheint es, als ob Langemarck in eisigem Entsetzen den Atem anhalten würde vor diesem apokalyptischen Traum, der da angetaumelt kommt, dann aber bricht jäh aus allen Winkeln und Ecken der Landschaft ein vertausendfachtes Geklirr, Gefauche, Geschmetter, ein brühheißes Gewölbe aus Schrapnellwolken, Erdfontänen, Eisenzacken und Flammenbögen kommt auf die Stürmenden herunter und bricht über ihnen zusammen. Das Lied stirbt.

Es stirbt wie die, die es gesungen haben und die es noch auf den Lippen haben.

Stimme um Stimme verdunkelt sich, verröchelt, schweigt. Mund um Mund klafft auseinander, Stirn um Stirn sinkt in den Boden.

»Seeberg-Adresse«, unterzeichnet von 352 Hochschullehrern, 1915

Wir wollen uns so fest und so breit auf vergrößerten Heimatboden stellen, daß unsere unabhängige Existenz auf Generationen hinaus gesichert ist. Das Volk ist einmütig geschlossen in diesen Grundzielen. Es ist die echteste und nach allen Seiten begründete Wahrheit: nur eine Furcht besteht in allen Schichten des Volkes, insbesondere breit und tief in den einfachsten Kreisen, die Furcht nämlich, es könnte aus falscher Versöhnungsillusion oder gar aus nervöser Ungeduld ein vorzeitiger und deshalb halber und nimmermehr dauerhafter Friede geschlossen werden; es könnte, wie vor hundert Jahren, die Feder des Diplomaten verderben, was das Schwert siegreich gewonnen ... Ganz gewiß, nicht Weltherrschaft, aber volle, der Größe unserer kulturellen, wirtschaftlichen und kriegerischen Kraft entsprechende Weltgeltung wollen wir.

Franz Werfel: Die Wortemacher des Krieges (1914)

Erhabene Zeit! Des Geistes Haus zerschossen
mit spitzem Jammer in die Lüfte sticht.
Doch aus den Rinnen, Ritzen, Kellern, Gossen,
befreit und jauchzend das Geziefer bricht.

Das Einzige, wofür wir einig lebten,
des Brudertums in uns das tiefe Fest,
wenn wir vor tausend Himmeln niederbebten,
ist nun ein Raub für eine Rattenpest.

Die Tröpfe lallen und die Streber krächzen,
und nennen Mannheit ihren alten Kot.
Daß nur die fetten Weiber ihnen lechzen,
wölbt sich die Ordensbrust ins Morgenrot.

Die Dummheit hat sich der Gewalt geliehen,
die Bestie darf hassen, und sie singt.
Ach, der Geruch der Lüge ist gediehen,
daß er den Duft des Blutes überstinkt.

Das alte Lied! Die Unschuld muß verbluten,
indes die Frechheit einen Sinn erschwitzt.
Und eh nicht die Gerichts-Posaunen tuten,
ist nur Verzweiflung, was der Mensch besitzt.

Feldmarschall Paul von Hindenburg, Brief an den Reichskanzler vom 3. Oktober 1918

Die Oberste Heeresleitung bleibt auf ihrer am Sonntag, den 29. September d. J. gestellten Forderung der sofortigen Herausgabe des Friedensangebots an unsere Feinde bestehen. Infolge des Zusammenbruchs der mazedonischen Front, der dadurch notwendig gewordenen Schwächung unserer Westreserven und infolge der Unmöglichkeit, die in den Schlachten der letzten Tage eingetretenen sehr erheblichen Verluste zu ergänzen, besteht nach menschlichem Ermessen keine Aussicht mehr, dem Feind den Frieden aufzuzwingen. Der Gegner seinerseits führt ständig neue frische Reserven in den Kampf. Noch steht das deutsche Heer festgefügt und wehrt siegreich alle Angriffe ab. Die Lage verschärft sich aber täglich und kann die Oberste Heeresleitung zu schwerwiegenden Entschlüssen zwingen. Unter diesen Umständen ist es geboten, den Kampf abzubrechen, um dem deutschen Volke und seinen Verbündeten nutzlose Opfer zu ersparen. Jeder versäumte Tag kostet Tausenden von tapferen Soldaten das Leben.

Feldmarschall Paul von Hindenburg: Aus meinem Leben (1920)

Wir waren am Ende! Wie Siegfried unter dem hinterlistigen Speerwurf des grimmigen Hagen, so stürzte unsere ermattete Front; vergebens hatte sie versucht, aus dem versiegenden Quell der heimatlichen Kraft neues Leben zu trinken.

Ernst Troeltsch: Spektator-Briefe – Aufsätze über die deutsche Revolution und die Weltpolitik 1918/22 (1924)

Nach banger Nacht ward das Bild aus den Morgenzeitungen klar: der Kaiser in Holland, die Revolution in den meisten Zentren siegreich, die Bundesfürsten im Abdanken begriffen. Kein Mann tot für Kaiser und Reich! Die Beamtenschaft in den Dienst der neuen Regierung getreten! Die Fortdauer aller Verpflichtungen gesichert und kein Sturm auf die Banken!

Sonntag, den 10. November [1918], war ein wundervoller Herbsttag. Die Bürger gingen in Massen wie gewöhnlich im Grunewald spazieren. Keine eleganten Toiletten, lauter Bürger, manche wohl absichtlich einfach angezogen. Alles etwas gedämpft, wie Leute, deren Schicksal irgendwo weit in der Ferne entschieden wird, aber doch beruhigt und behaglich, daß es so gut abgegangen war. Trambahnen und Untergrundbahnen gingen wie sonst, das Unterpfand dafür, daß für den unmittelbaren Lebensbedarf alles in Ordnung war. Auf allen Gesichtern stand geschrieben: Die Gehälter werden weiterbezahlt.

Montag, den 11. November, hatte Hans Delbrück seinen siebzigsten Geburtstag. Ich mußte, ihn zu besuchen, ein bischen durch den Wald gehen. Meine Frau wollte mich nicht ohne Revolver gehen lassen. Aber in Wahrheit war alles absolut ruhig. Dort traf ich allerhand Spitzen der Gelehrten-, Beamten- und Finanzwelt. Es war eine merkwürdige Feier, ähnlich einer Begräbnisfeier. Der Glück wünschende Redner fand vor Tränen die Worte nicht. Delbrück erwiderte ergreifend, es sei das

Ende der Friderizianischen Monarchie, mit der all sein politisches Denken und jeder Glaube an Deutschlands Zukunft verwachsen sei; sie habe stets an bösen Rückbildungen und Erstarrungen gelitten, woraus sich stets revolutionäre Neigungen ergaben. So furchtbar wie jetzt habe es freilich mit ihr noch nie gestanden. Der Glaube des Historikers an alle seine bisherigen Maßstäbe und Voraussetzungen sei im Wanken. Aber es gelte Goethes Wort: »Und keine Macht und keine Zeit zerstückelt geprägte Form, die lebend sich entwickelt.« Ich ging fort ohne Glauben an diese geprägte Form, denn soviel man sehen konnte, war gerade ihr »Gepräge«, die militärische Form und der zugehörige »Geist« bei den Massen unheilbar zerbrochen.

Adolf Hitler: Mein Kampf (1925/27), zum 9. November 1918

Elende und verkommene Verbrecher!

Je mehr ich mir in dieser Stunde über das ungeheure Ereignis klarzuwerden versuchte, um so mehr brannte mir die Scham der Empörung und der Schande in der Stirn ...

Was folgte, waren entsetzliche Tage und noch bösere Nächte – ich wußte, daß alles verloren war. Auf die Gnade des Feindes zu hoffen, konnten höchstens Narren fertigbringen – oder Lügner und Verbrecher. In diesen Nächten wuchs in mir der Haß, der Haß gegen die Urheber dieser Tat ...

Kaiser Wilhelm II. hatte als erster deutscher Kaiser den Führern des Marxismus die Hand zur Versöhnung gereicht ohne zu ahnen, daß Schurken keine Ehre besitzen. Während sie die kaiserliche Hand noch in der ihren hielten, suchte die andere schon nach dem Dolche.

Mit den Juden gibt es kein Paktieren, sondern nur das harte Entweder-Oder.

Ich aber beschloß, Politiker zu werden.

Ein ziemlich gedrungener Kopf, keine allzu hohe Stirn, kühle kleine Augen, eine Nase, die gern in Gläser sich senkt, ein Mund, der kalt befiehlt, und eine unangenehme Zahnbürste, die den Schnurrbart macht: so sieht dieses Gesicht aus. Ein gut fundierter schwarzer Rock, eine mäßig geschlungene Krawatte mit einer Art Perle darin, ein immer sauberer Kragen – das ist auch noch zu sehen. Das Haar ist an den Ohren kurzgeschnitten; der ganze Mann ist reinlich, putzt sich morgens die Fingernägel, rasiert sich oder läßt sich rasieren.

Schon als junger Mensch drängelte er sich, nicht allzu interessiert, durch die Türen der Kollegsäle; seine Mama sagte: »Hubert, wann kommst du heute nach Haus?« – und er gab nicht allzu freundlich Auskunft. Büffelte. Bestand Examina. Wurde aufgerufen: »Hubert Soundso ...« Und dann erhob er sich, ein bischen unterwürfig, ein bischen angstvoll, nicht sehr aufgeregt, eigentlich kalt. Trat in den Staatsdienst, rückte rasch auf ...

Im Kriege Kompanieführer. Unerbittlich, kalt. Kalt zu den Kanzleidienern, kalt zu den jungen Assessoren – »Habe das auch mal durchmachen müssen!« –, kalt zur Welt, kalt zu Gott. Verheiratet. Hat zwei Kinder. Liebt sie auf seine Weise. Lacht mal gern, abends, über einen dicken Witz, weiß noch drei Wirtinnenverse, die andern leider vergessen. Ist felsenfest von der Richtigkeit des Staatsgefüges, der Rechtsprechung, der Kirche und der allgemeinen sittlichen Grundlagen überzeugt. Hat auch weiter nicht darüber nachgedacht. Sieht gar nicht schlecht aus, wenn er am Schreibtisch sitzt und sich, beim Ordnen der vielen Aktenstücke, einmal kurz räuspert ... Ist doch wer. Fühlt sich in völliger Harmonie mit Land, Majorität und Volksgemeinschaft. Liebt den preußischen Adel nicht übermäßig – ist ihm unangenehm. Ist aber tadellos korrekt und höflich, nach oben durchaus kleiner Bürgerlicher. Nach unten: selber Adel.

Repräsentiert. Macht Karriere. Wird wohl nächstens irgendein großes Tier werden, Gesandter, Ministeraldirektor, Staatssekretär, was weiß ich. Deutschland? Deutschland.

Willy Haas: Die literarische Welt – Erinnerungen (2. Auflage 1958)

Berlin war das Glück meines Lebens. Ich liebte die schnelle, schlagfertige Antwort der Berlinerin über alles, die scharfe, klare Reaktion des Berliner Publikums im Theater, im Kabarett, auf der Straße, im Kaffeehaus, das Nichts-feierlich-Nehmen und doch Ernstnehmen von Dingen, die schöne, trockene, kühle und doch nicht kalte Atmosphäre, die unbeschreibliche Dynamik, die Arbeitslust, die Unternehmungslust, die Bereitschaft, schwere Schläge einzustecken – und weiterzuleben. In Berlin konnte man von allem leben, was man wirklich konnte. Wie oft habe ich gesagt: Wenn einer in Berlin von der Gedächtniskirche bis Halensee auf seinen zwei Händen spazierenginge, so fände er sofort einen, der dazu die Idee hätte, wie man das verwerten könnte, der es auch gleich finanzierte und: man konnte dann auch davon leben. In Berlin, und fast nur in Berlin, gab es einen wirklichen Aufstieg, eine wirkliche Entfaltung der Begabung – sei sie nun klein oder groß.

»Landvolk«, Itzehoe, Nr. 102, vom 27. Juli 1929

Spuk in Berlin. Spät nachmittags auf dem Kurfürstendamm. Bars, Amüsierkneipen, Kokotten in Seide und Pelz, Negermusik aus drei Dutzend Kaffeehäusern ... Die Nacht bricht herein. Hier aber wird es heller. Der Trubel wächst, Licht aus unzähligen Scheinwerferlampen macht die Augen, die Gesichter grell, maskenhaft, unheimlich. Alle Männer sehen aus, als könnte jeder sein: Minister, Schieber, Taschendieb, Börsianer, Bankier ... Man sieht sich, kneift die Augen zusammen, denkt an den Begriff der »weißen Weste« und lächelt süffisant »Na ja« ... Das ist das Gesicht des Staates von Weimar, den sich die Arbeiterschaft als Staat der »sozialen Demokratie« zu gestalten gedachte.

Bücherverbrennungen auf dem Opernplatz in Berlin, 10. Mai 1933

1. *Rufer:* Gegen Klassenkampf und Materialismus, für Volksgemeinschaft und idealistische Lebenshaltung! Ich übergebe dem Feuer die Schriften von Marx und Kautsky.

2. *Rufer:* Gegen Dekadenz und moralischen Verfall! Für Zucht und Sitte in Familie und Staat! Ich übergebe dem Feuer die Schriften von Heinrich Mann, Ernst Glaeser und Erich Kästner.

3. *Rufer:* Gegen Gesinnungslumperei und den politischen Verrat, für Hingabe an Volk und Staat! Ich übergebe dem Feuer die Schriften von Friedrich Wilhelm Foerster.

4. *Rufer:* Gegen seelenzerfasernde Überschätzung des Trieblebens, für den Adel der menschlichen Seele! Ich übergebe dem Feuer die Schriften des Sigmund Freud.

5. *Rufer:* Gegen Verfälschung unserer Geschichte und Herabwürdigung ihrer großen Gestalten, für Ehrfurcht vor unserer Vergangenheit! Ich übergebe dem Feuer die Schriften von Emil Ludwig und Werner Hegemann.

6. *Rufer:* Gegen volksfremden Journalismus demokratisch-jüdischer Prägung, für verantwortungsvolle Mitarbeit am Werk des nationalen Aufbaus! Ich übergebe dem Feuer die Schriften von Theodor Wolff und Georg Bernhard.

7. *Rufer:* Gegen literarischen Verrat an Soldaten des Weltkrieges, für Erziehung des Volkes im Geist der Wehrhaftigkeit! Ich übergebe dem Feuer die Schriften von Erich Maria Remarque.

8. *Rufer:* Gegen dünkelhafte Verhunzung der deutschen Sprache, für Pflege des kostbarsten Gutes unseres Volkes! Ich übergebe dem Feuer die Schriften von Alfred Kerr.

9. Rufer: Gegen Frechheit und Anmaßung, für Achtung und Ehrfurcht vor dem unsterblichen deutschen Volksgeist! Verschlinge, Flamme, auch die Schriften der Tucholsky und Ossietzky.

Oskar Maria Graf, Offener Brief in der Saarbrücker Zeitung »Volksstimme« vom 15. Mai 1933

Während meiner zufälligen Abwesenheit aus München erschien die Polizei in meiner dortigen Wohnung, um mich zu verhaften. Sie beschlagnahmte einen großen Teil unwiederbringlicher Manuskripte, mühsam zusammengetragenes Quellenstudienmaterial, meine sämtlichen Geschäftspapiere und einen großen Teil meiner Bücher. Das alles harrt nun der wahrscheinlichen Verbrennung. Ich habe also mein Heim, meine Arbeit und – was vielleicht am schlimmsten ist – die heimatliche Erde verlassen müssen, um dem Konzentrationslager zu entgehen. Die schönste Überraschung aber ist mir erst jetzt zuteil geworden. Laut »Berliner Börsencourier« stehe ich auf der weißen Autorenliste des neuen Deutschland, und alle meine Bücher, mit Ausnahme meines Hauptwerkes »Wir sind Gefangene« werden empfohlen! Ich bin also dazu berufen, einer der Exponenten des »neuen« deutschen Geistes zu sein! Vergebens frage ich mich, womit ich diese Schmach verdient habe.

Das Dritte Reich hat fast das ganze deutsche Schrifttum von Bedeutung ausgestoßen, hat sich losgesagt von der wirklichen deutschen Dichtung, hat die größte Zahl ihrer wesentlichsten Schriftsteller ins Exil gejagt und das Erscheinen ihrer Werke in Deutschland unmöglich gemacht. Die Ahnungslosigkeit einiger wichtigtuerischer Konjunkturschreiber und der hemmungslose Vandalismus der augenblicklich herrschenden Gewalthaber versuchen all das, was von unserer Dichtung und Kunst Weltgeltung hat, auszurotten und den Begriff »deutsch« durch engstirnigen Nationalismus zu ersetzen. Ein Nationalismus, auf dessen Befehl alle meine aufrechten sozialistischen

Genossen verfolgt, eingekerkert, ermordet oder aus Verzweiflung in den Freitod getrieben werden!

Und die Vertreter dieses barbarischen Nationalismus, der mit Deutschsein nichts, aber auch gar nichts zu tun hat, unterstehen sich, mich als einen ihrer »Geistigen« zu beanspruchen, mich auf die sogenannte weiße Liste zu setzen, die vor dem Weltgewissen nur eine schwarze Liste sein kann! Diese Unehre habe ich nicht verdient!

Nach meinem ganzen Leben und nach meinem ganzen Schreiben habe ich das Recht, zu verlangen, daß meine Bücher der reinen Flamme des Scheiterhaufens überantwortet werden und nicht in die blutigen Hände und die verdorbenen Gehirne der braunen Mordbanden gelangen!

Verbrennt die Werke des deutsches Geistes! Er selber wird unauslöschlich sein, wie eure Schmach!

Hans Baumann: Es zittern die morschen Knochen, 1932

Es zittern die morschen Knochen
Der Welt vor dem roten Krieg.
Wir haben den Schrecken gebrochen,
für uns wars ein großer Sieg.
Wir werden weitermarschieren,
wenn alles in Scherben fällt,
denn heute gehört uns Deutschland
und morgen die ganze Welt.

Und liegt vom Kampfe in Trümmern
die ganze Welt zuhauf,
das soll uns den Teufel kümmern,
wir bauen sie wieder auf.
Wir werden weitermarschieren
wenn alles in Scherben fällt,
denn heute gehört uns Deutschland
und morgen die ganze Welt.

Und mögen die Alten auch schelten,
wir lassen sie toben und schrein,
und stemmen sich gegen uns Welten,
wir werden doch Sieger sein.
Wir werden weitermarschieren,
wenn alles in Scherben fällt,
denn heute gehört uns Deutschland
und morgen die ganze Welt.

Sie wollen das Lied nicht begreifen,
sie denken an Knechtschaft und Krieg –
derweil unsre Äcker reifen.
Du Fahne der Freiheit, flieg!
Wir werden weitermarschieren,
wenn alles in Scherben fällt;
die Freiheit stand auf in Deutschland
und morgen gehört ihr die Welt.

Stefan Zweig: Die Welt von Gestern (Erstveröffentlichung 1944)

Ich meinte, alles Furchtbare vorausgefühlt zu haben, was geschehen könnte, wenn Hitlers Haßtraum sich erfüllen und er Wien, die Stadt, die ihn als jungen Menschen arm und erfolglos von sich gestoßen, als Triumphator besetzen würde. Aber wie zaghaft, wie klein, wie kläglich erwies sich meine, erwies sich jede menschliche Phantasie gegen die Unmenschlichkeit, die sich entlud an jenem 13. März 1938, dem Tage, da Österreich und damit Europa der nackten Gewalt zur Beute fiel! Jetzt sank die Maske. Da die andern Staaten offen ihre Furcht gezeigt, brauchte sich die Brutalität keinerlei moralische Hemmungen mehr aufzuerlegen, sie bediente sich – was galt noch England, was Frankreich, was die Welt? – keiner heuchlerischen Vorwände mehr von »Marxisten«, die politisch ausgeschaltet werden sollten. Jetzt wurde nicht mehr bloß geraubt und gestohlen, sondern jedem privaten Rachegelüst freies Spiel gelassen. Mit nackten Händen mußten Universitätsprofessoren die Straßen reiben, fromme, weißbärtige Juden wurden in den Tempel verschleppt und von johlenden Burschen gezwungen, Kniebeugen zu machen und im Chor »Heil Hitler« zu schreien. Man fing unschuldige Menschen auf der Straße wie Hasen zusammen und schleppte sie, die Abtritte der SA-Kasernen zu fegen; alles, was krankhaft schmutzige Haßphantasie in vielen Nächten sich orgiastisch ersonnen, tobte sich am hellen Tage aus. Daß sie in die Wohnungen einbrachen und zitternden Frauen die Ohrgehänge abrissen – dergleichen mochte sich bei Städteplünderungen vor Hunderten Jahren in mittelalterlichen Kriegen ebenfalls ereignet haben; neu aber war die schamlose Lust des öffentlichen Quälens, die seelischen Marterungen, die raffinierten Erniedrigungen. Alles dies ist verzeichnet nicht von einem, sondern von Tausenden, die es erlitten, und eine ruhigere, nicht wie unsere moralisch schon ermüdete Zeit wird mit Schaudern einst lesen, was in dieser Stadt der Kultur im zwanzigsten Jahrhundert ein einziger haßwütiger Mensch verbrochen.

Rede des Reichsführers der SS Heinrich Himmler vor SS-Führern, Posen, den 4. Oktober 1943

Ich will hier vor Ihnen auch ein ganz schweres Kapitel erwähnen. Unter uns soll es einmal ganz offen ausgesprochen sein, und trotzdem werden wir in der Öffentlichkeit nie darüber reden … Ich meine jetzt die Judenevakuierung, die Ausrottung des jüdischen Volkes. Es gehört zu den Dingen, die man leicht ausspricht. »Das jüdische Volk wird ausgerottet«, sagt ein jeder Parteigenosse, »ganz klar, steht in unserem Programm, Ausschaltung der Juden, Ausrottung, machen wir.« Und dann kommen sie alle an, die braven achtzig Millionen Deutschen, und jeder hat seinen anständigen Juden. Es ist klar, die anderen sind Schweine, aber dieser eine ist ein prima Jude. Von allen, die so reden, hat keiner zugesehen, keiner es durchgestanden. Von Euch werden die meisten wissen, was es heißt, wenn hundert Leichen beisammen liegen, wenn fünfhundert daliegen oder wenn tausend daliegen. Dies durchgehalten zu haben und dabei – abgesehen von Ausnahmen menschlicher Schwäche – anständig geblieben zu sein, das hat uns hart gemacht. Dies ist ein niemals geschriebenes und niemals zu schreibendes Ruhmesblatt unserer Geschichte.

General Henning von Tresckow, Abschiedsworte vor seinem Freitod nach dem Scheitern des Attentats vom 20. Juli 1944

Jetzt wird die ganze Welt über uns herfallen und uns beschimpfen. Aber ich bin nach wie vor der felsenfesten Überzeugung, daß wir recht gehandelt haben. Ich halte Hitler nicht nur für den Erzfeind Deutschlands, sondern auch für den Erzfeind der Welt. Wenn ich in wenigen Stunden vor den Richterstuhl Gottes treten werde, um Rechenschaft abzulegen über mein Tun und Unterlassen, so glaube ich mit gutem Gewissen das vertreten zu können, was ich im Kampf gegen Hitler getan habe. Wenn einst Gott Abraham verheißen hat, er werde Sodom nicht verderben, wenn auch nur zehn Gerechte darin seien, so hoffe ich, daß Gott auch Deutschland um unsertwillen nicht vernichten wird. Niemand von uns kann über seinen Tod Klage führen. Wer in unseren Kreis eingetreten ist, hat damit das Nessushemd angezogen. Der sittliche Wert eines Menschen beginnt erst dort, wo er bereit ist, für seine Überzeugung sein Leben hinzugeben.

Albrecht Haushofer: Untergang (Moabiter Sonette)

Wie hört man leicht von fremden Untergängen,
wie trägt man schwer des eignen Volkes Fall!
Vom Fremden ists ein ferner Widerhall,
Im Eignen ists ein lautes Todesdrängen.

Ein Todesdrängen, aus dem Hass geboren
In Rachetrotz und Übermut gezeugt –
Und wird vertilgt, gebrochen und gebeugt,
Und auch das Beste geht im Sturz verloren.

Dass dieses Volk die Siege nicht ertrug –
Die Mühlen Gottes haben schnell gemahlen.
Wie furchtbar muss es nun den Rausch bezahlen.

Es war so hart, als es die andern schlug,
So taub für seiner Opfer Todesklagen –
Wie mag es nun das Opfer-Sein ertragen …

Marion Gräfin Dönhoff, Bericht aus der zweiten Januarhälfte 1945

Seit Tagen war ich in der großen Kolonne der Flüchtlinge, die sich von Ost nach West wälzte, mitgeritten. Hier in der Stadt Marienburg nun war der Strom offenbar umgeleitet worden, jedenfalls befand ich mich plötzlich vollkommen allein vor der großen Brücke. War dieser gigantische Auszug von Schlitten, Pferdewagen, Treckern, Fußgängern und Menschen mit Handwagen, der die ganze Breite der endlosen Chausseen Ostpreußens einnahm und der langsam, aber unaufhaltsam dahinquoll wie Lava im Tal, schon gespenstisch genug, so war die plötzliche Verlassenheit fast noch erschreckender.

Vor mir lag die hohe Eisenbahnbrücke über die Nogat. Altmodische hohe Eisenverstrebungen, von einer einzigen im

Winde schwankenden Hängelampe schwach erleuchtet und zu grotesken Schatten verzerrt. Einen Moment parierte ich mein Pferd, und ehe dessen Schritt auf dem klappernden Bretterbelag alle anderen Geräusche übertönte, hörte ich ein merkwürdig rhythmisches, kurzes Klopfen, so als ginge ein dreibeiniges Wesen schwer auf einen Stock gestützt ganz langsam über den hallenden Bretterboden. Zunächst konnte ich nicht recht ausmachen, um was es sich handelte, aber sehr bald sah ich drei Gestalten in Uniform vor mir, die sich langsam und schweigend über die Brücke schleppten: Einer ging an Krücken, einer am Stock, der dritte hatte einen großen Verband um den Kopf, und der linke Ärmel seines Mantels hing schlaff herunter ...

Für mich war dies das Ende Ostpreußens: drei todkranke Soldaten, die sich über die Nogat-Brücke nach Westpreußen hineinschleppten. Und eine Reiterin, deren Vorfahren vor 700 Jahren von West nach Ost in die große Wildnis jenseits dieses Flusses gezogen waren und die nun wieder nach Westen zurückritt – 700 Jahre Geschichte ausgelöscht.

Letzter Wehrmachtsbericht vom 9. Mai 1945, Schlußteil

Seit Mitternacht schweigen nun an allen Fronten die Waffen. Auf Befehl des Großadmirals hat die Wehrmacht den aussichtslos gewordenen Kampf eingestellt. Damit ist das fast sechsjährige heldenhafte Ringen zu Ende. Es hat uns große Siege, aber auch schwere Niederlagen gebracht. Die deutsche Wehrmacht ist am Ende einer gewaltigen Übermacht ehrenvoll unterlegen.

Der deutsche Soldat hat, getreu seinem Eid, im höchsten Einsatz für sein Volk, für immer Unvergeßliches geleistet. Die Heimat hat ihn bis zuletzt mit allen Kräften unter schwersten Opfern unterstützt.

Die einmalige Leistung von Front und Heimat wird in einem späteren gerechten Urteil ihre endgültige Würdigung finden.

Den Leistungen und Opfern der deutschen Soldaten zu Lande, zu Wasser und in der Luft wird auch der Gegner die Achtung nicht versagen. Jeder Soldat kann deshalb die Waffe aufrecht und stolz aus der Hand legen und in den schwersten Stunden unserer Geschichte tapfer und zuversichtlich an die Arbeit gehen für das ewige Leben unseres Volkes.

Die Wehrmacht gedenkt in dieser schweren Stunde ihrer vor dem Feind gebliebenen Kameraden.

Die Toten verpflichten zu bedingungsloser Treue, zu Gehorsam und Disziplin gegenüber dem aus zahllosen Wunden blutenden Vaterland.

Erich Kästner: Die große Suche nach dem Alibi (1945)

Innerhalb der Spazierzone trifft der poetisch gestimmte Naturfreund Bekannte, die ihn am Jackettknopf festhalten und, trotz Feld, Wald und Wiese ringsum, in durchaus naturferne Gespräche verwickeln, und ehe er sich's recht versieht, wird der Dialog zum Monolog, zum politischen Plädoyer. »Ich habe mich zwar von meiner jüdischen Frau scheiden lassen«, erklärt ihm einer, »aber die Trennung wäre auch in normalen Zeiten unvermeidlich gewesen. Unglückliche Ehen gibt es ja schließlich nicht nur unter der Diktatur. Außerdem habe ich ihr, solange es möglich war, Geld geschickt.« Der Mann steht zwischen hohen Bäumen, als seien sie der hohe Gerichtshof. Er verteidigt sich ungefragt. Er übt. Er trainiert seine Alibi. Er sucht Zuhörer, um die Schlagkraft seiner Argumente zu kontrollieren. Die Bäume und der Spaziergänger, den er trifft, müssen ihm zuhören. Er beantragt Freispruch. Dann geht er weiter. Die Angst und das schlechte Gewissen laufen hinter ihm her.

Der Nächste, dem man begegnet, versichert, daß er, obwohl er kürzlich noch das Parteiabzeichen getragen habe, nicht in der Partei gewesen sei. »Ich war nur Anwärter«, sagt er. »Mitglied bin ich nie geworden, obwohl sich dann vieles für mich einfacher gestaltet hätte. Wenn Sie wüßten, was ich alles versucht habe, um nicht Mitglied zu werden! Es war, weiß Gott, nicht leicht, sich aus der Geschichte herauszuhalten!« Wir stehen auf einem Feldweg. Und drüben in einem Bauernhof kräht der Hahn. Es ist nicht leicht, sich aus der Geschichte herauszuhalten …

Der Dritte, und auch ihn kennt man nur flüchtig, wird noch zutraulicher. Er öffnet nicht nur sein Herz, sondern bildlich ausgedrückt, auch die Hose. Er hat, trotz der Nürnberger Gesetze, zuweilen mit einem jüdischen Mädchen geschlafen, und nun hört er sich um, ob dieser Hinweis auf seine damals strafbaren Vergnügungen den nötigen politischen Eindruck erweckt. Schließlich hat er ja, als es verboten war, mit einer Jüdin gemeinsame Sache gemacht! Ja, hat er sich denn da nicht, wenn auch nur in der Horizontale, als Staatsfeind betätigt? Könnte ihm, überlegt er, die sündige Vergangenheit künftig nicht vielleicht von Nutzen sein? Er sucht in meinem Blick zu lesen, wie ich den Fall und die Chancen beurteile. Daß ich ihn für ein Ferkel halte, läßt ihn kalt.

Die Wege durch Wald und Feld ähneln Korridoren eines imaginären Gerichtsgebäudes. Die Vorgeladenen, mehr oder weniger kleine Halunken, gehen nervös hin und her, warten, daß der Polizeidiener ihren Namen ruft, und ziehen jeden, der vorbeikommt, ins Gespräch. »Wer weiß, wozu es gut ist«, denken sie.

Bertolt Brecht: Der Radwechsel (Buckower Elegien, 1953)

Ich sitze am Straßenrand
Der Fahrer wechselt das Rad.
Ich bin nicht gern, wo ich herkomme.
Ich bin nicht gern, wo ich hinfahre.
Warum sehe ich den Radwechsel
Mit Ungeduld?

Marie Luise Kaschnitz: Heimat

Wer bin ich denn, daß ich mich mit Antäus vergliche.
Wenig weiß man von ihm,
Nur daß er ein Riese an Kraft war, solange seine Füße
Heimaterde berührten. Und daß seine Feinde
Ihn aufhoben von der Erde, Heimaterde,
Da war er ein Schatten, ein Leichtgewicht, ein leicht zu Überwindender,
Machtlos.

Mancher treibt heute dahin, den seine Feinde aufhoben
Flüchtig eilt er dahin, vogelfrei, machtlos.
Und hatte doch einmal ein Haus und sagte »mein Haus«,
Und hatte doch einmal Herden von Vieh und sagte »meine Herden«,
Und hatte Gerät, über das er bestimmte, sonst keiner.
Und gehört jetzt zu denen, die fremd an den Tischen sitzen,
Die um alles bitten müssen,
Die alles geliehen bekommen,
Die murren …

Aber von diesem allein rede ich nicht.
Nicht von der Besitzheimat rede ich, der Machtheimat,
Die wieder erkämpft wird, immer wieder erkämpft wird, mit Strömen von Blut,
(Wartet nur, sagen sie, bis wir wiederkommen.
Wartet nur, bis wir wieder die Herren sind.
Gut gedeiht das Korn, das mit Blut gedüngt ist.
Gut gedeiht der Garten, der mit Tränen gedüngt ist.
Gut gedeiht dann das Land.)

Auf die Heimat, an die ich denke, können keine Grundbriefe ausgestellt werden, keine Übereignungen, keine Erbscheine.
Rache wird nicht geschworen für diese unsere Heimat.
Denn sie kann nicht erobert werden,
Niemals wird sie uns völlig verloren gehen.

Wer von seiner Heimat redet, weckt viele Erinnerung.
Alle die ihm zuhören, sehen die eigenen Bilder,
Seine Sehnsucht ist der Stab, der den Quell aus den Felsherzen schlägt,
Sein Heimweh bahnt den Weg durch das Meer des Vergessens.

Brunnen, sagt er, und tausend Brunnenrohre heben ihr Flötenlied an.
Grünweißes Wasser springt auf die lechzenden Hände.
Westwind, sagt er, vom Ozean treiben die Wolken, Lämmer und Hunde und Riesen, über das Tal hin.
Juni, sagt er, und Sensen rauschen durch Taugras,
Weihnachten, sagt er, im Fenster erglühen die Kerzen, Hunde bellen.
Orion steht über dem Schneefeld ...

Wer von dieser Heimat redet, meint das Kinderland, das Urland.
Wo alles groß war,
Wo alles geheimnisvoll war,
Wo nichts verging.
Wer könnte auf dieses Land einen Grundbrief besitzen?

...

Und es rauschen Dir wieder die Flötenrohre der Brunnen,
Und das grünweiße Wasser rieselt Dir über die Pulse,
Und es schlägt Dir das Herz im Sensendengeln, im Heugras,
Und es steht überm Schneefeld in goldenen Waffen Orion,
Und es duftet nach Brot und nach Wein –
Aber wann denn, wann denn?
Morgen, – wenn Du zu lieben gelernt.

Günter de Bruyn: Jubelschreie, Trauergesänge – Deutsche Befindlichkeiten (1991)

Von heute aus gesehen, also im Nachhinein, wo man bekanntlich stets klüger ist, zeigt die Deutschlanddebatte des letzten Jahrzehnts seltsame, geradezu komische Züge; denn je näher der Tag der Wiedervereinigung rückte, desto mehr wurden sich die Theoretiker über die Unrealisierbarkeit, die Gefährlichkeit oder Nutzlosigkeit der Vereinigung einig. Wer auf Einheit bestand, galt als Nationalist oder Träumer, wer sie für unmöglich oder nicht wünschenswert hielt, aber als Realist. Das Gerippe der Einheit doch gefälligst im Schrank zu lassen, wurde den westdeutschen Zeitungslesern noch 1989 von einem bedeutenden Kommentator geraten, und er drückte damit nur besonders drastisch eine, nicht nur in intellektuellen Kreisen vorherrschende Stimmung aus. Man hatte sich, um nicht als realitätsblind zu gelten, dem Tabu der deutschen Zweistaatlichkeit unterworfen, hatte empfohlen, die entsprechenden Passagen des Grundgesetzes und die dazugehörige routinierte regierungsamtliche Einheitsrhetorik nicht ernst zu nehmen, hatte Sprache, Verwandtschaft und nationale Eigenarten geringgeachtet – und war damit ungewollt der These der DDR-Theoretiker entgegengekommen, nach der es seit den sechziger Jahren zwei deutsche Nationen mit zwei nationalen Kulturen gab. Nach der Öffnung der Mauer wurde von ehemaligen DDR-Prominenten aus Politik und Kultur wenig glaubhaft behauptet, daß diese These einzig und allein vom Parteichef befohlen und einzig und allein auch von ihm nur geglaubt wurde – wobei letzteres bei dem Saarländer doch wohl auch zweifelhaft ist. Jedenfalls wurde in der DDR die Theorie von den zwei Nationen zum unumstößlichen Grundgesetz erhoben, an dem öffentlich Zweifel zu äußern verboten war. Dreißig Jahre lang etwa mußten Lehrer und Professoren, Schriftsteller und Journalisten die Endgültigkeit der deutschen Teilung immer wieder beschwören, und trotzdem blieb das Ergebnis dieser Bemühungen gering. Denn die nichtschreibende und nichttheoretisierende Bevölkerung, also die einfachen Leute, die zum großen Teil ihre Verwandtschaft im Westen hatte, lernten dabei nur die Sprachregelung zu beachten und der Frage nach deutscher Einheit geschickt auszuweichen, und auch jene Kreise, die heute, nach der Vereinigung, ihr Mißfallen daran bekunden, äußern nur Zweifel an der Form und Geschwindigkeit des Prozesses, nicht aber an der Zusammengehörigkeit selbst …

Wie also befinden sich heute die Deutschen, die vor zwei Jahren noch glaubten, vorläufig nicht oder nie mehr zusammenkommen zu können, die vor einem Jahr den Fall der Mauer bejubelten und vor vier Wochen sich wieder zusammengeschlossen haben? Sie sind, glaube ich, froh, es erreicht zu haben, und doch nicht zufrieden mit sich und noch weniger miteinander – wie das in Familien so geht. Ist man getrennt, ist die Liebe innig und unproblematisch, sieht man sich wieder nach Jahren, ist die Freude groß und emphatisch, doch mit dem Zusammenleben beginnen die Schwierigkeiten; denn Einheit ist noch nicht Einigkeit. Man muß sich erst aneinander gewöhnen, und der Hinzukommende muß die Vorteile und Tücken des für ihn neuen Hauses erst kennenlernen. Vernunft und Verständnis werden von beiden gefordert. Mit letzterem hapert es noch ein wenig. Vernunft aber hat der 3. Oktober bewiesen. Da hätte wieder, wie manche von uns und mancher ausländische Nachbar befürchtet hatten, von Wahnsinn die Rede sein können, aber nicht wie am 9. November, wo mit diesem Begriff die Sprachlosigkeit vor dem Glück der plötzlichen Freiwerdung hatte ausgedrückt werden sollen, sondern von Wahnsinn im nationalistisch-rauschhaften Sinn. Aber von dieser Art angstmachendem Wahnsinn hatte die Vereinigungsfeier vor dem Reichstag nichts aufzuweisen. Auch die Zeit davor zeigte wenig von einem Überschwang nationaler Gefühle. Viel mehr war sie erfüllt vom Streit der Parteien, vom Feilschen, Rechnen und Kalkulieren. Das schmerzte ein wenig und wirkte weder erhaben noch würdig, aber es beruhigte sehr.

Bundespräsident Roman Herzog, »Berliner Rede« vom 26. April 1997, Schlußpassage

Wir müssen jetzt an die Arbeit gehen. Ich rufe auf zu mehr Selbstverantwortung. Ich setze auf erneuten Mut. Und ich vertraue auf unsere Gestaltungskraft. Die besten Jahre liegen noch vor uns.

Anmerkungen

Die Zahl am Anfang jeder Anmerkung bezeichnet die Textseite, auf die diese Anmerkung sich bezieht.

(21) Adolf Wilbrandt, 1837–1911, war zeitweilig Leiter der *Süddeutschen Zeitung*, später Direktor des Burgtheaters in Wien. Er schrieb Dramen, Romane und Gedichte. Für seine Verdienste wurde er 1884 geadelt.

(36) Jean Monnet, 1888–1979, war wesentlich an der Schaffung der Montanunion beteiligt, des Vorläufers der Europäischen Gemeinschaft; von 1952 bis 1956 war er ihr Präsident. Er schrieb die immer noch lesenswerten *Erinnerungen eines Europäers* (deutsch 1978).

(39) Hugenotten: Die Franzosen reformierten Bekenntnisses. 1685 widerrief der Ludwig XIV. das Edikt von Nantes, das ihnen Glaubensfreiheit zusicherte. Im unmittelbaren Gegenzug erließ der Kurfürst von Brandenburg das Edikt von Potsdam, das die bedrängten Glaubensbrüder willkommen hieß und ihnen jede nur denkbare Unterstützung bei ihrer Ansiedlung zusicherte. Zeitweilig war dann jeder siebente, nach anderen Berichten sogar jeder fünfte Berliner ein Hugenotte.

(41) Kulturkampf: Der Kampf des Staates, besonders in Preußen, gegen die Eigenmacht der katholischen Kirche. Dieser Kampf wurde mit großer Erbitterung geführt; zahlreiche Bischöfe und Pfarrer wurden abgesetzt, manche zu Gefängnisstrafen verurteilt. Zeitweise waren sämtliche

preußischen Bistümer und ein Viertel der Pfarrstellen verwaist. 1878 begann die Beilegung des Kulturkampfes – zeitgleich mit dem Anfang der Sozialistenverfolgung.

(41) Ernst Moritz Arndt wurde 1769 auf der Insel Rügen geboren und starb 1860 in Bonn, war zeitweilig Professor in Greifswald und im Vorfeld der preußischen Erhebung gegen Napoleon Privatsekretär des Freiherrn vom Stein. Niemand hat so wirksam wie er in Schriften, Flugblättern und Gedichten den Franzosenhaß gepredigt. 1818 übernahm er eine Geschichtsprofessur in Bonn, wurde jedoch im Zeichen der Restauration 1820 seines Amtes enthoben und erst 1840 wieder eingesetzt.

(48) Ernest Renan, 1823–1892, Orientalist, Religionswissenschaftler und Schriftsteller, geriet in Konflikt mit der Kirche und konnte daher eine ihm 1862 angetragene Professur erst 1871 nach dem Regimewechsel übernehmen. Seine glänzend geschriebenen Bücher machten ihn populär.

(51) Heinrich von Treitschke, 1834–1896, war Professor in Freiburg, Kiel und Heidelberg, ab 1874 in Berlin. Der sächsische Offizierssohn forderte 1866 den Anschluß seiner Heimat an Preußen und wurde darum von seiner Familie verstoßen. Vom anfangs liberalen Kritiker Bismarcks wandelte er sich zum Verkünder der Machtpolitik. Im »Berliner Antisemitismusstreit«, den er mit seiner antijüdischen Demagogie auslöste, trat ihm, neben anderen, sein Kollege Theodor Mommsen entgegen.

(51) Ernst Troeltsch, 1865–1923, war Professor in Bonn, in Heidelberg und seit 1914 in Berlin. Er war ein Vertreter der liberalen Theologie und hat sich unter dem Einfluß Max Webers auch der Religionssoziologie zugewandt.

(51) Heinrich Leuthold, 1827–1879, eigentlich Schweizer, kam 1857 nach München; zeitweise war er Leiter der *Süddeutschen* und der *Schwäbischen Zeitung*. Er starb in geistiger Umnachtung.

(53) Die *Wacht am Rhein* von Max Schneckenburger (1819–1849) wurde 1870 durch die Vertonung von Karl

Wilhelm zum patriotischen Bekenntnislied. 1840 war der Ausgangspunkt das Rheinlied von Nikolaus Becker (1809–1845), das sich gegen die angebliche Bedrohung des Rheinlandes durch Frankreich wandte und eine dichterische Sturmflut auslöste.

(56) Carl Schmitt, 1888–1985. Zu seinen wichtigen Werken in der Zeit der Weimarer Republik gehören *Politische Theologie, Die Diktatur, Die geistesgeschichtliche Lage des heutigen Parlamentarismus, Politische Theologie*. 1934 rechtfertigte er Hitlers Mordserie in der sogenannten Röhm-Affäre unter dem Titel *Der Führer schützt das Recht*.

(69) Jahn: Heine meint hier den »Vater« der deutschen Turnbewegung, Friedrich Ludwig Jahn, 1778–1852, der ähnlich wie Arndt den Franzosenhaß predigte.

(77) Friedrich August Ludwig von der Marwitz, 1777–1837, Gutsherr im märkischen Friedersdorf und preußischer General, war ein entschiedener Gegner der preußischen Reformen nach 1807, aber auch ein genauer Beobachter und scharfzüngiger Kritiker. Davon zeugen seine aus dem Nachlaß herausgegebenen Erinnerungen. Fontane hat diesem Marwitz in seinem Roman *Vor dem Sturm* in der Figur des Bernd von Vitzewitz ein Denkmal gesetzt.

(78) Zum »Hauptmann von Köpenick« sei erinnert an das gleichnamige Bühnenstück von Carl Zuckmayer, das auch mehrfach verfilmt wurde, so mit Heinz Rühmann in der Titelrolle.

(88) Eichendorff lebte von 1788 bis 1857. Von 1817 bis 1844 war er preußischer Staatsbeamter. 1826 entstand seine wohl schönste romantische Erzählung: *Aus dem Leben eines Taugenichts*.

(95) Die Verszeilen stammen aus dem innigen *Abendlied* von Matthias Claudius (1740–1815), sozusagen dem Vorgänger Eichendorffs. Bei Claudius – wie bei Klopstock (1724–1803) – ist das Naturerlebnis noch in die überlieferte Frömmigkeit eingebunden, die sich seit Eichendorff mehr und mehr ins Diesseitige, in Weltfrömmigkeit verwandelt.

(98) Musil wurde 1880 in Klagenfurt geboren und starb 1942 in Genf. Sein Hauptwerk, *Der Mann ohne Eigenschaften*, das Fragment blieb, fand erst nach dem Zweiten Weltkrieg die gebührende Beachtung.

(104) Georges Clemenceau, 1841–1929, wurde 1917 in kritischer Kriegslage französischer Ministerpräsident und gehörte zu den Hauptarchitekten des Friedensvertrages von Versailles. Das ihm zugeschriebene Wort, es gäbe »20 Millionen Deutsche zuviel auf der Welt«, meinte nicht, daß man sie umbringen sollte, sondern die »ungeschickte Größe« des Reiches, der Frankreich allein nicht mehr gewachsen war.

(114) Das »Gänseliesel« ist eine Brunnenfigur auf dem Göttinger Marktplatz. Zu ihr gesellt sich die Figur des Professors Georg Christoph Lichtenberg, 1742–1799, der vor allem durch seine ganz unprofessoral geistreichen Aphorismen berühmt wurde.

(113) Die Jugendbewegung der »Wandervögel« begann kurz vor der Jahrhundertwende in Großstädten wie Berlin und Hamburg und breitete sich schnell über ganz Deutschland aus. Heraus »aus grauer Städte Mauern« demonstrierte man mit der blauen Blume der Romantik gegen die moderne Zivilisationsentwicklung durch Wald und Flur. Einen Höhepunkt erreichte die Bewegung im Oktober 1913 mit dem Treffen der »Freideutschen Jugend« auf dem Hohen Meißner, einem Berg bei Kassel. Hier entstand die »Meißnerformel«: »Die freideutsche Jugend will aus eigener Bestimmung, vor eigener Verantwortung, mit innerer Wahrhaftigkeit ihr Leben gestalten. Für diese innere Freiheit tritt sie unter allen Umständen geschlossen ein. Zur gegenseitigen Verständigung werden freideutsche Jugendtage abgehalten. Für deren Durchführung gilt: Alle gemeinsamen Veranstaltungen der Freideutschen Jugend sind alkohol- und nikotinfrei.« Zu praktischen Auswirkungen ist die Jugendbewegung vor allem im Bereich der Reformpädagogik gekommen.

(126) Ulrich von Wilamowitz-Moellendorff, 1848–1931, war klassischer Philologe und Professor in Greifswald, in Göttingen und seit 1897 in Berlin. Er wirkte methodisch bahnbrechend und stellte sein Fach auf neue Grundlagen.

(131) Johannes Robert Becher, 1891–1958, wurde schon 1919 Mitglied der KPD und lebte von 1933 bis 1945 in Moskau. Im Gegensatz zum eigenen expressionistischen Frühwerk trat er später für den »sozialistischen Realismus« ein. In der DDR stieg er zum führenden Kulturfunktionär und zum Minister auf.

(134) Hannah Arendt, 1906–1975, emigrierte 1933 nach Frankreich, 1940 in die Vereinigten Staaten. Zu ihren bekanntesten Werken gehören *Elemente und Ursprünge totaler Herrschaft* (1951), *Vita activa oder vom tätigen Leben* (1960), *Eichmann in Jerusalem – Ein Bericht von der Banalität des Bösen* (1964).

(143) Stefan Heym, geboren 1913, emigrierte in die Vereinigten Staaten und kehrte von dort zunächst als amerikanischer Soldat zurück. In der DDR trat er für Biermann ein und nahm die staatlichen Maßregelungen in Kauf. Aus seinen Schriften zum Zeitgeschehen seien genannt: *Einmischung* (1990), *Filz – Gedanken über das neueste Deutschland* (1992), *Der Winter unseres Mißvergnügens* (1996).

(150) Arnold Zweig, 1887–1968, kehrte 1948 aus Palästina zurück. Heute scheint er fast vergessen zu sein, aber sein *Streit um den Sergeanten Grischa* (1927) war einst ein Welterfolg. Genannt sei weiter *Das Beil von Wandsbek* (1943). In der DDR war Zweig von 1950 bis 1953 Präsident der Deutschen Akademie der Künste.

(169) Ewald von Kleist-Schmenzin, geboren 1890, war ein konservativer Gegner der Weimarer Republik. Vor allem aber war er ein entschiedener Gegner der nationalsozialistischen Gewaltherrschaft. 1938 reiste er nach England, um die britische Regierung zu einer festen Haltung zu bewegen. Seinen Sohn ermutigte er dazu, sich für ein Selbstmordatten-

tat gegen Hitler zur Verfügung zu stellen. Nach dem 20. Juli 1944 wurde er verhaftet und am 9. April 1945 hingerichtet.

(187) Helmuth Plessner, 1892–1985, war ein Begründer der philosophischen Anthropologie. 1933 emigrierte er in die Niederlande und übernahm 1939 eine Professur in Groningen, aus der ihn die deutsche Besetzung bald wieder vertrieb. 1951 wurde er auf einen Lehrstuhl für Soziologie und Philosophie in Göttingen berufen.

(197) Der Alldeutsche Verband wurde als Reaktion auf den für Deutschland angeblich nachteiligen Vertrag mit Großbritannien gegründet, mit dem man Helgoland im Austausch gegen Sansibar erhielt. Die »Alldeutschen« waren keine Massenorganisation, setzten aber zielbewußt Journalisten, Professoren und andere Schlüsselfiguren der Meinungsbildung für ihre Zwecke ein. Viele Zielsetzungen Hitlers wurden in dem Verband bereits vorweggenommen.

(197) Albert Ballin, geboren 1857, machte die Hamburger HAPAG zu einer der größten Reedereien der Welt. Er hoffte auf den friedlichen Ausgleich mit Großbritannien und war skeptisch gegenüber dem von Tirpitz vorangetriebenen Schlachtflottenbau. Am 9. November 1918 nahm er sich das Leben.

(206) Clemens August Graf Galen, seit 1933 Bischof von Münster und 1946 kurz vor seinem Tod zum Kardinal ernannt, hielt 1941 gegen die Tötung von Geisteskranken Predigten, die ein großes Echo fanden. Die Massentötungen wurden daraufhin eingestellt – oder jedenfalls nur noch schleichend, in größter Heimlichkeit weitergeführt. Hitler verschob zähneknirschend die Abrechnung mit Galen auf die Zeit nach dem »Endsieg«, weil er wußte, welch verheerende Wirkung ein Vorgehen gegen den »Löwen von Münster« bei der katholischen Bevölkerung haben mußte.

(214) Edgar Salin, 1892–1974, geboren in Frankfurt am Main, war Volkswirt und Soziologe. 1927 wurde er nach Basel berufen.

(214) Jacob Burckhardt, 1818–1897, Kulturhistoriker, stammte aus Basel und lehrte an der dortigen Universität von 1858

bis 1893. Besonders bekannt wurde seine *Kultur der Renaissance in Italien* (1860).

(218) Zum Einigungsvertrag sei hingewiesen auf das Buch von Wolfgang Schäuble: *Der Vertrag – Wie ich über die deutsche Einheit verhandelte*, Stuttgart 1991. Hier wird der innere Weg zur Einheit informativ dargestellt, natürlich aus der westdeutschen Perspektive.

(220) Chinesische Lösung: Im Frühsommer 1989 hatten die chinesischen Machthaber die hauptsächlich von Studenten getragene Demokratiebewegung ihres Lands niedergeschlagen und dabei auf dem Platz des Himmlischen Friedens in Peking ein Blutbad angerichtet; der spätere Staatsratsvorsitzende der DDR Egon Krenz hatte das Vorgehen der chinesischen Führung ausdrücklich gelobt.

(228) Edmund Burke, 1729–1797, war von 1765 bis 1795 Unterhausmitglied. Zunächst ein engagierter liberaler Reformer und Verteidiger der amerikanischen Rechte, wurde er nach 1789 zum entschlossenen Gegner der Französischen Revolution. Seine *Reflections on the revolution in France*, 1790, lieferten dem Kampf gegen die Revolution das geistige Rüstzeug.

(242) Friedrich Hecker, 1811–1881, forderte in der Revolution von 1848 den Übergang zur Republik. Im April 1848 unternahm er in Baden einen Aufstandsversuch, der schnell scheiterte. Er floh dann in die Schweiz, später in die Vereinigten Staaten; am amerikanischen Bürgerkrieg nahm er als Oberst der Unionstruppen teil – und beschloß sein Leben als ein Bewunderer Bismarcks.

(252) Roßbach und Dennewitz: Preußische Siege, 1757 im Siebenjährigen Krieg und 1813 im Freiheitskrieg gegen Napoleon.

(257) Der Sturm auf Langemarck, von dem hier die Rede ist, wurde im Herbst 1914 von unzureichend ausgebildeten Regimentern junger Kriegsfreiwilliger mit unzureichender Artillerieunterstützung versucht, und die Blüte der deutschen Jugend wurde von den Maschinengewehren der britischen

Berufsarmee niedergemäht. Allein der deutsche Kriegsfriedhof von Langemarck zählt 45 000 Gräber. Dennoch oder eben darum ist, mit dem Todesgesang des Deutschlandliedes verbunden, bis ins Dritte Reich hinein aus Langemarck ein deutscher Mythos geworden.

(259) Zur Seeberg-Adresse, benannt nach dem Verfasser, dem Berliner Theologen Reinhold Seeberg, gehörte die Forderung umfangreicher Gebietsabtretungen Frankreichs, und Belgien sollte ein deutsches Protektorat werden. »Grundlage zur Wahrung unseres Volkswachstums aber bietet Land, das Rußland abtreten muß. Es muß landwirtschaftliches Siedlungsland sein. Land, das uns gesunde Bauern, diesen Jungbrunnen aller Volks- und Staatskraft, bringt.« Hitlers Programm wurde damit schon vorweggenommen.

(261) Der Historiker Hans Delbrück gehörte zu denen, die im Krieg für gemäßigte Forderungen eintraten. Nach dem Krieg übte er scharfe Kritik an dem Militärdiktator Ludendorff und dem Flottenbaumeister Tirpitz. Er bekämpfte auch die »Dolchstoß«-Legende, der sich Hindenburg wider besseres Wissen angeschlossen hatte.

(265) Kautsky war der führende Theoretiker der deutschen Sozialdemokraten. – Glaeser hatte in seinem Roman *Jahrgang 1902* eine nicht mehr siegesgläubige Jugend geschildert. – Foerster war der führende Vertreter eines ethisch begründeten Pazifismus. – Ludwig errang mit biographischen Darstellungen einen Welterfolg und erregte Anstoß mit seiner kritischen Sicht der deutschen Geschichte. – Wolff war Chefredakteur des liberalen *Berliner Tageblatts*, Bernhard der *Vossischen Zeitung* und seit 1928 für die Deutsche Demokratische Partei Mitglied des Reichstags. – Remarque hatte mit seinem realistischen und erfolgreichen Kriegsroman *Im Westen nichts Neues* (1929) die Nationalisten in Wut versetzt. – Kerr, übrigens ein Meister der deutschen Sprache, gehörte seit der Jahrhundertwende zu den einflußreichsten Berliner und damit deutschen Kritikern.

(266) Graf gehörte zu den wenigen, die Heimatromane nicht

aus konservativer, sondern aus linker Perspektive schrieben. Das »Heimat«-Etikett war es wohl, das ihm zu seiner unerwarteten Ehre oder vielmehr Unehre verhalf.

(267) Baumanns Lied zählte zu denen, die von der Hitlerjugend am meisten gesungen wurden. Zeitweilig – zum Beispiel im Vorfeld der Olympischen Spiele von 1936, als man im Ausland keinen Anstoß erregen wollte – wurde »*gehört uns* Deutschland und morgen die ganze Welt« durch »da hört uns« ersetzt, aber fast immer »gehört uns« gesungen.

(270) General Henning von Tresckow, geboren 1901, war ein Führer des militärischen Widerstandes gegen Hitler. Die von ihm organisierten Attentatsversuche scheiterten, blieben jedoch unentdeckt. Am 21. Juli 1944, dem Tag nach Stauffenbergs mißlungenem Attentat, nahm er sich das Leben.

(271) Albrecht Haushofer, geboren 1903, war ein Mitverschworener der Widerstandsbewegung. Nach dem 20. Juli 1944 wurde er verhaftet; die *Moabiter Sonette* schrieb er im Gefängnis. Am 23. April 1945 wurde er erschossen.

Hinweise zur Literatur – Eine Auswahl

Deutsche Geschichte im Überblick

Boockmann, Hartmut/Schulze, Hagen/Schlinng, Heinz/Stürmer, Michael: Mitten in Europa – Deutsche Geschichte, Berlin 1984.

Broszat, Martin und andere (Herausgeber): Deutsche Geschichte der neuesten Zeit – Vom 19. Jahrhundert bis zur Gegenwart, München 1984 ff.

Krockow, Christian Graf von: Die Deutschen in ihrem Jahrhundert 1890–1990, Reinbek 1990.

Lamprecht, Helmut (Herausgeber): Deutschland Deutschland – Politische Gedichte vom Vormärz bis zur Gegenwart, Bremen 1969.

Mann, Golo: Deutsche Geschichte des 19. und 20. Jahrhunderts, Frankfurt am Main 1960.

Nipperdey, Thomas: Nachdenken über die deutsche Geschichte, München 1990.

Plessner, Helmuth: Die verspätete Nation – Über die politische Verführbarkeit des bürgerlichen Geistes, Stuttgart 1959.

Stern, Fritz: Der Traum vom Frieden und die Versuchung der Macht – Deutsche Geschichte im 20. Jahrhundert, Berlin 1988.

Wehler, Hans-Ulrich: Deutsche Gesellschaftsgeschichte, 4 Bände, München 1987 ff.

Die deutsche Revolution von 1848

Fenske, Hans (Hrsg.): Quellen zur Revolution in Deutschland 1848/49, Darmstadt 1996.
Freitag, Sabine (Hrsg.): Die Achtundvierziger – Lebensbilder aus der deutschen Revolution, München 1997.
Hachtmann, Rüdiger: Berlin 1848 – Eine Politik- und Gesellschaftsgeschichte der Revolution, Bonn 1997.
Valentin, Veit: Geschichte der deutschen Revolution 1848–1849, zwei Bände, Neuausgabe, Weinheim 1998.

Die Reichsgründung

Helmut Böhme (Hrsg.): Die Reichsgründung, München 1967.
Derselbe: Deutschlands Weg zur Großmacht – Studien zum Verhältnis von Wirtschaft und Staat während der Reichsgründungszeit 1848–1881, Köln 1966.
Groote, Wolfgang von/Gersdorff, Ursula von (Hrsg.): Entscheidung 1870 – Der deutsch-französische Krieg, Stuttgart 1970.
Hofer, Walter (Hrsg.): Europa und die Einheit Deutschlands – Eine Bilanz nach 100 Jahren, Köln 1970.
Schieder, Theodor/Deuerlein, Ernst (Hrsg.): Reichsgründung 1870/71, Stuttgart 1970.
Wandruszka, Adam: Schicksalsjahr 1866, Graz, Wien und Köln 1966.

Das Kaiserreich

Baumgart, Wilfried: Deutschland im Zeitalter des Imperialismus 1890–1914. Grundkräfte, Thesen und Strukturen, 4. Auflage, Stuttgart, Berlin, Köln, Mainz 1982.
Bebel, August: Aus meinem Leben, hrsg. von W. G. Oschilewski, Bonn 1986.

Berghahn, Volker R./Deist, Wilhelm (Hrsg.): Rüstung im Zeichen der Wilhelminischen Weltpolitik – Grundlegende Dokumente 1890–1914, Düsseldorf 1988.

Born, Karl Erich: Wirtschafts- und Sozialgeschichte des Deutschen Kaiserreiches 1867/71–1914, Stuttgart 1985.

Doerry, Martin: Übergangsmenschen – Die Mentalität der Wilhelminischen und die Krise des Kaiserreiches, Weinheim und München 1986.

Fontane, Theodor: Briefe an Georg Friedländer, hrsg. von Kurt Schreinert, Heidelberg 1954.

Glaser, Hermann: Die Kultur der Wilhelminischen Zeit – Topographie einer Epoche, Frankfurt am Main 1984.

Helfferich, Karl: Deutscher Volkswohlstand 1888–1913, 6. Auflage Berlin 1915.

Hillgruber, Andreas: Deutschlands Rolle in der Vorgeschichte der beiden Weltkriege, 3. Auflage, Göttingen 1986.

Hohorst, Gerd: Materialien zur Statistik des Kaiserreiches 1870–1914, München 1975 (Sozialgeschichtliches Arbeitsbuch, Band 2).

Johann, Ernst (Hrsg.): Reden des Kaisers – Ansprachen, Predigten und Trinksprüche Wilhelms II., München 1966.

Kindt, Werner (Hrsg.): Die deutsche Jugendbewegung – Quellenschriften, 3 Bände, Düsseldorf und Köln 1963–1974.

Mann, Heinrich: Der Untertan, Roman, Leipzig 1918.

Mommsen, Wolfgang J.: Der autoritäre Nationalstaat – Politik, Gesellschaft und Kultur des deutschen Kaiserreiches, Frankfurt am Main 1990.

Plagemann, Volker (Hrsg.): Übersee – Seefahrt und Seemacht im Deutschen Kaiserreich, München 1988.

Ploetz: Das Deutsche Kaiserreich 1867/71 bis 1918 – Bilanz einer Epoche, hrsg. von Dieter Langewiesche, Freiburg und Würzburg 1984.

Ritter, Gerhard A. (Hrsg.): Das Deutsche Kaiserreich 1871–1914. Ein historisches Lesebuch, 4. Auflage, Göttingen 1981.

Schieder, Theodor: Das Deutsche Kaiserreich von 1871 als Nationalstaat, Köln und Opladen 1961.
Stürmer, Michael: Das ruhelose Reich – Deutschland 1866–1918, 2. Auflage, Berlin 1983.
Treitschke, Heinrich von: Politik – Vorlesungen, hrsg. von Max Cornicelius, 2 Bände, Leipzig 1897 und 1898.
Weber, Max: Gesammelte politische Schriften, hrsg. von Johannes Winckelmann, 2. Auflage, Tübingen 1958.
Wehler, Ulrich: Das deutsche Kaiserreich 1871–1918, 2. Auflage, Göttingen 1975.
Das Wilhelminische Deutschland – Stimmen der Zeitgenossen, hrsg. von Georg Kotowski, Werner Pöls, Gerhard A. Ritter, Frankfurt am Main und Hamburg 1965.

Der Erste Weltkrieg

Böhme, Klaus (Hrsg.): Aufrufe und Reden deutscher Professoren im Ersten Weltkrieg, Stuttgart 1975.
Cartier, Jean-Pierre: Der Erste Weltkrieg 1914–1918, München und Zürich 1984.
Deist, Wilhelm (Hrsg.): Militär und Innenpolitik im Ersten Weltkrieg, 2 Bände, Düsseldorf 1970.
Fischer, Fritz: Griff nach der Weltmacht – Die Kriegszielpolitik des kaiserlichen Deutschland 1914–1918, Düsseldorf 1961.
Kocka, Jürgen: Klassengesellschaft im Krieg – Deutsche Sozialgeschichte 1914–1918, Göttingen 1973.
Mann, Thomas: Betrachtungen eines Unpolitischen, zuerst 1918; Werke, Stockholmer Gesamtausgabe Band 14, Frankfurt am Main 1956.
Pressel, Wilhelm: Die Kriegspredigt 1914–1918 in der evangelischen Kirche Deutschlands, Göttingen 1967.
Schwabe, Klaus: Wissenschaft und Kriegsmoral – Die deutschen Hochschullehrer und die politischen Grundfragen des Ersten Weltkrieges, Göttingen 1969.

Tuchmann, Barbara: August 1914, Bern, München und Wien 1964.

Die Weimarer Republik

Biographisches Lexikon zur Weimarer Republik, hrsg. von Wolfgang Benz und Hermann Graml, München 1988.
Bracher, Karl Dietrich: Die Auflösung der Weimarer Republik – Eine Studie zum Problem des Machtverfalls in der Demokratie, 4. Auflage, Villingen 1964.
Carsten, Francis L.: Reichswehr und Politik 1918–1933, 3. Auflage, Köln und Berlin 1966.
Erdmann, Karl Dietrich: Die Weimarer Republik, 6. Auflage, München 1980.
Eschenburg, Theodor: Die Republik von Weimar – Beiträge zur Geschichte einer improvisierten Demokratie, München 1984.
Eyck, Erich: Geschichte der Weimarer Republik, 2 Bände, Erlenbach-Zürich und Stuttgart 1954 und 1956.
Feldman, Gerald D. (Hrsg.): Die Nachwirkungen der Inflation auf die deutsche Geschichte 1924–1933, München 1985.
Gay, Peter: Die Republik der Außenseiter – Geist und Kultur in der Weimarer Zeit 1918–1933, Frankfurt am Main 1987.
Gumbel, Emil Julius: Vier Jahre politischer Mord, 1922; Neuausgabe, Heidelberg 1980.
James, Harold: Deutschland in der Weltwirtschaftskrise 1924–1936, Stuttgart 1988.
Kessler, Harry Graf: Aus den Tagebüchern 1918–1937, München 1965.
Milatz, Alfred: Wahlen und Wähler in der Weimarer Republik, 2. Auflage, Bonn 1968 (Schriftenreihe der Bundeszentrale für Politische Bildung, Heft 66).
Mohler, Armin: Die konservative Revolution in Deutschland 1918 bis 1932 – Grundriß ihrer Weltanschauungen, 3. erweiterte Auflage Darmstadt 1989.

Ploetz: Weimarer Republik – Eine Nation im Umbruch, hrsg. von Gerhard Schulz, Freiburg und Würzburg 1987.
Raabe, Felix: Die bündische Jugend – Ein Beitrag zur Geschichte der Weimarer Republik, Stuttgart 1961.
Rosenberg, Arthur: Entstehung der Weimarer Republik, hrsg. von Kurt Kersten, Frankfurt am Main 1961.
Scholder, Klaus: Die Kirchen und das Dritte Reich, Band I: Vorgeschichte und Zeit der Illusionen 1918–1934, Frankfurt am Main, Berlin und Wien 1977.
Schulze, Hagen: Weimar. Deutschland 1917–1933, Berlin 1982.
Sontheimer, Kurt: Antidemokratisches Denken in der Weimarer Republik, München 1962.
Troeltsch, Ernst: Spektator-Briefe – Aufsätze über die deutsche Revolution und die Weltpolitik 1918/22, hrsg. von Hans Baron, Tübingen 1924.

Das Dritte Reich

Becker, Josef/Becker, Ruth (Hrsg.): Hitlers Machtergreifung 1933 – Vom Machtantritt Hitlers 30. Januar 1933 bis zur Besiegelung des Einparteienstaates 14. Juli 1933, München 1983.
Bedürftig, Friedemann: Lexikon Drittes Reich, München 1997.
Binion, Rudolph: »... daß ihr mich gefunden habt« – Hitler und die Deutschen: Eine Psychohistorie, Stuttgart 1978.
Bracher, Karl Dietrich: Die deutsche Diktatur. Entstehung – Struktur – Folgen des Nationalsozialismus, erweiterte Neuausgabe, Köln 1983.
Broszat, Martin: Der Staat Hitlers – Grundlegung und Entwicklung seiner inneren Verfassung, 10. Auflage, München 1983.
Derselbe/Buchheim, Hans/Jacobsen, Hans-Adolf/Krausnick,

Helmut: Anatomie des SS-Staates, 2 Bände, Olten und Freiburg 1965.
Domarus, Max: Hitler, Reden und Proklamationen 1932–1945, 2 Bände, Würzburg 1962/63, Wiesbaden 1973.
Enzyklopädie des Nationalsozialismus, hrsg. von Wolfgang Benz, Hermann Graml und Hermann Weiß, München 1997.
Fest, Joachim C.: Hitler – Eine Biographie, Frankfurt am Main, Berlin und München 1973.
Funke, Manfred (Hrsg.): Hitler, Deutschland und die Mächte – Materialien zur Außenpolitik des Dritten Reiches, Düsseldorf 1976.
Giordano, Ralph: Wenn Hitler den Krieg gewonnen hätte – Die Pläne der Nazis nach dem Endsieg, Hamburg 1989.
Haffner, Sebastian: Anmerkungen zu Hitler, München 1978.
Hildebrand, Klaus: Das Dritte Reich, 3. Auflage, München 1987.
Höhne, Heinz: Mordsache Röhm – Hitlers Durchbruch zur Alleinherrschaft 1933–1934, Reinbek 1984.
Maschmann, Melita: Fazit – Kein Rechtfertigungsversuch, Stuttgart 1963; Neuauflage mit dem Untertitel: Mein Weg in die Hitlerjugend, München 1979.
Mason, Timothy W.: Sozialpolitik im Dritten Reich – Arbeiterklasse und Volksgemeinschaft, Opladen 1977.
Müller, Klaus-Jürgen: Armee und Drittes Reich 1933–1939, Darstellung und Dokumentation, 2. Auflage, Paderborn 1989.
Ploetz: Das Dritte Reich – Ursachen, Ereignisse, Wirkungen, hrsg. von Martin Broszat und Norbert Frei, Neuausgabe, Freiburg und Würzburg 1989.
Ruck, Michael: Bibliographie zum Nationalsozialismus, Köln 1995.
Scholtz, Harald: Erziehung und Unterricht unterm Hakenkreuz, Göttingen 1985.
Smelser, Ronald/Zitelmann, Rainer (Hrsg.): Die braune Elite – 22 biographische Skizzen, Darmstadt 1989.

Sternberger, Rolf/Stolz, Gerhard/Süskind, Wilhelm E.: Aus dem Wörterbuch des Unmenschen – Neue und erweiterte Ausgabe mit Zeugnissen des Streites über die Sprachkritik, 3. Auflage, Düsseldorf 1968.
Thamer, Ulrich: Verführung und Gewalt. Deutschland 1933–1945, Berlin 1986.
Turner, Henry Ashby Jr.: Faschismus und Kapitalismus in Deutschland – Studien zum Verhältnis zwischen Nationalsozialismus und Wirtschaft, 2. Auflage, Göttingen 1980.
Wegner, Bernd: Hitlers Politische Soldaten – Die Waffen-SS 1933–1945. Leitbild, Strukturen und Funktion einer nationalsozialistischen Elite, 3. Auflage, Paderborn 1989.

Exil und Widerstand

Durzak, Manfred (Hrsg.): Die deutsche Exilliteratur 1933–1945, Stuttgart 1973.
Fest, Joachim: Staatsstreich – Der lange Weg zum 20. Juli, Berlin 1994.
Forschungsgemeinschaft 20. Juli e.V.: Bibliographie »Widerstand«, bearbeitet von Ulrich Cantarius, München, New York, London, Paris 1984.
Frühwald, Wolfgang/Schieder, Wolfgang (Hrsg.): Leben im Exil, Hamburg 1981.
Graml, Hermann (Hrsg.): Widerstand im Dritten Reich – Probleme, Ereignisse, Gestalten, Frankfurt am Main 1984.
Hoffmann, Peter: Widerstand, Staatsstreich, Attentat – Der Kampf der Opposition gegen Hitler, Neuausgabe, München 1985.
Jacobsen, Hans-Adolf (Hrsg.): 20. Juli 1944 – Die deutsche Opposition gegen Hitler im Urteil der ausländischen Geschichtsschreibung. Eine Anthologie, Bonn 1969.
Krockow, Christian Graf von: Scheiterhaufen – Größe und Elend des deutschen Geistes, Berlin 1983; Neuausgabe, Reinbek 1993.

Roon, Ger van: Widerstand im Dritten Reich – Ein Überblick, 4. Auflage, München 1987.
Schmitthenner, Walter/Buchheim, Hans (Hrsg.): Der deutsche Widerstand gegen Hitler – Vier kritisch-historische Studien, Köln 1966.
Widerstand und Exil der deutschen Arbeiterbewegung 1933–1945, hrsg. von der Friedrich-Ebert-Stiftung, Berlin 1982.
Zadek, Walter (Hrsg.): Sie flohen vor dem Hakenkreuz – Selbstzeugnisse der Emigranten. Ein Lesebuch für Deutsche, Reinbek 1981.

Judentum und Judenverfolgung

Benz, Wolfgang (Hrsg.): Die Juden in Deutschland 1933–1945. Leben unter nationalsozialistischer Herrschaft, 2. Auflage, München 1993.
Derselbe (Hrsg.): Dimensionen des Völkermords – Die Zahl der jüdischen Opfer des Nationalsozialismus, München 1996.
Boehlich, Walter (Hrsg.): Der Berliner Antisemitismusstreit, Frankfurt am Main 1988.
Enzyklopädie des Holocaust – Die Verfolgung und Ermordung der europäischen Juden, 4 Bände, herausgegeben von Eberhard Jäckel, Peter Longerich, Julius H. Schoeps, München 1995.
Goldhagen, Jonah Daniel: Hitlers willige Vollstrecker – Ganz normale Deutsche und der Holocaust, Berlin 1996.
Horbach, Michael: So überlebten sie den Holocaust – Zeugnisse der Menschlichkeit 1939–1945, 3. Auflage, München 1979.
Koch, Thilo (Hrsg.): Porträts deutsch-jüdischer Geistesgeschichte, Köln 1961.
Laquer, Walter: Was niemand wissen wollte – Die Unterdrückung der Nachrichten über Hitlers »Endlösung«, Berlin und Wien 1981.

Mosse, Werner E. (Hrsg.): Juden im Wilhelminischen Deutschland 1890–1914, Tübingen 1976.
Pehle, Walter H. (Hrsg.): Das Judenpogrom 1938 – Von der »Reichskristallnacht« zum Völkermord, Frankfurt am Main 1988.
Rijksinstitut voor Orlogsdocumentatie, Niederländisches Staatliches Institut für Kriegsdokumentation (Hrsg.): Die Tagebücher der Anne Frank, Frankfurt am Main 1988.
Wollenberg, Jörg (Hrsg.): »Niemand war dabei und keiner hat's gewußt«: Die deutsche Öffentlichkeit und die Judenverfolgung 1933–1945, München 1989.

Der Zweite Weltkrieg

Altrichter, Helmut/Becker, Josef (Hrsg.): Kriegsausbruch 1939 – Beteiligte, Betroffene, Neutrale, München 1989.
Broszat, Martin: Nationalsozialistische Polenpolitik 1939 bis 1945, Stuttgart 1961.
Cartier, Raymond: Der Zweite Weltkrieg, 2 Bände, 7. Auflage, München 1985.
Forstmeier, Friedrich/Volkmann, Hans-Erich (Hrsg.): Kriegswirtschaft und Rüstung 1939–1945, Düsseldorf 1977.
Hillgruber, Andreas: Probleme des Zweiten Weltkriegs, Köln und Berlin 1967.
Klee, Franz/Dreßen, Willi (Hrsg.): »Gott mit uns« – Der deutsche Vernichtungskrieg im Osten 1939–1945, Frankfurt am Main 1989.
Michalka, Wolfgang (Hrsg. im Auftrag des militärgeschichtlichen Forschungsamtes): Der Zweite Weltkrieg – Analysen, Grundzüge, Forschungsbilanz, München und Zürich 1989.
Rumpf, Hans: Das war der Bombenkrieg – Deutsche Städte im Feuersturm, ein Dokumentarbericht, Oldenburg und Hamburg 1961.
Weizsäcker, Richard von: Zum 40. Jahrestag der Beendigung des

Krieges in Europa und der nationalsozialistischen Gewaltherrschaft – Ansprache am 8. Mai 1985 in der Gedenkstunde im Plenarsaal des Deutschen Bundestages, Bonn 1985.

Von Osten nach Westen: Flucht, Vertreibung, Eingliederung

Benz, Wolfgang (Hrsg.): Die Vertreibung der Deutschen aus dem Osten – Ursachen, Ergebnisse, Folgen, Frankfurt am Main 1985.

Krockow, Christian Graf von: Die Stunde der Frauen – Bericht aus Pommern 1944–1947, Stuttgart 1988.

Lüttinger, Paul, unter Mitwirkung von Rita Rossmann: Integration der Vertriebenen – Eine empirische Bilanz, Frankfurt am Main 1989.

Statistisches Bundesamt Wiesbaden (Hrsg.): Die deutschen Vertreibungsverluste – Bevölkerungsbilanzen für die deutschen Vertreibungsgebiete 1939/50, Stuttgart 1958.

Deutschland nach 1945

Broszat, Martin/Henke, Klaus-Dietmar, Woller, Hans (Hrsg.): Von Stalingrad zur Währungsreform – Zur Sozialgeschichte des Umbruchs in Deutschland, 3. Auflage, München 1990.

Deuerlein, Ernst: Deutschland nach dem Zweiten Weltkrieg 1945–1955, Konstanz 1964.

Foschepoth, Josef (Herausgeber): Kalter Krieg und deutsche Frage – Deutschland im Widerstreit der Mächte 1945–1952, Göttingen und Zürich 1985.

Krieger, Wolfgang: General Lucius D. Clay und die amerikanische Deutschlandpolitik 1945–1949, Stuttgart 1987.

Noack, Paul: Die deutsche Nachkriegszeit, München 1966.

Overesch, Manfred: Die Deutschen und die deutsche Frage 1945–1955, Düsseldorf 1985.

Abelshauser, Werner: Wirtschaftsgeschichte der Bundesrepublik Deutschland 1945–1980, 3. Auflage, Frankfurt am Main 1983.

Albers, Jens: Der Sozialstaat in der Bundesrepublik Deutschland 1950–1983, Frankfurt am Main 1989.

Bauss, Gerhard: Die Studentenbewegung der sechziger Jahre in der Bundesrepublik und West-Berlin – Ein Handbuch, Köln 1977.

Benz, Wolfgang (Hrsg.): Die Geschichte der Bundesrepublik Deutschland – Politik, Wirtschaft, Gesellschaft, Kultur, Neuausgabe in 4 Bänden, Frankfurt am Main 1989.

Bieling, Rainer: Die Tränen der Revolution – Die 68er zwanzig Jahre danach, Berlin 1988.

Bracher, Karl Dietrich/Eschenburg, Theodor/Fest, Joachim C./Jäckel Eberhard (Hrsg.): Geschichte der Bundesrepublik Deutschland, 5 Bände, Stuttgart 1989.

Claessens, Dieter/Klönne, Arno/Tschoepe, Arnim: Sozialkunde der Bundesrepublik Deutschland – Grundlagen, Strukturen, Trends in Wirtschaft und Gesellschaft, Neuausgabe, Reinbek 1989.

Ellwein, Thomas: Krisen und Reformen – Die Bundesrepublik seit den sechziger Jahren, München 1989.

Gatter, Peter: Die Aufsteiger – Ein politisches Porträt der Grünen, Hamburg 1987.

Glaser, Hermann: Die Kulturgeschichte der Bundesrepublik Deutschland, 3 Bände, München 1990.

Greiffenhagen, Martin und Sylvia: Ein schwieriges Vaterland – Zur politischen Kultur Deutschlands, München 1979.

Kitschelt, Herbert: Kernenergiepolitik – Arena eines gesellschaftlichen Konflikts, Frankfurt am Main 1980.

Leggewie, Claus: Die Republikaner – Phantombild der Neuen Rechten, Berlin 1989.

Lehmann, Hans Georg: Chronik der Bundesrepublik Deutschland 1945/49–1983, 3. Auflage, München 1989.

Miegel, Meinhard: Die verkannte Revolution – Einkommen und Vermögen der privaten Haushalte, Bonn 1983.

Mosler, Peter: Was wir wollten, was wir wurden – Zeugnisse der Studentenrevolte, Reinbek 1988.

Ploetz: Die Bundesrepublik Deutschland – Daten, Fakten, Analysen, hrsg. von Thomas Ellwein und anderen, Freiburg und Würzburg 1984.

Rytlewsky, Ralf/Opp de Hipt, Manfred: Die Bundesrepublik Deutschland in Zahlen 1945/49–1980. Ein sozialgeschichtliches Arbeitsbuch, München 1987.

Schössler, Dietmar: Der Primat des Zivilen – Konflikte und Konsens der Militärelite im politischen System der Bundesrepublik, Meisenheim/Glan 1973.

Schroeren, Michael (Hrsg.): Die Grünen – Zehn bewegte Jahre, Wien 1990.

Schwarzer, Alice: So fing es an! Zehn Jahre Frauenbewegung, Köln 1981.

Sontheimer, Kurt: Grundzüge des politischen Systems der Bundesrepublik Deutschland, 12. Auflage, München 1989.

Weidenfeld, Werner (Hrsg.): Politische Kultur und deutsche Frage – Materialien zum Staats- und Nationalbewußtsein in der Bundesrepublik Deutschland, Köln 1989.

Die Deutsche Demokratische Republik

Autorenkollektiv (Leitung Gerhard Rossmann): Geschichte der Sozialistischen Einheitspartei Deutschlands – Abriß, Berlin 1978.

Bölling, Klaus: Die fernen Nachbarn – Erfahrungen in der DDR, Hamburg 1983.

DDR – Werden und Wachsen. Zur Geschichte der Deutschen Demokratischen Republik, hrsg. von der Akademie der Wissenschaften der DDR, Berlin 1974.

Emmerich, Wolfgang: Kleine Literaturgeschichte der DDR, Darmstadt und Neuwied 1981.

Forster, Thomas M.: Die NVA – Kernstück der Landesverteidigung der DDR, 5. Auflage, Köln 1979.
Gaus, Günter: Wo Deutschland liegt – Eine Ortsbestimmung, Hamburg 1983.
Glaeßner, Gert-Joachim: Die andere deutsche Republik – Gesellschaft und Politik in der DDR, Opladen 1989.
Haupt, Michael: Die Berliner Mauer – Vorgeschichte, Bau, Folgen. Literaturbericht und Bibliographie zum 20. Jahrestag des 13. August 1961, München 1981.
Henrich, Rolf: Der vormundschaftliche Staat – Vom Versagen des real existierenden Sozialismus, Reinbek 1989.
Kuhrig, Herta/Speigner, Wulfram (Hrsg.): Zur gesellschaftlichen Stellung der Frau in der DDR, Leipzig 1978.
Lehmann, Hans-Georg: Chronik der DDR 1945/49 bis heute, München 1987.
Rausch, Heinz (Hrsg.): DDR – Das politische, wirtschaftliche und soziale System, 7. Auflage, München 1988.
Schubert Friedel: Die Frau in der DDR – Ideologie und konzeptionelle Ausgestaltung ihrer Stellung in Beruf und Familie, Opladen 1980.
Spittmann, Ilse/Fricke, Karl Wilhelm (Hrsg.): 17. Juni 1953 – Arbeiteraufstand in der DDR, 2. Auflage Köln 1988.
Zimmer, Dieter: Auferstanden aus Ruinen – Von der SBZ zur DDR, Stuttgart 1989.

Deutschland und die Deutschen seit 1989

Balk, Wolfgang/Kleinschmidt Sebastian (Hrsg.): »Denk ich an Deutschland ...« – Stimmen der Befremdung, Frankfurt am Main 1993.
Barthélemy, Françoise/Winckler, Lutz (Hrsg.): Mein Deutschland findet sich in keinem Atlas – Schriftsteller aus beiden deutschen Staaten über ihr nationales Selbstverständnis, Frankfurt am Main 1990.

Bolaffi, Angelo: Die schrecklichen Deutschen – Eine merkwürdige Liebeserklärung, Berlin 1995.
Broder, Henryk M.: Erbarmen mit den Deutschen, Hamburg 1993.
Bruyn, Günter de: Zwischenbilanz, Frankfurt am Main 1992.
Darnton, Robert: Der letzte Tanz auf der Mauer – Berliner Journal 1989–1990, München 1991.
Fest, Joachim C.: Der zerstörte Traum – Vom Ende des utopischen Zeitalters, Berlin 1991.
Fischer, Erica/Lux, Petra: Ohne uns ist kein Staat zu machen – DDR-Frauen nach der Wende, Köln 1990.
Gauck, Joachim: Die Stasi-Akten – Das unheimliche Erbe der DDR, Reinbek 1991.
Gaus, Günter: Wendewut, Hamburg 1990.
Grass, Günter: Deutscher Lastenausgleich – Wider das dumpfe Einheitsgebot. Reden und Gespräche, Frankfurt am Main 1990.
Derselbe: Rede vom Verlust – Über den Niedergang der politischen Kultur im geeinten Deutschland, Göttingen 1992.
Heber, Norbert/Lehmann, Johannes (Hrsg.): Keine Gewalt! Der friedliche Weg zur Demokratie – Eine Chronik in Bildern, 2. überarbeitete Auflage Berlin 1991.
Joas, Hans/Kohli, Martin (Hrsg.): Der Zusammenbruch der DDR, Frankfurt am Main 1993.
Krockow, Christian Graf von: Der deutsche Niedergang, Stuttgart 1998.
Langguth, Gerd (Hrsg.): Die Intellektuellen und die nationale Frage, Frankfurt am Main 1997.
Lepenies, Wolf: Folgen einer unerhörten Begebenheit – Die Deutschen nach der Vereinigung, Berlin 1992.
Loest, Erich: Die Stasi war mein Eckermann – Oder: Mein Leben mit der Wanze, Göttingen 1991.
Maaz, Hans-Joachim: Das gestürzte Volk – Die unglückliche Einheit, München 1993.
McCormack, Richard W. B.: Unter Deutschen – Porträt eines rätselhaften Volkes, Frankfurt am Main 1994.

Meier, Christian: Die Nation, die keine sein will, München 1991.

Niethammer, Lutz/Plato, Alexander von/Wierling, Dorothee: Die volkseigene Erfahrung – Eine Archäologie des Lebens in der Industrieprovinz DDR. 30 biographische Eröffnungen, Berlin 1991.

Pfahl-Traughber, Arnim: Rechtsextremismus – Eine kritische Bestandsaufnahme nach der Wiedervereinigung, Bonn 1993.

Reich, Jens: Abschied von den Lebenslügen – Die Intelligenz und die Macht, Berlin 1992.

Reich-Ranicki, Marcel: Ohne Rabatt – Über Literatur in der DDR, Stuttgart 1991.

Rein, Gerhard: Die protestantische Revolution 1981–1990, ein Lesebuch, Berlin 1990.

Schäuble, Wolfgang: Der Vertrag – Wie ich über die deutsche Einheit verhandelte, Stuttgart 1991.

Sternburg, Wilhelm von: Fall und Aufstieg der Nation – Nachdenken über einen Massenrausch, Frankfurt am Main 1993.

Schwarz, Hans-Peter: Die Zentralmacht Europas – Deutschlands Rückkehr auf die Weltbühne, Berlin 1994.

Walser, Martin: Über Deutschland reden, erweiterte Neuauflage, Frankfurt am Main 1990.

Weidenfeld, Werner (Herausgeber): Deutschland. Eine Nation – doppelte Geschichte. Materialien zum deutschen Selbstverständnis, Köln 1993.

Quellennachweis

S. 20 »Dieser Freund, der Inhaber ...«, aus: Honoré de Balzac: Meistererzählungen. Verwendung der deutschen Übersetzung mit freundlicher Genehmigung des Rowohlt Verlages und der Diogenes Verlag AG

S. 61 »Kennst Du das Land ...«, aus: Erich Kästner: Herz auf Taille, © Atrium Verlag und Thomas Kästner

S. 96 »Wenn es sehr heiß ist ...«, aus: Robert Musil: Gesammelte Werke, Bd. 7, © Rowohlt Verlag, Reinbek 1978

S. 131 »Auferstanden aus Ruinen ...«, aus Johannes R. Becher: Gesammelte Werke, Bd. 6, S. 61. © Aufbau-Verlag Berlin und Weimar 1973

S. 151 »Nach dem Aufstand ...«, aus: Bertold Brecht: Die Lösung, in: Gesammelte Werke, Bd. 10, S. 1006, © Suhrkamp Verlag, Frankfurt am Main 1967

S. 198 »Als ich am 10. November ...«, aus: Erich Kästner: Unser Weihnachtsgeschenk, © Atrium Verlag, Zürich und Thomas Kästner

S. 225 »Man trifft auf der Erde ...«, aus: Antoine de Saint-Exupéry: Der Kleine Prinz, © 1950 und 1998 Karl Rauch Verlag Düsseldorf

S. 251 »Wir leben in einem Übergangszustande ...«, aus: Reden des Kaisers, hrsg. von Ernst Johann, S. 57 f., © Deutscher Taschenbuchverlag München 1966

S. 252 »Eure königliche Hoheit ...«, aus: ebd., S. 88 f.

S. 254 »Mutter rief mich ...«, aus: Josef Tal: Der Sohn eines Rabbiners. Ein Weg von Berlin nach Jerusalem, Berlin 1985, © 1985 by Quadriga Verlag J. Severin

S. 255 »Der 25. November ...«, aus: Eduard Bernstein: Die Geschichte der Berliner Arbeiterbewegung – ein Kapitel zur Geschichte der deutschen Arbeiterbewegung, 3. Teil: Fünfzehn Jahre Berliner Arbeiterbewegung unter dem gemeinen Recht, Berlin 1910

S. 256 »Wenn die Sozialdemokraten ...«, aus: Bertrand Russell: Die deutsche Sozialdemokratie, hrsg. von Achim v. Borries, Berlin und Bonn 1978

S. 257 »Und ein Gesang ...«, aus: Hermann Timmermann: Der Sturm auf Langemarck, München 1941

S. 259 »Erhabene Zeit ...«, aus: Franz Werfel: Gesammelte Werke. Das Lyrische Werk. Hrsg. von Adolf D. Klarmann, © S. Fischer Verlag GmbH, Frankfurt am Main 1967

S. 261 »Nach banger Nacht ...«, aus: Ernst Troeltsch: Spektator-Briefe – Aufsätze über die deutsche Revolution und die Weltpolitik 1918/22, Tübingen 1924, S. 23–25

S. 263 »Ein ziemlich gedrungener Kopf ...«, aus: Kurt Tucholsky: Gesammelte Werke, © 1960 by Rowohlt Verlag Reinbek

S. 264 »Berlin war das Glück ...«, aus: Willy Haas: Die literarische Welt, München 1958, Abdruck mit freundlicher Genehmigung von Dr. Herta Haas

S. 267 »Es zittern die morschen Knochen ...«, aus: Deutschland, Deutschland, Politische Gedichte vom Vormärz bis zur Gegenwart, hrsg. von Helmut Lamprecht, Bremen 1969

S. 268 »Ich meinte, alles Furchtbare ...«, aus: Stefan Zweig: Die Welt von Gestern. Erinnerungen eines Europäers. © Bermann-Fischer Verlag A. B., Stockholm 1944

S. 269 »Ich will hier vor Ihnen ...«, aus: Der Prozeß gegen die Hauptkriegsverbrecher vor dem Internationalen Militärgerichtshof, Sitzungsprotokolle und Beweisurkunden, Nürnberg 1947–1949, Band XXIX, S. 145

S. 270 »Jetzt wird die ganze Welt...«, aus: Fabian von Schlabrendorff: Offiziere gegen Hitler, Frankfurt 1959, © by Siedler Verlag, Berlin 1983

S. 271 »Wie hört man leicht...«, aus: Deutschland, Deutschland. Politische Gedichte vom Vormärz bis zur Gegenwart, hrsg. von Helmut Lamprecht, Bremen 1969

S. 271 »Seit Tagen war ich...«, aus: Marion Gräfin Dönhoff: Namen, die keiner mehr nennt, Diederichs Verlag, München 1962

S. 273 »Innerhalb der Spazierzone...«, aus: Erich Kästner: Notabene, © Atrium Verlag, Zürich und Thomas Kästner

S. 274 »Ich sitze am Straßenrand...«, aus: Bertold Brecht: Der Radwechsel, in: Gesammelte Werke, © Suhrkamp Verlag Frankfurt am Main 1967

S. 275 »Wer bin ich denn...«, aus: Marie Luise Kaschnitz: Überallnie – Ausgewählte Gedichte, Frankfurt am Main 1984, © 1965 Claassen Verlag

S. 277 »Von heute aus gesehen...«, aus: Günther de Bruyn: Jubelschreie, Trauergesänge. Deutsche Befindlichkeiten. © S. Fischer Verlag GmbH, Frankfurt am Main 1991

Der List Verlag ist ein Unternehmen der
Verlagshaus Goethestraße GmbH & Co. KG

ISBN 3-471-79406-9

Satz: Franzis print & media GmbH, München
Druck: Graphischer Großbetrieb Pößneck